디지털
시대의
페미니즘

딥페이크 성범죄부터
온라인 담론 투쟁까지,
더 나은 미래를 위한
새로운 언어들

디지털 시대의 페미니즘

한국여성학회 기획

허윤
손희정
이민주
김애라
김수아
이지은
임소연
권현지
황세원

노가빈
고민지
장인하
김미현
김혜경
염혜진
김보명
김주희
신경아

서문

페미니스트답게 질문하기

허윤

2024년 여름은 기후 위기의 본격화를 알렸다. 한 달 넘게 이어진 열대야로 더위가 채 가시지 않았던 9월 21일, 6000여 명이 혜화역에 나와 딥페이크 범죄에 대해 목소리를 높였다. 시위는 불볕더위가 기승을 부렸던 9월 내내 여러 차례 이루어졌다. 이들이 거리에 나선 것은 텔레그램과 같은 SNS를 이용해 생성·전파되는 딥페이크 합성물 때문이다. 실존 인물의 사진이나 영상을 활용해서 이루어지는 딥페이크 범죄는 기술매개 성폭력의 새로운 차원을 보여주었다. 불법촬영에서 딥페이크로, 기술이 발전하면서 성폭력의 범주가 확장되고 방법은 더 교묘해진다. 2018년 5월에 시작된 '불편한 용기'의 '혜화역 시위'는 그해 12월 6차까지 진행되었으며, 마지막 시위에서는 11만 명을 동원하여 누적 인원이 30만 명이 넘은 것으로 집계됐다. 한국 역사상 여성 관련 단일 이슈로는 최대 인원이 시위에 참여한 것이다. 불법촬영물·여성혐오 범죄에 대한 사회적 관심 증대, 사법부 판결에 대한 문제 제기 등 여성들의 삶과 관련한 의제를 정치화하기 위해 광장에 나선 2030 여성들은 전국에서 버스를 대절해 참여했으며, 특정한 조직이나 운동단체의 개입 없이 직접 온라인을 중심으로 모였다. 디지털 기술의 발전과 더불어 생성형 인공지능이 미래 사회를 열어갈 것이라는 기대에 찬 시선이 가득한 지금, 우리가 가장 먼저 목도한 것은 성폭력 문제였다.

새로운 밀레니엄과 함께 디지털 사회가 선언되었을 때, 우리는 온라인 세계가 더 평등하고 자유로운 공론장을 만들어낼 것이라고 기대했다. 대형 미디어의 힘을 빌리지 않아도 누구나 자신의 의견을 공중을 향해 발신할 수 있고, 인종·성별·계급·교육 수준 등에 상관없이 대등하게 토의할 수 있는 자리가 온라인을 통해 만들어질 것이라 생각한 것이다. 페미니스트들은 재빨리 웹진이나 커뮤니티를 만들어 대항 담론을 생산했다. 1990년대 영페미니스트들의 등장에 PC통신·인터넷과 같은 디지털 미디어가 주요한 역할을 했던 것처럼, 2010년대의 '페미니즘 리부트'에도 디지털 미디어가 전면에 등장했다. 스마트폰의 보급 이후 디지털 미디어는 일상생활에 필수불가결한 요소가 되었다. 이는 페미니즘에 있어서도 마찬가지다. 여성혐오 발언에 대한 대항 발언도 온라인을 통해서 전파되었으며, 대항 행동 역시 온라인을 통해 조직되었다. 특히 자신의 정체를 밝히지 않아도 되며 빠른 속도로 전파가 가능하다는 디지털 미디어의 특징으로 인해 성폭력이나 불평등 등 불합리한 일을 고발할 수 있었다. 트위터를 비롯한 SNS를 중심으로 '#○○계_내_성폭력' 고발이 이어졌다. 문학·예술·스포츠 등 다양한 영역에서 성폭력 피해를 고발하고 문제 제기하는 흐름이 만들어졌다. 뒤이어 등장한 '미투' 운동 역시 온라인을 통해 전파력을 높여갔다. '혜화역 시위'라 불리는 불법촬영 반대 집회 역시 온라인을 통해서 조직됐다. 채용 시험 현장에서 발생한 불합리한 질문이나 채용 차별 등의 문제 역시 온라인 공론장을 통해 가시화되었다. 이런 점에서 최근의 페미니즘 대중화를 '온라인 페미니즘'으로 부르기도 한다.

페미니즘 대중화는 페이스북·트위터·온라인 커뮤니티 등을 중심으로 영향력을 확장했으며, 이제 우리의 삶이 온라인과 오프라인으로 구분되지 않는다는 것을 보여주었다. 디지털을 매개로 이루어지는 온라인 행동주의는 현실의 광장과 접속했으며, 불특정 다수의 개인들을 불러모았다. 페미니스트들은 디지털 미디어를 통해 '따로 또 같이' 느슨하고 일시적인 연대를 만들어낼 수 있었던 것이다. 여기에는 여초 커뮤니티를 비롯한 SNS가 중요한 역할을 수행했다.

이러한 변화의 지점에서 우리는 디지털과 페미니즘을 어떻게 사유할 것인가라는 질문과 마주한다. 디지털 매개 젠더 폭력의 리스트는 끝없이 이어진다. 온라인상의 혐오발언, 소라넷·웹하드·N번방·웰컴투비디오를 통한 성착취, 최근에는 텔레그램을 이용한 딥페이크 성범죄까지 여러 사건들이 쉴 틈 없이 터져 나와 여성들의 삶을 위협한다. 이뿐 아니다. '이루다'와 같이 생성형 인공지능을 활용한 여성혐오와 편견의 확산, 게임업계의 사상 검증 등 디지털 매개 사회에서 여성들은 전방위적 폭력과 맞서 싸울 방법을 고민하고 있다. 이 책은 한국 사회가 드러낸 문제들을 어떻게 사유해야 할 것인지를 고민하면서, 페미니스트의 시각으로 디지털+페미니즘을 톺아보고자 했다.

1부는 디지털 페미니즘과 관련된 의제들을 모았다. 손희정의 〈디지털 시대, 고어 남성성의 등장〉은 사야크 발렌시아의 '디지털 고어 자본주의' 개념을 원용해 남성성을 분석한다. "온라인 공간에서 일어나는 폭력은 '온라인 유희'로 설명할 수 있는 수준을 넘어 신체 훼손과 인간 존엄의 훼손을 상품으로 하는 '폭력 산업'으로 확장되고 있다"라는 것이다. 게다가 한국 남성들은 전 지구적 가부장제의 남성성의 위계 안에서 '베타 메일'로서 주변화된 남성성을 전유하기 위해 여성을 비롯한 소수자를 대상화하고, 이를 산업화하고 있다고 지적한다. 그는 이를 '디지털 여성살해'라고 부른다. 이민주는 〈메갈 밥줄 끊기의 역사〉에서 여성·페미니스트를 향한 낙인찍기 공격을 살펴본다. 서브컬쳐 디지털 콘텐츠 시장에서부터 시작된 남성들의 온라인 집단행동은 소비자로서 자신의 '힘'을 반페미니즘 정치에 활용했다. 따라서 성차별 구조가 작동하는 젠더 정치의 문제를 시장의 거래 문제로 환원하는 것은 신자유주의 체제가 주입하는 환상이라는 점을 강조한다. 김애라의 〈딥페이크 이미지는 어떻게 실제와 연결되는가〉는 '디지털 성폭력' '사이버 성폭력' 등으로 불리는 가상 공간의 성범죄를, 가상과 대면 상황에서 성적인 피해를 유발하는 디지털 기술을 이용한 성폭력인 '기술매개 성폭력'으로 정의한다. 이어 현행 성폭력 판단이 '성적인 것'에 대한 협소한 기준을 바탕으로 이루어지고 있어서 기술매개 성폭력에 제대로 대응하지 못하고 있음을 꼬집는다. 그에 따르면, 성폭력 피해의 성애화나 성적 수치심의 강조 등은 기술매개 성폭력을 성폭력으로 이해하는 데 한계를 드러낸다. "여성의 이미지는 온라인상에서 쉽게 남성들의 관심을 끌거나 모을 수 있는, 나아가 수익으로 직결되는 자원"이 되는 것이다. 김수아의 〈온라인 공간을 횡단하는 여성들〉은 온라인 커뮤니티가 성별화되어 있다는 점을 지적하면서, 여성들이 폐쇄형 여성 커뮤니티를 통해 '안전한' 온라인 생활을 구축하고 있음을 분석한다. 이는 2010년대 중반 이후 여성들의 디지털 행동주의와 결합한다. 여성들은 해시태그나 온라인 자조그룹 등을 통해 페미니스트로 거듭난다. 김수아가 우려하는 것은 온라인 필터 버블 현상이다. 이 버블은 안전하다는 감각을 제공하지만, 동시에 배제와 '진정성'을 요구하는 방식으로 작동하기도 하기 때문이다.

　2부에서는 디지털 시대와 여성주의 지식 생산이 만나는 장면을 구체적으로 살펴본다. 온라인을 중심으로 한 여성 청년의 페미니스트 되기 과정, 지역 여성운동과의 관계, 인공지능 윤리 문제, IT 업계의 젠더 편향 등이 다루어지고 있다. 이지은과 임소연은 〈'위치지어진' 개발자들과 페미니스트 인공지능〉을 통해 여성 청년 개발자의 위치성에 주목하여 페미니스트 인공지능의 가능성을 탐색한다. 개인화 추천 알고리즘이 특정한 경향성을 강화한다는 점을 고려할 때, 혐오 발언이나 성차별 문제 등에 개입해야 할 필요성이 높아지고, 페미니스트 개발자의 역할이 필요하기 때문이다. 권현지·황세원·노가빈·고민지·장인하의 〈성차별, 있는데 없습니다〉는 IT업계의 개발자들을 인터뷰하여 젠더 편향 현상을 살핀다. 응답자들은 성차별이 없다고 말했지만, 자녀가 장성한 여성개발자가 없다거나 여성들이 잡무와 부수적인 역할을 담당하고 있다는 사실을 '뒤늦게' 깨닫는다. 소프트 스킬을 탈젠더화하는 현상이 커뮤니티 내에서 인정받고자 하는 소수자들에게서 나타나는 것이다. 이는 조직의 규범과 개인의 살아남기 전략이 구조화되어 만들어진 장면이기도 하다. 김미현은 〈디지털 시대의 페미니스트-연구자 되기〉에서 페미니스트 웹진 〈Fwd〉 활동을 되돌아보며, 온라인을 매개로 만난 청년들의 페미니스트 되기에 대해 살펴본다. '페미니즘 리부트' 이후 페미니스트 되기와 페미니스트 연구자 되기를 수행했던 사람들의 고민과 경험에 대해 확인할 수 있는 글이다. 김혜경은 〈지역 여성주의 네트워킹을 되짚다〉에서 서울 중심의 재현을 넘어, 전주 지역 내 페미니즘 대중화의 특징적 장면들을 살핀다. 전주의 젊은 페미니스트 여성들의 온라인 거점 활동과 소규모 대면활동의 병행, 친여성주의적 지방정부의 등장과 같은 지역적 맥락과 맞물리며 리부트 흐름이 전개됨을 보여준다.

3부는 신자유주의 시대에 페미니즘이 직면하고 있는 한국의 현 상황을 진단하면서, 능력주의와 젠더가 만나 빚어지는 갈등에 대해 살핀다. 엄혜진은 〈능력주의는 어떻게 구조적 성차별과 공모하는가〉에서 능력주의를 "근대 평등 이념의 적자"이자 "성적 차이를 시민의 자질과 연동시켜 여성을 배제적으로 포함시킨 불공정한 성적 계약의 공모자"로 정의하면서 능력주의의 (오)작동이 여성을 이

중으로 구속하고 있다고 지적한다. 김보명은 〈젠더 이후의 젠더 정치학〉을 통해 페미니즘 대중화 이후 젠더를 둘러싼 갈등 지점을 살펴본다. '20대 남성'들과 보수 우파 정치인들의 신자유주의적 안티페미니즘과 보수 개신교 반동성애 운동의 가족주의적 안티페미니즘, 그리고 '랟펨'의 트랜스젠더 배제적 급진페미니즘은 기존의 성평등과 페미니즘을 반대하거나 나아가 이를 교정하고 대안을 제시하면서 젠더에 반대한다는 공통점을 갖는다. 이 글은 이 각 진영의 젠더론을 비교분석하면서 젠더 정치학의 현재 위치를 진단하고 있다. 김주희는 〈돈 되지 않는 몸을 가진 남성-피해자들〉에서 능력주의가 금융 자산화 시대에 "지속적으로 수익을 발생시키는 자산으로서의 몸"을 가진 여성을 '불로소득자'로 간주하는 방식으로 이어진다는 점을 비판한다. 인적자본론의 허상이 드러난 상황에서 남성들의 분노는 이미 자본인 몸을 소유한 여성들을 향하고 있다는 것이다. 이는 여성들의 몸을 자본화하는 것은 누구인가라는 문제를 비가시화한다. 마지막 글은 최근 한국 정부와 사회가 가장 당면한 과제로 여기는 재생산 문제를 다룬다. 신경아는 〈성평등한 일-돌봄 사회로〉에서 "임신과 출산, 양육 등 재생산에서 여성의 자기결정권을 인정하지 않는 사회에서 여성들은 출산을 회피하거나 거부할 수밖에 없다"라는 점을 강조한다. 재생산 담론 자체가 잘못되었다는 것이다.

이처럼 《디지털 시대의 페미니즘》은 2010년대 중반의 페미니즘 대중화 이후 변화한 양상을 여성학적 시선에서 살펴보고 분석하고자 했다. 각 주제는 서로 교차하면서 읽을 수 있다. 1부 이민주의 글과 김수아의 글을 겹쳐 읽으면서 디지털 행동주의를 활용하는 방식에 대해 확인할 수 있다. 마찬가지로 1부 김수아의 글과 3부 김보명의 글을 겹쳐 읽으면, 페미니즘 대중화가 남긴 딜레마에 대해 고찰할 수 있을 것이다. 1부 손희정의 글과 3부 김주희의 글을 함께 읽으면, 디지털 매개 '성폭력 산업'에 대한 고민을 하게 된다. 디지털 매개 성폭력을 통해 고어 자본주의가 벌어들이는 수익은 어디로 가는가 하는 문제를 제기하게 되는 것이다. 이처럼 이 책에 실린 글들은 독자들이 자기주도적으로 페미니스트적 문제 제기를 할 수 있도록 돕는다.

나아가 지금 당면한 사회 문제를 읽어낼 수 있는 힘을 키울 수도 있다. 국회 법제사법위원회는 2024년 9월 23일 법안 소위에서 성폭력처벌법 제14조의2 제4항으로 허위영상물에 대한 소지·구입·저장·시청에 관한 죄를 신설하는 법안을 통과시켰다. 딥페이크 문제를 처벌할 수 있는 규정을 마련하기 시작한 것이다. 이러한 개입은 페미니스트들이 여러 방식으로 조직하여 정치적 압력을 가함으로써 가능해졌다. 155개의 여성인권단체는 디지털성폭력의 특성을 고려한 법률 재구성이 필요하다고 목소리를 높였다. 성폭력처벌법 제14조 카메라등이용촬영죄와 제14조의2 허위영상물등의반포 등의 조항에서 '성적 욕망 또는 수치심을 유발'이라는 구성요건을 '성적인'과 같은 중립적 표현으로 대체해야 한다는 것과 성폭력처벌법 등에서 이미지의 생성 방식과 유포 방식, 소비 방식의 행위태양의 열거 방식을 포괄적 개념으로 개정해야 한다는 것이 요청되었다. 현행법에서 규정하고 있는 것과 다른 방식으로 이미지가 '생성'되거나 유포될 수 있기 때문이다. 1부 김애라의 글은 디지털 성폭력의 정의와 범위 등에 대한 고민을 이어갈 수 있는 참고서가 되어준다.

한국여성학회 40주년을 맞아 편찬된 이 책은 여성학적 지식뿐 아니라 우리 삶이 직면한 의제들을 풀어내길 바라면서 기획되었다. 거대한 물결이 되었던 2010년대의 '페미니즘 대중화' 이후 백래시의 2020년대를 맞이하고 있는 지금, 한국여성학회는 페미니즘 지식을 생산하고 페미니즘을 실천하기 위해 그 자리를 지켜왔다. 1985년 발간된 한국여성학회의 학술지 《한국여성학》 1권 1호에서는 '한국여성학의 보편성과 특수성'이라는 주제로 좌담회를 열고, "여성의 문제를 어떻게 보아야 하고 문제를 극복하기 위해서는 어떤 방법으로 여성학의 과제를 다루어야 할 것인가"를 고민한다. 이 고민은 지금도 변하지 않았다. 여성학은 학문으로서 삶의 문제를 해결하기 위해 질문을 던지고, 사회의 변화를 촉구한다. 페미니즘 지식 생산은 우리가 발 디딘 세계에서 출발하는 것이다. 지금의 디지털 사회가 만들어내는 문제를 어떻게 보아야 하고, 이 문제를 페미니스트답게 극복하기 위해서는 어떻게 해야 할지, 《디지털 시대의 페미니즘》이 길잡이가 되고자 한다.

차례

1부

온라인 여성혐오,
기술과 함께
진화하다

◆ 1장 ◆

디지털 시대,
고어 남성성의 등장

사이버 레커와
디지털 여성살인

손희정

✶ 이 글은 〈기이한 열정: 디지털 시대의 고어 남성성〉(손희정,《횡단인문학》
12호, 2022, 57~83쪽)을 수정·보완한 것이다.
✶✶ 이 글은 2024년 대한민국 교육부와 한국연구재단의 지원을 받아 수행된
연구(NRF-2024S1A5B5A16021772)이다.

부를 축적하기 위한 도구로서 폭력을 이해하는 방식은 점점
(…) 세계화되는 추세이다.

— 사야크 발렌시아, 《고어 자본주의》, 183쪽

2021년, 글로벌 OTT 서비스 '넷플릭스'에서 한국 영상 콘텐츠가 주목을 끌었다. 〈오징어 게임〉〈지옥〉〈지금 우리 학교는〉이 세계적인 히트를 기록한 것이다. 2022년에는 다큐멘터리 한 편이 그 뒤를 따랐는데, 최진성 감독의 〈사이버지옥: N번방을 무너뜨려라〉(이하 〈사이버지옥〉)였다. 앞의 세 작품이 한국 사회의 현실을 판타지를 경유해 풀어냈다면, 〈사이버지옥〉은 한국에서 실제로 벌어진 범죄를 추적하고 고발하는 다큐멘터리다. 작품은 소위 N번방이라고 통칭되는, 텔레그램 채팅방에서 일어난 온라인 기반 성착취 사건이 한국 사회에 알려지기 시작했던 시점에서부터 범죄 행각이 가장 악질적이었던 박사 조주빈과 갓갓 문형욱이 체포될 때까지의 과정을 따라간다. 한국인들이 지옥을 상상하는 데 얼마나 능한지 앞의 세 작품이 보여주었다면, 〈사이버지옥〉은 그런 상상이 가능한 사회에서 실제로 어떤 일이 벌어지고 있는지 묘사하는 설명서와도 같았다. 한편으로 신자유주의 사회에서 일어나는 인간소외·무한 경쟁·생존주의(〈오징어 게임〉), 온라인을 거

점으로 점점 더 뜨거워지는 반지성주의·포퓰리즘·대중 파시즘(〈지옥〉), 그리고 이 모든 상황과 맞물려 있는 공교육의 실패(〈지금 우리 학교는〉)는 이 땅에서 열린 '사이버지옥'과 무관하지 않다. 따라서 이 네 작품의 동시적 출현과 K-컬처 자부심은 '21세기 한국 사회'라는 지옥도를 묘사하는 지독한 농담이라 할 만하다.

중요한 것은 〈사이버지옥〉이 피해자를 최대한 대상화하거나 이미지 상품화하지 않으면서 사건을 설명하려 했다는 점이다. 이를 위해 제작진은 세 가지 전략을 취하는데, 첫째, 추적 스릴러 장르를 표방했다. 다큐의 주인공을 피해자나 가해자가 아니라 기자·작가·피디·형사 등 소명의식을 가진 직업인으로 설정하고 관객으로 하여금 '범인을 반드시 잡아서 정당한 죗값을 치르게 하고, 더 이상의 피해를 막아야 한다'는 그 마음에 공감하게 만든다. 둘째, 다큐에서 사용되는 모든 피해 이미지는 실제 자료를 바탕으로 제작진의 연출에 따라 재연된 것이다. 그리고 피해자의 심리적 상태나 고통스러운 현실을 그릴 때는 애니메이션 등 다른 장치를 통해 우회적으로 재현한다. 피해자의 고통을 작품의 중심에 두지만, 어떤 방식으로든 피해자를 직접적으로 텍스트 안에 연루시키지 않는다. 그렇게 고통과 피해의 재현이 또 다른 자극적 이미지로 소비되지 않도록 신경을 쓰는 것이다. 특히나 여성의 얼굴과 신체 이미지를 원재료로 삼아 '가상'의 합성 이미지를 만들어내지만 이미 그것이 실존하는 여성을 연루시킴으로써 폭력이 되는 딥페이크 성범죄가 성행하고 대규모로 산업화하는 오늘날 현실에서, 피해자를 원재료로조차 삼지 않으려는 노력은 의미가 있어 보인다. 셋째, 가해자의 서사를 삭제했다. 다큐를 만든 최진성 감독에 따르면 조주빈과 문형욱 등에게 나름대로 드라마틱한 이야기들이 있었다고 한다. 그 이야기를 다룬다면 다큐는 훨씬 자극적이고 재미있어질 거라는 생각이 들었지만 그런 흥미 요소를 빼버림으로써 가해자가 어떻게든 흥미로운 존재가 되는, 그래서 이야기의 중심에 되어버리는 방식을 피하기로 결정했다.[1]

종종 미디어 상품이 범죄를 다룰 때 범죄가 초래하는 고통이나 피해보다는 그 범죄에 부착되어 있는 가해자의 쾌락에 집중하면서 스스로 폭력문화의 일부가 되고 '고어-상품'이 되어버리는 경우가 있다.[*] 하지만 〈사이버지옥〉은 피해자의 신체 이미지에 대한 착취가 신체 자체에 대한 착취와 바로 연결되고 그것이 돈이 되는 메커니즘을 이해하고 있었으며, 그로부터 벗어나기 위해 의식적으로 노력했다. 이 점에서 〈사이버지옥〉은 중요한 의미를 가진다. 각종 OTT 서비스를 포함하는 디지털 미디어 산업 안에서 '돈벌이'로부터 자유로운 작업이란 없다. 모든 디지털 미디어 상품은 유저user와 구독자들의 '한정적인 주목'

---

[*] 우리는 2023년 넷플릭스에서 공개한 다큐멘터리 〈나는 신이다〉에서 이런 우려를 확인할 수 있었다. 관련해서는 글 〈선정성은 가능성의 변수인가?: 쇼츠 시대의 다큐멘터리, 〈나는 신이다〉〉(손희정,《도킹》, 2023년 6월 19일, http://www.dockingmagazine.com/contents/31/266/?bk=menu&cc=&ci=&stype=&stext=손희정&npg=1 (최종 검색일: 2024년 9월 12일))를 참고하라.

을 끌어오기 위해 결과를 전혀 예측할 수 없는 주목경쟁at-tention struggle을 벌이고 있다. 디지털 미디어 산업에 달라붙어 명맥을 유지하려는 레거시 미디어에서부터 한 개인이 흘리고 다니는 악플(악성댓글)에 이르기까지 이에 연루되지 않은 것은 점점 사라지고 있다. 그러나 스스로 '악마의 노예'**가 될 수 있음을 각성하고 가능하면 그로부터 멀어지기 위해 재현의 윤리를 고민하는 작업은 그 자체로 의미 있다. '그놈이 그놈이다'와 같은 인식은 분명히 존재하는 차이를 없애버리기 쉽고, 무엇보다 이런 태도로는 이 '사이버 지옥'을 해결할 수 없다.

우리는 지금부터 한국 사회에서 '사이버 지옥'이 열리게 된 정치경제적 바탕과 〈사이버지옥〉에서 의도적으로, 그리고 정당하게 누락하고 있었던 가해자의 문제를 분석하고자 한다. 주목경제 안에서 '악마의 노예'에게 먹이 줄 필요는 없지만, 이론적으로 현실을 분석하고 설명하려는 노력은 언제나 필요하기 때문이다. 이를 위해 접경 인문학의 중요한 논자인 사야크 발렌시아의 '고어 자본주의'라는 개념을 빌려 디지털 미디어장에서 폭력이 부를 축적하는 자원이 되는 시스템을 '디지털 고어 자본주의'라 명명

** 박사 조주빈은 체포 직후 포토라인에서 "멈출 수 없었던 악마의 삶을 멈춰주셔서 감사합니다"라고 말했다. 〈사이버지옥〉에서도 정확하게 짚고 있는 것처럼 조주빈은 하늘에서 뚝 떨어진 '악마'가 아니라, 한국 사회의 강간문화의 일부분일 뿐이다. 강간문화가 '악마'라면, 조주빈을 비롯한 범죄자들은 그것을 실천하는 '노예'일 뿐이다.

하고, 이를 통해 형성되는 남성성을 '고어 남성성'으로 개념화할 것이다. 더불어서 지금까지 온라인 여성혐오를 추적하고 분석한 국내의 연구 결과들을 정리하면서 어떻게 디지털 고어 자본주의가 자리 잡을 수 있었는지 살펴본다. 결국 이 이야기의 끝에 우리는 다시 또 페미니즘, 특히 트랜스 페미니즘에 가닿게 될 것이다. 그것이야말로 이 지옥도에 대한 어쩌면 유일한 인식론적 대안일 것이기 때문이다.

디지털 고어 자본주의

사야크 발렌시아는 오랜만에 돌아간 고향 티후아나에서 끔찍한 광경을 목격한다. 운전을 하던 중 앞에서 가고 있던 픽업트럭에서 반 토막이 난 남성의 시체가 툭 하고 떨어진 것이다. 그러나 그를 진정한 충격과 공포로 몰아넣었던 건 그 시체가 아니었다. 그건 옆에 타고 있던 동생의 예상치 못한 무심함이었다. 끔찍함에 질려 "저게 뭐였어?"라고 묻자, 동생은 그의 어깨에 손을 올리며 대답한다. "토막 난 남자 몸통이었어, 사야크. 여긴 티후아나야." 그는 이 사건을 계기로 현재 멕시코가 놓여 있는 상황에 대해 적극적으로 고민하게 되었고, 자신이 "젠더, 인종, 계급, 취약성의 지정학적 분포에 의해 관통된 존재"[2]라는 점을 직시하게 된다. 그리하여 살인이 일상이 된 멕시코의 현실을 정확하게 분석하고 대응할 수 있는 비평 담론이 필요하다는 문제의식에 도달한다. 이것이 마약 카르텔이 사회의 구석구석을 장악하고 있는 멕시코의 '나르코 국가'를 분석한 《고어 자본주의》의 시작이었다.

나르코 국가란 "국가가 정부에 의해서가 아니라 주로 마약 카르텔이 중심이 된 조직범죄에 의해 운영되고 있는"[3] 멕시코의 현실을 꼬집는 말이다. 국가가 무너지고 마피아가 국가 자체가 된 멕시코의 생산 양식을 포착하기 위해 발렌시아는 '고어 자본주의'라는 말을 고안한다. 이는 "극단적이고 잔혹한 폭력"[4]을 특징으로 하는 공포영화의 하위 장르인 '고어gore'에서 차용해온 말이다. 발렌시아는 이 단어에 일말의 희망을 심어놓는데, 멕시코가 아직 회복 불가능한 아노미 상태인 '스너프snuff'의 단계까지는 가지 않았다고 판단한다는 점에서 그렇다.* 발렌시아는 제발 스너프 자본주의까지는 가지 말자고 절박하게 제안한다. 그렇다고 해서 지금의 단계가 잔혹하지 않다는 의미는 아니다. 고어 자본주의에서는 "죽음이야말로 가장 수익성 높은 사업"이고, "몸이 파괴되는 것 자체가 생산물이자 상품"[5]이다. 여기에서 폭력과 살인, 신체 훼손과 시신을 자본축적의 수단으로 삼는 고어 자본주의는 멕시코만의 특수성이나 잔혹성의 결과는 아니라는 점을 기억해야 한다. 고어 자본주의는 포스트-포드주의 이후 펼쳐지고 있는 전 지구

* '스너프 필름'은 실제로 행해진 성행위 장면이나 잔혹한 살인 장면 따위를 찍은 불법 영상물로, 발렌시아의 논의에서는 이미 파국이 닥쳐와 회복 불가능해진 상황에 대한 은유로 사용되었다. (참고: 샤야크 발렌시아, 최이슬기 옮김, 《고어 자본주의》, 워크룸프레스, 2021, 25쪽.)

화, 즉 불균등 지역 발전* 및 고노소비사회의 도래와 관계
되어 있다. 그런 의미에서 영화 장르인 '고어'로부터 이 타
락과 착취의 생산 양식을 설명하는 것은 적절해 보인다.

포스트-포드주의는 포드주의의 위기와 함께 도래했다.
유럽과 일본이 전후戰後 복구를 완수하고, 포드주의의 합
리화가 더 많은 노동자의 해고를 불러왔으며, 그에 따라
유효수요가 줄어들게 되면서 포드주의가 선사한 풍요의
시대가 위기에 봉착[6]했다. 이와 함께 지루한 것을 견디는
노동자성을 바탕으로 하는 포드주의적 전체주의와 권위
주의에 저항하는 68혁명이 전개된다. 1970년대에 펼쳐진
정보혁명은 68혁명에 맞서는 부르주아의 계급 혁명이었
다.[7] 포드주의의 위기를 타개하고 68혁명에 대응하는 방
식으로 일어난 정보혁명은 포스트-포드주의로의 전환을
가져오고, 생산과 유통, 그리고 노동력의 재생산은 점차
로 이미지화되었다.[8] 이런 '거대한 전환'을 관찰하면서 조
나단 벨러는 포스트-포드주의 시대란 '산업적 생산 양식'
에서 '영화적 생산 양식cinematic mode of production'으로 전환
된 시대라고 설명한다. 그리고 이런 시대에 그야말로 주
목이 돈이 되는 '주목경제'가 성장하고 주목경쟁이 심화된
다.** 이런 맥락 위에서 발렌시아는 고어 자본주의란 불균

---

* 데이비드 하비는 신자유주의가 추동하는 전 지구화를 "불균등
지역발전"이라고 불러야 한다고 강조한다. (참고: 데이비드 하비,
최병두 옮김, 《신자유주의》, 한울, 2007.)

** 미국의 남초 집단에서 등장한 얼트라이트(트럼프를 지지했던
대안 우파)를 분석한 앤절러 네이글이 얼트라이트의 계보는 전통적

등 지역 발전 속에서 "점점 더 많이 요구하는 자본주의의 논리를 따라가려고 안간힘을 쓰는 제3세계가 치러야 할 대가"[9]와도 같다고 설명한다. 그렇게 고어가 상품이 되는 시장은 점점 확장되고 있다.

사야크 발렌시아의 섬뜩한 통찰은 지금 대한민국에서 벌어지고 있는 일을 어떻게 담론화하고 대응해야 하는지에 대한 영감을 준다. 멕시코와 대한민국 사이에는 큰 간극이 있지만, 두 국가 모두 정경유착을 바탕으로 약자에 대한 착취·폭력뿐만 아니라 위험을 자본 축적의 수단으로 삼는다는 점에서만큼은 서로 비견될 만하며, 현실에서 일어나는 폭력만큼이나 "미디어를 통한 매개적 폭력"[10]이 문제되고 있다는 점에서 크게 다르지 않다. 더불어서 K-방역, K-데모크라시, K-컬처 등 대한민국이 드디어 '선진국'이 되었다는 열광은 제3세계에서 제1세계로 올라서고자 하는 한국인의 끊임없는 고군분투를 보여주지만, 이 모든 'K'를 가능하게 한 디지털 테크놀로지와 디지털 미디어 발전의 이면에는 '언택트'라는 판타지가 가리고 있는 신체에 대한 착취가 놓여 있다. '고어 자본주의'라는 개념의 핵심은 모든 것이 이미지가 된 것처럼 상상되는 시대에도 폭

우파가 아니라 68혁명의 '위반'으로부터 찾을 수 있다고 설명한 것은 이런 관점에서 흥미롭다. 이에 대해서는 《인싸를 죽여라》(앤절라 네이글, 김내훈 옮김, 오월의봄, 2022)를 참고하라. 한국의 일베의 경우에도 반권위주의적 성향이 반지성주의와 만나는 경향이 있는데, 이에 대해서는 《페미니즘 리부트》(손희정, 나무연필, 2017)의 〈어용시민의 탄생: 포스트트루스 시대의 반지성주의〉를 참고하라.

력은 정확하게 신체에서 일어나고 있다는 점이다. 한국의 온라인 공간에서 일어나는 폭력은 '온라인 유희'로 설명할 수 있는 수준을 넘어 신체 훼손과 인간 존엄의 훼손을 상품으로 하는 '폭력 산업'으로 확장되고 있다. 그런 의미에서 각종 성범죄를 비롯하여 사이버스페이스를 거점으로 벌어지고 있는 범죄의 전시와 함께 열린 시장은 '디지털 고어 자본주의'로 명명될 만하다. 그리고 이는 현실과 가상이 서로에게 영향을 미치면서 상관적으로 구성된다는 사실을 포착하고자 하는 개념이다.

한국의 고어 남성성

〈사이버지옥〉에서 우리가 놓쳐서는 안 될 부분은 바로 도입부다. 다큐멘터리는 레거시 미디어에서 처음으로 N번방을 기사화했던 《한겨레》 김완 기자의 인터뷰로 시작한다. 2019년 11월, 어느 일요일 아침 《한겨레》로 제보 메일이 한 통 온다. "텔레그램 아동 포르노 유포자 제보"라는 제목이었고 "한 고등학생이 9000명 정도가 모여 있는 텔방에서 성범죄물을 뿌리고 있다"라는 내용이었다. 당시 김완 기자는 "디지털 성범죄물이나 아동 성범죄물이 이미 한국에서 너무 오래된 문제여서" 대단한 뉴스거리라고 생각하지 않았다고 말한다. 그래서 기사를 쓰면서도 "청소년이 음란물을 유포하는 사건이 벌어졌다. 그런데 결국 검거됐다" 정도에서 이 사건이 끝날 거라고 생각했다는 것이다. 이것이 정확하게 "사이버지옥"이라는 수사가 의미하는 바다. 2022년 한국의 사이버스페이스에는 "'웹하드 카르텔'과 '웰컴 투 비디오'도 제대로 해결하지 못한 상황에서 찾아온 'N번방-디지털교도소-불법도박 사이트'의 네트워크"* 가 자리 잡고 있고, 이와 어슷하게 겹쳐진 채로 활동하는 '악플러'와 '사이버 레커cyber wrecker'가 여성에게 '페미' '비정상' '범죄자'라는 낙인을 찍어 죽음으로 내몰면서 돈을 벌고 있다. 물론 '국경'을 확정하기 어려운 디지털의 가상 공간에서 그것이 '한국 사회'로만 한정되지 않는다는 것은 부연이 필요 없다. 실제로 〈사이버지옥〉의 제작진은 한국의 N번방을 모델로 전 세계적으로 퍼지고 있는 이 디지털 성범죄 모델에 대한 세계의 각성을 촉구하기 위해 '넷플릭스'라는 글로벌 미디어 플랫폼을 활용하기로 했다고 밝히고 있다.

이 중에서도 '웹하드 카르텔'은 디지털 고어 자본주의의 전형적인 예다. 웹하드 카르텔은 보통 '업로더(동영상 올리기)-웹하드(유통)-필터링 업체(불법 파일 차단)-디지털 장의사(불법 파일 삭제)'의 네 단계 구조로 이뤄져 있다. 웹하드 업체는 대량의 디지털 성범죄 동영상을 웹하드에 올리는 헤비 업로더를 묵인하거나 때로는 적극적으로 관리하면서 성범죄물을 유포·유통한다. 불법 검색 목록을 차단하는 필터링 업체는 이들과 유착 관계를 맺어 이를 방조하고, 디지털 장의업체는 피해 동영상을 삭제해주고 비

---

* 이에 대해서는 시론 〈다시, 물질: '디지털 페미니즘'이라는 정치적 기획에 대한 노트〉(손희정, 《문화/과학》 104권, 2020)를 참고하라.

용을 챙기면서 뒤로는 다시 동영상을 유포하는 일에 연루되어 있었다. 이 안에서 '돈'이 되는 자원은 피해자인 여성의 신체 이미지이자 각종 온라인 기반 성착취 범죄에서 확인할 수 있었던 것처럼 여성의 신체 그 자체이기도 했다. 이 중심에 있었던 "포르노 졸부" 양진호는 이렇게 불법적으로 번 돈으로 '한국미래기술'을 설립하고 로봇 개발에 투자했다. 양진호는 마약·폭행·특수강간 등의 죄목으로 대법원에서 징역 5년을 확정받아 수감되었고, 구속 수감 중에 결혼한 배우자를 통해 여전히 웹하드 사업을 지휘해왔다. 2020년을 기준으로 성범죄물과 불법 음란물 유통을 통한 웹하드 수익은 연간 200억 원대인 것으로 알려져 있다.[11] 하지만 이 글을 쓰고 있는 2024년 7월 현재까지, 범죄 수익에 대한 몰수 및 추징은 없다. 7월 25일에 진행된 웹하드 카르텔 관련 2심 선고에서 5년 형을 선고받았을 뿐이다.[12]

온갖 불법적인 것들이 합법적인 양 포장되었던 이 엉망진창의 사업에서 또 하나 눈길을 끄는 것은 양진호의 행동이다. 소위 '엽기적인 갑질 행각'으로 묘사된 행동들의 과도한 가학성은 소라넷, N번방, 각종 여성혐오 유튜버와 사이버 레커들에게서 발견하게 되는 가학성을 떠올리게 하고, 동시에 '느금마 엔터테인먼트'의 신태일 등이 선보였던 가학이 섞인 자해 퍼포먼스*와도 닮아 있다. 직원들에

---

* 느금마 엔터테인먼트와 한국의 가부장체제의 관계에 대해서는 《다시, 쓰는, 세계》(손희정, 오월의봄, 2020)의 글 〈"이게 한국 남자야"〉를 참고하라.

게 핫소스·생마늘을 먹게 하거나 일본도기로 닭을 내려치
도록 강요하고, 머리를 빨간색으로 염색하게 하는 등의 행
위에는 폭언·폭행·갈취와 같은 전통적인 갑질형 범죄와
는 또 다른 '기이한 열정'이 발견된다. 디지털 고어 자본주
의의 행위자들 사이에는 이처럼 타인을 쉬이 대상화하여
노리개로 삼는 동시에 생산의 수단으로 삼는 남성들이 존
재한다. 이런 남성들의 등장은 어떻게 설명할 수 있을까?
우리는 다시 발렌시아의 작업에 기대볼 수 있다. 그에 따
르면 전 지구적인 신자유주의화 이후 고도소비사회 속에
서 저소비로 버티는 취약 계층이 "자본을 획득하기 위한
도구로 폭력을 사용하기로 결심"하면서 고어 자본주의의
새로운 주체인 '엔드리아고 주체'**가 등장한다.

(…) 많은 남성들이 갈수록 취약해지는 노동 조건과 그로
인해 적법한 방식으로 남성 생계 부양자로 설 능력이 없
어진 상황에서 뇌리에 깊이 박힌 남성성 상실에의 공포에
대한 하나의 응답처럼 폭력을 받아들이고 있다. 한편으
로는 가난한 사람들이 더 이상 하나의 사회 계급에 속하
지 않게 된 것이 현실이다. (…) 다른 한편으로 우리는 "손

** '엔드리아고'는 스페인어 중세 환상문학의 걸작으로 손꼽히는
《갈리아의 아마디스》 속 등장인물로 "문학적 인물이자 괴물로 인간,
히드라, 용 사이의 잡종이다. 거대한 신장, 민첩한 움직임, 잔혹한
성격이 특징"이다. 발렌시아는 이 문학적 인물과 "고어 자본주의의
극도로 폭력적이고 파괴적인 엔드리아고 주체 사이의 유사성"에
주목해서 이 용어를 차용했다고 설명한다. (참고: 사야크 발렌시아,
《고어 자본주의》, 96~97쪽.)

쉽게 돈을 구해 미디어에서 떠들어대는 주류적 삶의 방식을 누리기 위해 경범죄, 절도, 속임수를 이용하는 것을 정당화하는 경향"을 본다. 이렇게 폭력의 개념에 대한 인식론적 전환이 일어난다. 폭력을 자기 가치확인의 도구이자 생계 수단으로 여기는 것이다. (…) 앞서 언급한 두 가지 요인에 더해, 소외된 자들 역시 소비자가 되기를 원한다는 (또 그래야만 한다는) 사실이 더해진다. 소비를 통한 사회화/경쟁의 방식을 찾기 때문이다.[13]

엔드리아고 주체에 대한 설명이 양진호 개인의 역사와 그의 삶이 가지고 있는 특수성에 대해서 충분히 설명해줄 수는 없지만, 양진호의 웹하드 카르텔을 비롯하여 한국의 사이버스페이스에 형성되어 있는 폭력의 네트워크와 그 속에서 활약하는 사람들의 경향성을 포착하는 데에는 도움을 준다. 따라서 엔드리아고 주체가 실천하는 남성성에 '고어 남성성'이라는 이름을 붙여보자. 멕시코의 경제 상황과 반드시 일치하지 않지만 한국에도 폭력을 '주류적 삶을 누리는 방법'으로 정당화하면서 자신의 남성됨-시민됨의 조건으로 삼는 이들이 존재하고, 신자유주의화 이후의 "전 지구적 가부장체제"*하에서 형성된 이런 남성성을 이

---

* '전 지구적 가부장체제'는 고정갑희가 규정한 용어다. 그는 이를 통해 가부장제가 자본주의만큼이나 중요하게 분석되고 전복되어야 할 지배체제일 뿐 아니라 "전 지구/지역적 군사체제, 정치체제, 경제체제" 등을 포함하는 포괄적 지배체제이며, "가부장체제가 따로 있고 자본주의가 따로 있는 것이 아니라 가부장체제에 자본주의적

름하고 설명할 필요가 있기 때문이다.

이때 한국에서 만날 수 있는 고어 남성성의 특징은 (1) 디지털을 거점으로 (2)폭력을 정당화하면서 시민권과 자본 축적의 자원으로 삼고 (3)전 지구적 가부장체제의 남성성의 위계 안에서 '알파 메일'에 다다르지 못하는 '베타 메일'로서 주변화된 남성성[14]을 극복 혹은 전유하기 위해 (4) 여성을 비롯한 다양한 소수자를 대상화함으로써 목적이 아닌 수단으로 삼는 것이다. 가장 중요하게는 (5)이런 양상이 산업화되고 있다는 점이다.[**] 최근 언론에서는 "조폭도 MZ 세대로 교체?" 등의 제목을 통해 한국 조직폭력배의 세대교체에 주목했다.[15] 2022년 4월 20일부터 동년 7월 29일까지 100일간 경찰에서 기업형·지능형 불법행위(도박 사이트·전화금융사기·대포물건 등), 서민 대상 폭력 범죄(협박·집단폭행·보호비 갈취·업무방해 등), 마약류 범죄(밀반입·유통·투약 등) 등의 특별단속을 진행하면서 1630명을 검거하고 307명을 구속했는데, 이 중 68.7퍼센트가 소위 'MZ 세대'였다. 한 전문가는 이 '새로운 세대'는 폭력과 갈취를 바탕으로 한다는 점에서 전통적인 조폭과 다르

양상이 내포"되어 있다는 것을 강조하고자 한다. (참고: 고정갑희, 〈여성주의 이론생산과 여성운동, 사회운동: 가부장체제의 사막에서 이론의 오아시스를 찾아나가다〉, 《여/성이론》 17호, 2007, 22~23쪽.)
[**]   디지털 기반 여성혐오를 실천하는 주체를 '디지털 남성성'의 개념으로 포착한 작업에 관해서는 《그런 남자는 없다》(손희정 외, 오월의봄, 2017) 중 최태섭의 글 〈Digital Masculinity: 한국 남성청(소)년과 디지털여가〉를 참고하라. '디지털 남성성'과 '고어 남성성' 사이의 가장 큰 차이는 역시 거대 산업화의 문제일 것이다.

지 않았지만 "스마트 세대답게 가상화폐를 통한 펌핑방, 인터넷 도박, 주식 리딩방 등 4차산업혁명에 발맞춰 범죄도 지능화되고 조직화되고 있다"라고 지적했다.[16] 이처럼 온·오프라인은 별개의 세계가 아니라 서로 긴밀하게 연결되어 있으며, 디지털 고어 자본주의는 이미 물질세계에서 작동하면서 낡고도 새로운 경제를 만들어내고 있다.

이제 우리가 쉽게 만나볼 수 있는 고어 남성성의 실천 양상인 디지털 여성살인과 사이버 레커의 사례들로 넘어가 보자.

"여자들이 나를 무시했다"

온라인을 거점으로 들불처럼 일어난 페미니즘 제4물결, 혹은 21세기의 페미니즘 대중화 물결이 어떤 식으로 분수령을 맞이했는가를 살펴보는 것은 남성이 더 이상 이 세계의 주인(가부장)이 될 수 없다는 불안과 분노가 어떻게 폭력으로 전화되는가를 잘 보여준다. 예컨대 미국의 #YesAllWomen 운동은 미국의 남초 커뮤니티 '포챈'에 상주하던 엘리엇 로저가 "여자들이 나를 무시한다"면서 길거리에서 다중살인을 저지른 후에 촉발되었다. 엘리엇 로저의 다중살인을 놓고 "#NotAllMen"(모든 남자가 그런 것은 아니다, 남자는 잠재적 가해자가 아니다)이라는 해시태그가 등장했고 "#YesAllWomen"(모든 여자는 겪는다)은 그에 대한 반응으로서 등장한 것이다.[*] 한국도 상황이 크게 다르지는 않다. 한국 페미니즘 리부트는 여러 계기들을 거치면서 지금의 상황으로 이어졌는데, 그중에서도 가장 대중적인 폭발력을 만들어냈던 건 역시 2016년 강남역 여성 살인 사건이었다.[**] 많은 이들이 페미니즘의 급진적인 대중화가 사회로 하여금, 그리고 특히 청년 남성들로 하여금 페미니즘에 대한 반감을 불러일으켰다고 주장하지만, 21세기의 두 번째 10년에 걸쳐 펼쳐진 페미니즘 대중화의 불꽃은 여성 살해, 페미사이드의 현장으로부터 재점화된 것이었다. 이는 #○○계_내_성폭력과 #MeToo 운동을 지나 N번방 사건에 대한 고발로 이어지면서 여전히 뜨겁게 불타오르고 있다.[***]

---

[*] 미국의 남초 커뮤니티와 다중살인의 문제에 대해서는 《인싸를 죽여라》(앤절라 네이글)를, 이러한 디지털 시대 여성살해에 대한 대응 중 하나였던 #YesAllWomen 운동에 대해서는 《남자들은 자꾸 나를 가르치려 든다》(리베카 솔닛, 김명남 옮김, 창비, 2015)를 참고하라.
[**] 한국에서 펼쳐진 제4물결 초창기 흐름에 대해서는 《페미니즘 리부트》(손희정)를 참고하라.
[***] 페미니즘 제4물결의 촉발 양상은 멕시코에서도 마찬가지였다. 2020년 멕시코에서는 #IngridEscamilla(#잉그리드에스카미야)와 #JusticiaParaFatima(#파티마에게정의를) 해시태그 운동이 펼쳐지고 3·8 여성의 날에 수천 명의 멕시코 여성들이 거리를 행진했다. 함께 살던 40대 남성에게 살해당한 잉그리드 에스카미야와 성폭행 당한 뒤 살해당한 7세 소녀 파티마를 기리고 멕시코에서의 여성살해에 대한 각성을 촉구하기 위해서였다. 페미니즘 제4물결에 대한 백래시로서 "여성들이 안티페미니스트들의 분노와 폭력성을 촉발했다"는 말이 심심찮게 들려오지만, 선후 관계는 좀 더 분명히 할 필요가 있다. 페미니스트라서 공격당하기 전에도 여성들은 꾸준히 살해당해왔다. 그러므로 페미니즘 다음이 폭력이 아니라, 폭력 다음이 페미니즘이다. 관련해서 흥미로운 기사가 발행됐는데, 그 기사는 페미니즘 리부트 전후의 온라인 여성혐오 표현 빅데이터를 분석하고 '남초 커뮤니티의

"여자들이 나를 무시했다." 엘리엇 로저의 다중살인 사건과 강남역 여성살인 사건에서 똑같이 등장한 말이었다. 이는 성별이원제에 기반하고 있는 가부장체제가 '주변화된 남성'들인 '베타 메일'에게 강요하는 좌절감과 수치심이 해소되지 않을 때 이것이 어떤 폭력으로 이어질 수 있는지를 암시한다. 사회적으로 경험되는 수치심과 모멸이 어떻게 살인이나 자살 같은 극단적 폭력으로 이어지는가는 정신의학자인 제임스 길리건의 작업에서도 분명히 드러난다.《왜 어떤 정치인은 다른 정치인보다 해로운가》에서 길리건은 1900년부터 2007년까지 미국 정부가 발간한 살인율·자살률 통계를 살펴보던 중 "살인율과 자살률이 함께 오르내리는" 현상을 발견한다. 놀랍게도 살인율과 자살률은 공화당 집권기에 올랐고 민주당 집권기에는 내려갔다. 그는 자살·살인 등 극단적인 폭력 행동의 직접적인 심리적 원인은 수치와 치욕에 노출되는 것이라 말한다. 이는 스트레스 요인에 의해 자극받고 악화되는데, '해고'와 같이 사회·경제적 지위가 곤두박질치는 경험은 치명적이다. 그야말로 "해고가 살인"인 셈이다. 결국 노동자를 하찮게 여기는 기업과 시스템을 지지하고, 사회적 안전망인 복지를 "거지들이나 원하는 것"으로 폄하하며, 모든 걸 '개인 능력'의 문제로 돌리는 보수 정권일수록 국민들

안티페미니즘 성향을 단순히 온라인 페미니즘 운동의 성장 이후 나타난 특수한 젠더갈등이라 한정해서는 안 된다'고 결론짓는다. 관련해서는 박다해 기자의 기사〈페미니즘은 죄가 없다… 일베·펨코 인기글 46만건 분석〉(《한겨레21》, 2022년 10월 11일)을 참고하라.

을 죽음으로 내몰게 된다.[17] 이처럼 살인율과 자살률은 정치·경제적 요인에 영향을 받는다.

　그런데 자살과 살인 모두 남성에게서 월등하게 많이 나타난다. 한국에서는 2019년 강력범죄 가해자의 95.4퍼센트가 남성이었고, 2021년 기준 남성 자살률이 여성 자살률보다 2.4배 높다.* 어째서일까? "여자들이 나를 무시했다"는 말은 확연하게 수치심을 내면화하고 있는데, 이는 가부장체제에 자리 잡고 있는 남성성의 신화 때문이다. 폭력성을 표출하는 것이 남성다움이자 본능이라고 가르치고, 남성 존재를 경제력으로만 판단하는 사회의 한계인 것이다. 그런 와중 우리 시대의 가부장체제는 남자들이 안정적인 수입을 통해 소위 '남자 구실'을 할 수 있는 가능성을 소멸시키고 있다. 남성들은 이런 상황에서 지속적인 모멸을 경험한다. 더불어서 가상과 현실의 경계가 모호해지고 돈조차 이미지가 되어버린 금융 자본주의 시대에 자본이 디지털 플랫폼을 통해 노동력과 신경 에너지를 착취하는 현실에 주목해야 한다. 이런 세계에서 삶의 많은 부분이 비물질화되고 불확실해진다. 미국 남성들의 다중살인과 자살 사건을 분석한 작업에서 프랑코 '비포' 베라르디는 이런 불확실성의 시대를 벗어나는 방법 중 하나가 "자

---

*　물론 자살률에서 나타나는 젠더 패러독스를 고려할 필요는 있다. 젠더 패러독스는 여자들이 더 많이 자살을 생각하고 자살을 시도함에도 불구하고 남성 자살률이 월등히 높은 현상을 뜻한다. 이에 대해서는 논문 〈자살생각에 영향을 미치는 심리적, 사회적 요인의 성별 차이〉(이수인, 《조사연구》 17권 4호, 2016)를 참고하라.

살과 살인"이라고 설명한다. 총기 소지가 자유로운 국가에서 살인은 '다중살인'의 형태로 드러나고, 이는 종종 자살을 목표로 한다.[18]

이런 가부장제의 고질적인 폭력을 자원화하고 상품화한 것이 바로 고어 남성성이다. 그리고 사이버 레커 시장은 고어 남성성이 극명하게 전시되는 장이다.

사이버 레커와 디지털 여성살인

2022년에 한동안 BJ잼미와 배구 선수 김인혁의 죽음 등이 온라인을 중심으로 뜨거운 화제로 떠올랐다. BJ잼미는 "페미"라고 낙인찍히면서, 김인혁은 "트랜스젠더 아니냐, 게이 아니냐" 등의 성소수자 비하 발언 속에서 지속적인 악플에 시달리다 결국 극단적인 선택을 했다. BJ잼미의 어머니 역시 악플로 고통받다 세상을 떠난 것으로 알려지면서, 2022년 2월 7일 청와대 국민청원 게시판에는 "(모녀 살인범 유튜버 사망사건) 가해자 유튜버랑 에펨코리아, 디시인사이드 강력처벌을 요청합니다"라는 청원이 올라와 당해 2월 15일 기준 21만 명의 동의를 얻었다.[19] 이렇게 많은 사람들이 강력한 처벌을 요구하는 건 이런 '살인사건'이 하루 이틀의 문제가 아니고, 한두 명의 문제가 아니기 때문이다. 최근 몇 년간 악플과 사이버 괴롭힘으로 세상을 떠난 이들은 설리, 구하라, BJ박소은, BJ메텔, 배구선수 고유민 등이고, 이름이 나지 않은 이들의 사망까지 더한다면 셀 수 없을 정도다. 그리고 이런 상황의 지속 속에서 2024년 우리는 밀양성폭행 사건을 이용해 구독자를 끌어모은 '나락보관소'라거나 1000만 유튜버 쯔양을 협박한 구제역, 주작감별사, 카라큘라 등을 만나게 된다.[*]

'사이버 레커'라는 신조어는 새로운 이윤 창출 구조를 잘 보여준다. 사이버 레커는 사이버 공간에서 논쟁적인 이슈가 발생하면 이를 빠르게 '견인'해서 짜깁기한 콘텐츠를 올려 돈을 버는 유튜브 채널을 말한다. 교통사고가 터지면 사고 현장에 가장 먼저 달려와 사건·사고를 수습하고 사고 차량을 견인하며 돈을 버는 '레커차'에서 온 말이다. 사이버 레커의 세계에서 '사고가 발생했다'고 알려주는 신호탄이 바로 악플이다. 악플이 사이버 레커를 끌어들이고, 사이버 레커가 이슈를 확장시키면 그때부터는 악순환의 고리가 시작된다. BJ잼미의 악플에 기름을 부어 결국 그를 죽음으로까지 몰고 갔던 채널 '뻑가'가 대표적인 사이버 레커다. 비판을 받고 고발을 당하는 것에 그치지 않고 심지어 처벌을 받으면서까지 이런 사이버 레커 활동을 계속하는 것은 물론 이를 통해 인지도를 높일 수 있고, 그 관심이 곧 돈이 되기 때문이다. 뿐만 아니라 이들이 생산하는 콘텐츠를 그대로 베껴 쓰는 언론이 늘어나면서 자신들이 이슈 메이킹의 중심에 있는 듯한 영향력에 도취되기도 한다. 그러다 보니 스스로를 '진실을 파헤치고 정의를 구현하는 자'로 규정하기도 하는데, 이 역시 문제다. 온라인

---

[*] 자세한 내용은 글 〈그것은 정의가 아니라 기생이다: 사이버 레커의 생태계와 #유튜브도_공범이다〉(손희정, 《고교 독서평설》 2024년 9월호, 2024)를 참고하라.

커뮤니티를 돌아다니며 이슈와 가십거리를 줍는 행위를 "취재"라고 주장하면서 언론의 역할을 왜곡하고, 맹목적인 추종자들을 만들어내기 때문이다. "취재"라는 말은 그런 의미에서 일종의 홍보 전략이기도 하다. 이런 행위는 비단 개인 채널에 국한되지 않는다. 특정 진영을 대변하는 언론이라고 스스로 자임하는 거대 규모의 채널에서도 같은 메커니즘이 작동한다. 그렇게 '영웅'이거나 '악마'로 자리매김하면서 노동시장에서 확인할 수 없는 존재감을 확인하는 것이다. 폭력을 돈벌이의 수단으로 삼는 행위를 스스로 정당화함과 동시에 심지어 사회적으로 의미 있는 일을 하고 있다고 믿어버리는 뒤틀린 영웅심리는 고어 남성성의 중요한 특징이다.

고어 남성성의 또 다른 특징은 바로 '대상화'다. 내가 주목의 중심이 되고 영웅이 되기 위해서 고어 남성성은 그어떤 것도 도구화할 수 있다. 존 M. 렉터는 "타인을 주체가 아닌 사물로 바라보고 사물치럼 대하는 심리적 과정"이 바로 대상화라고 설명한다. 렉터에 따르면 "대상화 개념은 어떤 독립적인 변수가 아니라 일종의 오해의 스펙트럼으로 인식할 때 제대로 이해할 수 있다. 다시 말해서 타인을 대상화한다는 것은 타인을 총체적인 존재로 바라보지 못하고 그보다 못한 존재로 오해하고 있음을 의미한다. 그리고 이 오해의 스펙트럼은 경미한 수준에서 심각한 수준에 이르기까지 폭넓은 범위를 아우를 수 있다."[20] 마사누스바움은 특히 온라인에서의 폭력이 여성을 대상으로 이뤄지는 것에 주목하고, 대상화의 성별성을 분석한다. 남성들은 (1)도구성 (2)자율성 거부 (3)비활성 (4)대체 가능성 (5)가침성 (6)소유권 (7)주체성 거부 (8)신체로의 축소 (9)외모로의 축소 (10)침묵시키기의 열 가지 방식을 통해서 여성을 "한낱 목적을 위한 수단"으로 이용한다.[21] 누스바움은 온라인에서 여성에 대한 대상화가 포르노그래피적 방식을 통해 일어나는 원인을 '원한'과 '경쟁심'에서 찾는다.

언택트, 초연결 시대의 악플이란 익명 뒤에 숨어 이름이 난 연예인을 괴롭히고 그의 삶을 안주거리 삼아 낄낄거리는 개인의 '위악적인 오락'만으로 설명되지 않는다. 그것은 돈벌이와 연결되어 있는 거대한 규모의 산업과 시장의 문제가 되었다. 그리고 디지털 고어 자본주의의 가장 양성화된 시장이 바로 각종 SNS이기도 하다. 바로 이 지점에서 유튜브와 구글 같은 거대 디지털 플랫폼은 디지털 고어 자본주의의 적극적인 행위자 중 하나다. 넷플릭스 오리지널 다큐멘터리 〈소셜 딜레마〉(제프 올롭스키, 2020)는 거대 IT 그룹이 어떻게 디지털 고어 자본주의의 주요 행위자로 지목될 수 있는지 잘 보여준다. 다큐는 "IT업계는 무엇을 팔아 돈을 버는가?"라는 질문으로 시작한다. 초창기 실리콘밸리는 컴퓨터, MS 오피스나 포토샵 등 물건을 판매했다. 하지만 현재에 이르러 실리콘밸리가 판매하는 것은 유저, 그 자체다. 예전에는 유저들이 구매자였다면, 이제 구매자는 광고회사가 된 것이다. 그리고 유저들은 '데이터'와 '주목'을 생산하는 노동자가 된다. 그리하여 "개인의 점진적이고 눈에 띄지 않는 행동과 인식의 변화" 그 자체가 상품이다. 그러므로 SNS가 해내야만 하는 과업은 가능한 오랜 시간 이 '생산자'들을 자신들의 플랫폼에 머물도록 하는 것이다. 이를 위해 여러 가지 장치가 사용된다. 페북의 '좋아요', 트위터(현 X)의 'RT'와 같은 디자인 요소, 더 과격한 주장, 자극적인 이미지, 추천 알고리즘, 그리하여 강화되는 에코 체임버 효과. 이런 것들이 '소셜 온난화'(찰스 아서)를 초래하면서 디지털 고어 시장은 더 뜨겁게 타오르고, 시장과 정치와의 경계도 이 온도 속에서 더욱 과격하게 녹아버린다. '사이버 레커 살인 사건'에서 #유튜브도_공범이다 해시태그 운동이 진행된 건 바로 이런 맥락에서였다.[*]

'남성-약자' 서사와 '약자-남성'의 정치세력화

여성혐오를 비롯하여 각종 소수자 혐오와 폭력을 통해 자신의 남성됨을 확인하고 이를 상품으로 삼아 돈을 버는 '고어 남성성'이 하나의 경향성으로 등장하게 된 것은 무엇보다 이 고어 남성성의 전시에 열광하고, 고어 남성성 상품을 구매하는 소비자들이 있기 때문이다. 여성을 성적

---

[*] 2024년 8월 딥페이크 성범죄가 사회적으로 큰 파장을 불러오고 나서야 유튜브는 뻑가의 수익을 정지시킨다. 그가 딥페이크 성범죄에 대해 우려의 목소리를 낸 여성들에 대해 "호들갑"을 떤다며 비아냥거리고 구독자들에게 공격의 좌표를 제공했기 때문이다. 거대 기업으로서 유튜브가 어떤 사회적 책임을 지려고 할지, 두고 봐야 할 것이다.

으로 대상화하고 착취하는 콘텐츠의 유통은 유구한 역사를 가지고 있지만, N번방 같은 형태의 착취나 사이버 레커 같은 폭력 전시의 광범위한 대중화는 일반적이었다고 보기 힘들다. 이런 새로운 '고어 남성성 시장'의 성장을 촉진한 것은 '화가 난 젊은 남자들'과 이들의 자기 서사인 '남성-약자 서사'(김수아·이예슬)다. 이는 사실 한국만의 문제는 아닌데, 트럼피즘의 자양분이 된 브로플레이크bro-flake나 중국 신민족주의의 행위자들인 펀칭憤青 등은 각 나라의 '화가 난 젊은 남자들' 현상을 잘 보여준다. '브로플레이크'의 경우 형제brother와 눈송이snowflake를 합성한 신조어로 "자신의 가부장적 시각과 충돌하는 진보적 사고방식에 쉽게 화를 내는 남성"을 뜻하며, 옥스퍼드 사전은 2017년 이 단어를 올해의 주목할 단어로 선정했다. 이때 함께 올해의 단어로 꼽힌 것은 "젊은이youth들의 행동과 영향력에서 발생하는 중대한 문화적·정치적·사회적 변화earthquake"를 일컫는 신조어 '유스퀘이크youthquake'였다. 이는 2021년에 한국 사회에서 펼쳐졌던 '이대남' 현상과도 그 궤를 함께하는 것이었다.

그렇다면 이들은 왜 그렇게 화가 났을까? 수전 팔루디는 1980년대 미국 사회의 백래시에 대해 이렇게 설명한 바 있는데, 신자유주의화되면서 노동력이 유연화되고 부동산 가격이 급등하는 등 경제적으로 취약해진 남성 청년들이 신보수주의 사회에서 전통적인 남성성을 실천할 수 없을 때, 즉 1950년대 '아버지가 제일 잘 알아father knows best' 시대와 같은 가부장이 될 수 없을 때, 그 불안과 분노를 젊은 여성들과 페미니즘의 탓으로 돌렸다는 것이다.[22] 신자유주의가 열어젖힌 글로벌 자본주의의 장에서 이런 격차가 제3세계 멕시코에 이르렀을 때 야기되는 좌절은 엔드리아고 주체의 탄생으로 이어진다. 이는 한국에서도 적용될 수 있는 설명이다. 이길호·엄기호 등은 신자유주의화 이후 경제적·정치적 불안이 남초 커뮤니티에서의 소수자 혐오, 그중에서도 특히 여성혐오를 추동해왔음을 분석한 바 있고[23], 《시사IN》에서는 스스로를 피해자이자 약자로 여기는 20대 남성에 대한 특집을 단행본으로 확장하여 《20대 남자》[24]라는 책을 출간하기도 했다. 그리고 그들 사이에 '평등한 시민'이라는 상상력을 충족시켜주기 위해서, 그리고 그 기반에 놓여 있는 단단한 남성 연대를 구축하는 원리로서, 여성에 대한 성적 대상화와 반反페미니즘이 놓여 있었다.[25] 이렇게 남자가 약자라는 인식이 본격적으로 등장했던 것은 2010년대였다. 이 시작을 알렸던 것이 (구)남성연대의 성재기였는데, 그는 한국 사회에서 "남자가 약자다"를 강조했던 첫 안티페미니스트 이데올로그였다.

'남성이 약자'라는 인식은 페미니즘 백래시와 함께 점점 강화되고 있다. 2022년 시사IN북에서 출간한 《20대 여자》는 이런 인식을 수치로 확인시켜준다. 책에 따르면 20대의 58퍼센트, 30대의 48퍼센트가 남성이 차별받고 있다고 인식하고 있다. 40대의 경우 34퍼센트에 그치고 있지만 여성이 차별받고 있다는 답변(28퍼센트)보다 많았다. 50~60대 남성들에서만 여성이 차별받고 있다는 인식

보다 남성이 차별받고 있다는 응답이 낮은 셈이다. 물론 이들 사이에서도 이런 인식이 없는 것은 아닌데, 50대 16퍼센트, 60대 이상 15퍼센트였다. "남성이 약자"라는 생각이 '이대남'만의 현상은 아닌 셈이다.[26] 이런 인식이 어떻게 확산되고 있는가는 남초 커뮤니티를 중심으로 생산·유통되는 '남성-약자 서사'[27]로부터 확인할 수 있다.

페미니즘 제4물결과 함께 더 강화되고 있는 온라인 남성-약자 서사를 분석하면서 김수아·이예슬은 중요한 기점으로 2015년 메갈리아의 등장을 꼽는다. PC통신 시절부터 WWW의 시대에 이르기까지, 온라인 마초문화 속에서 온갖 여성혐오적 공격에 시달려온 여성들이 '여혐혐(여성혐오를 혐오한다)'을 말하고 '미러링'을 통해 남성들을 반격하자, 남성들은 스스로를 더욱 피해자화하기 시작했다는 것이다. 그들의 입장에서 '적절한 구실'이 만들어졌던 셈이다. 남초 커뮤니티는 '메갈'의 뿌리를 '여성가족부' 및 '꼴페미'에서 찾으면서 '비정상적인 여성 집단'으로 규정한다. 2016년 강남역 여성살인 사건이 터지고 여성들이 거리로 나서자, 남초 커뮤니티에서 활동하는 일부 남성들은 "남자들은 잠재적 가해자가 아니다"*라고 외치며 단결하기 시작한다. 이때 이들 사이에서는 강남역 사건의 피해자를 추모하는 이들은 비정상적인 "페미=정신병자"들이고 '일반 시민'이 아니라는 도식이 형성된다. 2022년 대선 정국에서 이대남의 대변자로 등장한 정치인 이준석이

* 미국의 #NotAllMen과 정확하게 연동된다.

그렇게 꾸준하게 "강남역 살인 사건은 여성혐오 살인 사건이 아니다"라고 주장하는 근거 역시 여기에 있다. 그러면서 남초 커뮤니티는 "메갈=일베"(이는 이후에 "워마드=일베"와 만난다)라는 주장과 함께 "한국의 페미니즘은 진정한 페미니즘이 아니고, 서구의 페미니즘이 진짜다"라고 이야기하기 시작했다.* 그러나 이후 촛불정국을 지나면서 "페미니즘 자체가 정신병"이라는 인식론이 자리 잡게 되고, "진정한 양성평등을 추구하는 것은 이퀄리즘equalism"이라는 담론이 등장한다. 이퀄리스트들은 성평등을 반대한다기보다는 그것이 이미 이루어졌거나 혹은 역전되었다고 말함으로써 페미니즘을 문제적 사상 체계로 만든다.[28]

그리고 남초 커뮤니티를 중심으로 여성, 특히 그들이 생각하는 '극렬 페미니스트'들을 '범죄자'로 만드는 놀이가 시작된다. 이미 일베 남성성으로 표현되는, 여성혐오에 기초한 남성 정체성 구성에서는 '김치녀' 등의 명명을 통해 한국 여성을 상호 소통할 수 없는 부도덕한 존재로 지정하고, 이를 통해 자신을 세대적 약자로 위치시키는 담론이 존재하고 있었다.[29] 이것이 2017년 이후 일베의 담장을 넘어 온라인 전반으로 스며들면서 체계화·구체화된 것이다. 그리하여 이는 "우리는 선량한 일반 남성"이라는 주체

---

* 한편으로 이 "진짜 페미니즘" 타령은 21세기 한국 남성들에게만 국한된 논의는 아니었다. 이에 대해서는 《그럼에도 페미니즘》(손희정, 은행나무, 2017)의 글 〈'진짜 페미니즘'을 찾아서 — 타령을 도태시키고 다시 논쟁을 시작할 때〉를 참고하라.

구성으로 이어지고, 이때 범죄자·일베·가해자 남성·여성 범죄자·페미니스트 등은 선량하지 않은 이들이 된다.

남성들이 '잠재적 가해자'라는 말에 크게 반응하는 것의 바탕에 이런 논리가 존재하고, 결과적으로 20대 대선 정국에서 윤석열 당시 후보가 공개적으로 "구조적 성차별은 없다"라고 말할 수 있는 근거가 된다. 이 서사 안에서 "상식 대 비상식"의 구도가 완성되는데, 이때 비상식은 물론 페미니즘이다. 그리고 상식의 자리에 남초 커뮤니티가 이해하는 공정 및 능력주의 논리가 들어간다. 이런 상황이 언론과 정치에 포착되면서 '이대남' 현상이 만들어졌다. '이대남' 현상이라는 시사용어의 범주에는 '페미니즘'과 '젠더갈등'이 포함되어 있었지만, 실제로 이는 신자유주의가 초래한 불안의 시대를 살아가는 20대 남성들의 분노이고, 그걸 이용하려는 정치권의 각종 '작전'이며, '이대남'을 핑계 삼아 페미니즘과 젊은 여성들에 대해 차마 하지 못했던 말을 쏟아내는 40~50대의 내면화된 여성혐오로 규정하는 것이 더 타당하다. 더 큰 문제는 대통령 후보의 입을 통해 공식적으로 남초 집단의 여성혐오 논리가 정당성을 얻었고, 이를 계기로 '정치세력화'하게 되었다는 점이다.

트랜스 페미니즘의 비전

사야크 발렌시아는 고어 자본주의와 엔드리아고 주체성에 대한 분석을 마무리하면서 이런 상황을 전복하고 저항을 조직하기 위해서는 페미니스트 인식론이 필요하다고 결론 내린다. 성별이원제와 가부장제, 그리고 이로부터 영향을 받은 정치·경제 영역의 분기에 기반하여 작동하는 전 지구적 가부장체제로부터 등장한 남성성의 위계는 '주변화된 남성성'이 폭주하는 특정한 경로를 형성했다. 주변화된 남성성은 "헤게모니적, 자본주의적, 이성애 가부장제적 남성성에 대한 복종"에 근거를 두며, 그것을 실천할 수 없을 것이라는 불안과 불만, 억울함에 노출되었을 때 그 실패의 원인을 끊임없이 위계의 아래 단계로 전가하면서 그 경로를 형성해왔다. 이 과정에서 폭력은 정당화되고 생계의 수단이 된다. 가부장체제가 성별이분법 안에서 남성 신체와 각종 특권을 연결함으로써 생산해낸 남성성의 신화에 대한 적극적이고 본질적인 저항이 필요한 이유다. 물론 익숙하고 낡은 성적체계sex/gender system에 대한 비판적 인식이 바로 고어 자본주의의 전복으로 이어지지는 않을 터이지만, 이에 대한 비판 없이는 아주 작은 균열조차 내기 쉽지 않다는 걸 인식하는 건 중요하다.

하지만 페미니즘이라는 '이름'만으로는 충분하지 않다. 발렌시아는 가부장체제에 순응하는 자유시장 페미니즘의 한계 역시 날카롭게 인식하면서 신체에 대한 본질론적인 사유를 넘어 젠더 구성의 교차적 성격에 대한 이해를 바탕으로 하는 트랜스 페미니즘의 기획을 제안한다. 디지털에 상주하고 있는 터프terf: trans exclusive radical feminist, 트랜스 배제적 래디컬 페미니스트의 논의가 어떻게 셀 수 없이 다양한 성의 물질적 현존을 부정하는 논의와 만나고 있는지, 그리하여 어떻게 타자를 배제하는 폭력성을 그 자원으로 삼고 있는지를 보면, 발렌시아의 페미니즘 비판은 한국 사회에서도 유효하다.[*] 이때 접속사 트랜스는 "명명하는 대상을 가로지르고, 그 내부의 골조를 다시 세우며, 변화시키는 것을 지칭"하며, 트랜스 페미니즘은 "지정학적으로 다양한 공간에서 권리 획득을 위해 페미니즘 투쟁이 상정하는 것을 고수"할 수 있음과 동시에 "젠더, 육체성, 섹슈얼리티 간 이동성의 요소를 통합"한다.[30] 이는 궁극적으로 "남성 신체가 지닌 본질적이고 배타적인 속성으로 이해되는 남성성이라는 범주의 중심을 무너뜨리"고, 누구도 쉽게 배제하지 않는 실천 가능한 담론적 재건을 위한 초석을 닦아줄 것이다.[31]

발렌시아의 트랜스 페미니즘 기획은 라보리아 큐보닉스[**]의 '제노 페미니즘'의 문제의식과도 연결되어 있다. 스스로를 맹렬한 반反자연주의자로 규정하는 라보리아 큐보닉스는 "본질주의적 자연주의"에 반대하면서 "젠더 폐지"를 주장했다. 그들에게 젠더 폐지는 "현재 인간집단에

[*]   디지털을 기반으로 하는 여성에 대한 폭력 및 성적 착취와, 트랜스젠더를 비롯한 다양한 소수자에 대한 배제를 주장하는 우경화된 페미니즘이 어떻게 만나고 있으며 그 한계가 무엇인지에 대해서는 논문 〈다시, 물질: '디지털 페미니즘'이라는 정치적 기획에 대한 노트〉(손희정, 2020)와 《코로나 시대의 페미니즘》(김은실 외, 휴머니스트, 2020)의 글 〈페미니즘은 트랜스젠더를 버리고 가야 한다고요? ─ 횡단과 확장의 페미니즘 운동을 꿈꾸며〉(손희정)를 참고하라.
[**]   여섯 명의 다국적 여성으로 구성된 예술가 그룹이자 사이버페미니스트 아바타.

서 젠더화된 특징으로 간주되는 것들을 완전히 근절"하는 것이 아니라, 오직 여성에게만 달라붙는 '젠더화된 것'이라는 개념에 반대하는 것이다. 이 기획에서 젠더 폐지는 "현재 젠더를 규정하고 있는 특질들이 더 이상 권력의 불균형적 작동을 위한 비교 기준이 되지 않는 사회를 구축하려는 야망의 약칭"이다. 라보리아 큐보닉스는 외친다. "100가지 성들이여 피어나라!"[32] 제노 페미니즘이 특히 발렌시아의 트랜스 페미니즘과 공유하는 것은 "물질보다 가상이 우선이라고 주장하거나 가상이 물질보다 우선이라고 주장하기보다, 물질과 가상이 함께"[33] 우리의 현실을 구성한다는 인식이다.

발렌시아는 "여성이 태어나는 것이 아니라 만들어지는 것"*인 만큼 남성 역시 "태어나는 것이 아니라 만들어진다"라고 말한다. 그는 트랜스 페미니즘의 기획 안에서 새로운 남성성 구성의 가능성을 믿는다. 이런 가능성은 오히려 주변화된 남성성이 두드러지게 드러나는 상황에서 더 이상 전통적이고 견고한 남성-여성의 규정과 분류라는 것이 불가능해진 현실을 가능성으로 전유하는 것으로부터 등장한다. 한국에서도 '고어 남성성'이 등장하게 된 맥락과 함께 전통적인 남성성에 대한 편견이 무너지고 있다. 실제로 고어 남성성을 적극적으로 실천하는 것으로 상정되는 10대와 20대 남성들이 다른 어떤 세대보다 여성을

* 페미니즘 제1선언이라고 평가받는 시몬 드 보부아르의 《제2의 성》의 전제다. (참고: 시몬 드 보부아르, 이정순 옮김, 《제2의 성》, 을유문화사, 2021.)

남성과 동등한 존재로 인식하고 성평등한 인식이 높다는 것은 흥미로운 일이다. 그리하여 더 이상 여성을 보호하는 전통적인 남성성에 기대지 않거나 '남자다움'의 판타지로부터 자유로운 남자들이 등장한다. 이처럼 남성이 여성을 동등한 존재로 생각하는 것이 오히려 남성을 소수자이자 피해자로 인식하는 결과로 이어지고 있으며, 그런 상황 속에서 대상화와 폭력이 일어난다는 바로 그 지점에서부터 새로운 사유를 시작해나가야 한다.

2장

메갈 밥줄
끊기의 역사

온라인 소비 시장에서의
백래시와 남성 소비자 정치

이민주

✱ 이 글은 〈반페미니즘 남성 소비자 정치의 탄생: 대중문화 시장에서의
'메갈 색출' 사건 사례를 중심으로〉(이민주, 이화여자대학교 석사학위논문,
2023)를 수정·보완한 것이다.

✱✱ 이 글에서 '메갈'과 '메갈리안'을 다른 의미로 쓰고자 한다. '메갈'은
남성 기득권과 대중이 부여하는 낙인으로서의 관념을 가리키는 데에 썼다.
이와 구분하여 2015년 페미니즘 대중화 이후 스스로를 메갈리안·메갈로
칭한 여성/페미니스트 주체들을 가리킬 때에는 '메갈리안'이라는 단어를
쓰겠다.

2015년 2월, 트위터(현 X)에서 #나는_페미니스트입니다 운동이 일어났다. 〈IS보다 무뇌아적 페미니즘이 더 위험해요〉*라는 칼럼에 반발하여 사과를 요구하기 위해 처음 시작된 것이었다. 이 운동은 페미니스트 정체성을 온라인상에서 공개적으로 드러내는 정치적 실천으로, 페미니즘 대중화의 시발점 가운데 하나이다. 당시 성차별 문제를 이야기할 때 "나는 페미니스트는 아니지만"이라는 말로 시작하는 것이 불문율이었던 사회적 맥락을 고려하면, 해시태그 운동에서 '나는 페미니스트'라는 선언은 중요한 의의가 있다. 공개적으로 발화되지 못한 채 개개인에게 쌓여 있던 성차별에 대한 문제의식이 페미니즘이라는 이름 아래 봇물 터지듯 모여들어 정치화되었기 때문이다.

그로부터 10여 년이 지난 지금은? 이제는 "나는 페미니스트는 아니지만"이 아니라, "저는 페미니스트를 반대합

* 《그라치아 코리아》 2015년 2월호에 실린 김태훈의 칼럼. 그해 1월 일명 '김 군'이라고 불린 17세 남성이 '페미니스트가 싫어서 ISIS(이라크 시리아 이슬람국가)가 좋다'는 글을 트위터에 남긴 뒤 무장단체 IS에 가담하려 터키에서 실종된 사건에서 비롯한 제목이다. 《그라치아 코리아》는 해당 칼럼의 게재를 공식적으로 사과했다. 칼럼 전문 이미지는 김범용 기자의 기사 〈IS보다 생각 없는 '여성 혐오'가 더 위험해요〉(《오마이뉴스》, 2015년 2월 13일)를 참고하라.

니다"라고 말해야 하는 판국이다. 페미니즘 대중화에 대한 반격이 심각해진 탓에, 페미니스트 선언은 발화자의 사회경제적 지위를 심각하게 위협할 수 있게 되었다. '페미(메갈)'라는 말이 '남성혐오'의 주체, 반사회적 여성을 가리키는 부정적 낙인이 되었기 때문이다. 조직적으로 특정 개인 또는 상품이 '페미(메갈)'인지 여부가 색출되고, 누군가 '페미(메갈)'로 지목되면 그에 대한 온라인상의 비난과 괴롭힘, 집단 불매와 민원 등 '밥줄 끊기'가 이루어지는 현상이 계속되고 있다.

주목할 점은 이러한 여성/페미니스트를 향한 낙인찍기 공격이 '소비자'의 이름으로 이루어진다는 사실이다. 이 상황을 이해하기 위해서는 '페미(메갈)' 노동자를 퇴출할 것을 기업(사용자) 측에 요구하는 온라인 중심의 소비자 집단행동이 영향력을 키워온 역사를 살펴보아야 한다. 이 글에서는 해당 소비자 행동을 '메갈 색출'이라고 명명한다.

메갈 색출이 기업에 수용된 가시적인 첫 사례는 2016년 '넥슨 성우 교체 사건'**이다. 메갈리아라는 이름으로 이루

** 2016년 7월 18일, 나딕게임즈가 제작하고 넥슨이 배급하는 게임 '클로저스'의 신규 캐릭터 '티나' 역할을 맡은 A 성우가 'Girls do not need a prince(소녀는 왕자가 필요없다)'라는 문구가 쓰인 티셔츠 사진을 개인 트위터(현 X) 계정에 올렸다. 해당 티셔츠는 페이스북 페이지 '메갈리아4' 운영진이 페이지를 삭제하는 페이스북 코리아에 대한 소송비 모금을 위해 진행한 크라우드펀딩의 보상 상품이었다. 남초 커뮤니티를 중심으로 A 성우가 메갈을 지지하므로 해고하라고 요구하는 게임 이용자 집단행동이 일어났고, 넥슨은 이를 수용하여

어지던 페미니즘 운동을 공개적으로 지지한 개인이 소비자 항의로 인해 경제 기반을 박탈당하고 발언권을 잃는 일이 발생한 것이다. 이 사건은 페미니즘 대중화 이후 '메갈'로 불리던 온라인 페미니즘 운동에 반감을 품고 있던 남성들이 소비자 운동의 언어와 행동 양식을 채택하여 집단화하는 효과를 냈다. 메갈 색출은 2016년부터 2020년까지 주로 '서브컬처'[*] 디지털 콘텐츠 시장에서 이어져왔으며, 2021년 'GS25 광고 집게손 논란'[**]을 기점으로 '젠더갈등' '이대남' 등 정치 담론과 결합하면서 전 사회적으로 퍼져나갔다.[1]

이 글은 이런 메갈 색출 현상을 반페미니즘 백래시의 역사에 위치시키기를 목적으로 한다. 메갈 색출 현상의 배경, 전개 과정, 그로부터 형성된 담론과 주체의 성격을 드러내고 이를 통해 메갈 색출 현상이 반페미니즘 백래시로

다음 날인 7월 19일 자사가 서비스하는 모든 게임에서 A 성우의 목소리를 교체했다.

[*] 이 글에서 '서브컬처'라는 개념은 "'만화'와 더불어 만화를 둘러싼 일련의 시청각 문화(만화, 애니메이션, 게임, 라이트노블 등)와 그 파생 문화들(코스프레 등)을 가리키는 표현"으로 사용한다. (참고: 서찬휘, 《키워드 오덕학》, 생각비행, 2017.)

[**] 2021년 5월 편의점 GS25의 광고에 '남성혐오'를 목적으로 '메갈리아' 사이트를 상징하는 이미지가 삽입되었다는 의혹이 남초 커뮤니티를 중심으로 제기되었고, 이에 불매에 나서겠다는 주장이 등장하자 GS25의 운영사가 공개적으로 사과했다. 이 사건의 여파로 각종 광고 및 콘텐츠에서 '집게손' 기호 및 메갈과의 연관성을 색출하고 사과와 책임자 경질을 요구하는 집단적 움직임이 일었다. 이런 색출 행위는 기업을 넘어 비영리단체·국가기관에 대한 민원으로까지 확장되었다.

서 갖는 의미와 지금의 젠더 정치 지형에 미친 영향을 분석하고자 한다. 그럼으로써 시장에서 페미니즘이 금기로 여겨지고 여성/페미니스트가 배제되는 지금의 현상이 자연스러운 일이 아니며, 특정한 사회·역사적 맥락 위에서 구성된 것임을 밝히고자 한다. 그래야만 이에 대한 저항과 개입도 가능해지기 때문이다. 이를 위해 2016년부터 2021년까지 발생한 메갈 색출의 대표적인 사건 사례와 이를 주동한 남초 커뮤니티(남성 중심 온라인 커뮤니티)를 대상으로 질적 사례연구를 수행했다.

메갈의 등장과 남성들의 동요

메갈 색출에서 색출의 대상이 된 '메갈'은 어떤 존재인가? 이들은 단일한 속성으로 묶일 수 있는 집단은 아니다. 메갈의 원본이 된 메갈리안은 2015년 '메르스 갤러리' 사태[***]

[***]   2015년 5월, 한국에 감염병 메르스(MERS-CoV)가 유행하면서 메르스와 관련된 정보를 주고받는 온라인 커뮤니티 디시인사이드에 '메르스 갤러리' 게시판이 개설되었다. 그런데 한국의 메르스 확산이 해외에 다녀온 후 검진을 거부한 여성 때문이라는 뉴스가 퍼지면서, 커뮤니티 내에 해당 여성을 비난하는 여성혐오 발화가 심각해졌다. 그러나 해당 뉴스가 가짜뉴스임이 드러나자, 이에 분노한 여성들이 여성혐오 발화의 대상을 남성으로 바꾼 미러링 텍스트를 생산하며 커뮤니티를 장악하기 시작했다. 이후 메르스 갤러리 이용자들은 성별이 역전된 세계를 그린 게르드 브란튼베르그의 소설 《이갈리아의 딸들》의 제목과 메르스 갤러리를 합친 메갈리안이라는 말을 고안했다. 미러링 게시물이 기존 커뮤니티의 제재를 받는 일이 반복되자, 2015년 8월 '메갈리아'라는 독립된 웹사이트가 개설되었다.

를 계기로 등장했다. 메갈리안들은 당시 온라인상에 만연하던 여성혐오 텍스트를 성별을 바꾸어 패러디하는 '미러링' 전략을 퍼뜨렸다. 페미니즘 대중화 이후 온라인상 페미니즘 이슈 논쟁, 메갈리안의 '미러링' 발화, '소라넷' 폐지 운동과 #○○계_내_성폭력 해시태그 운동을 비롯한 디지털 성폭력의 공론화 등 온라인 페미니즘 운동이 활발하게 일어나면서, 온라인 공간과 하위문화가 남성의 전유물이 아니었음이 드러났고 온라인 남성 집단에 불안과 동요를 일으켰다. 또한 2015년부터 2016년 사이에는 코미디언 장동민의 여성혐오 발언 사과 및 〈무한도전〉 하차 요구, 힙합가수 블랙넛의 여성혐오 가사와 웹툰 〈레바툰〉의 여성혐오 장면 공론화, 잡지 《맥심》 표지 이미지 속 여성살해 범죄 미화 논란 등 여성혐오적 창작자 및 콘텐츠에 문제 제기하는 정치적 소비자 운동이 끊임없이 이루어졌다. 이렇듯 남성이 선호하는 대중문화 내 여성혐오 공론화는 페미니스트가 남성의 재미를 빼앗는다는 분노와 복수심의 정동을 형성했다. 온라인 공간과 대중문화에서 문화 생산자이자 소비자로서 역량을 발휘하는 여성/페미니스트의 존재가 가시화되면서, 남성의 주도권을 위협하기 시작한 것이다.

이를 향한 반발은 남초 커뮤니티를 중심으로 메갈에 대한 부정적 관념을 형성하도록 했다. 메갈은 반사회적이고 비정상적인 온라인 여성 집단으로서, 은밀하게 특정한 표식('집게손' 등)을 드러내 서로의 존재를 확인하고 조직에 침투하여 사람들을 선동하고 '남성혐오'를 표출하는 세력

이라는 음모론이 형성된 것이다.[2]

이런 메갈의 상은 '일베'의 상에서 성별만 바꾼 것이었다. 2010년대 중반 이후 한국 사회 대중 담론에서 일베는 공적 공간에서 몰아내야 할 사회악이자 여성을 혐오하는 온라인의 비주류 남성들로 그려졌다. 일베의 여성혐오를 지적할 때 자주 등장하는 반론이 '반사회적 남성이 있듯 반사회적 여성도 있기에 이는 젠더 불평등의 문제가 아니다'라는 것이다. 그러던 중 일베의 전유물로 여겨지던 온라인상 여성혐오 발화를 그대로 모방·반사하는 메갈리안이 등장하자, 온라인의 남성들은 기다렸다는 듯 메갈을 '여자 일베'로 위치시켰다. 그리고 일베를 사회에서 쫓아내야 하는 것처럼 메갈도 쫓아내야 '양성평등'이라는 논리를 내세우기 시작했다. 이런 주장은 실제 일베가 일베라는 이유만으로 사회경제적 지위를 잃는 일은 거의 없었다는 사실과는 관계 없이 퍼져나갔고, 메갈 색출을 뒷받침하는 핵심 근거 가운데 하나가 되었다.

메갈로 인한 소비자 피해 담론의 형성

메갈 색출의 핵심 주장은 '상품 생산과 마케팅 과정에 메갈이 참여하면 소비자의 권익이 침해된다'는 것이다. 메갈에 대한 반감을 공유하던 온라인 남성들은 2016년 넥슨 성우 교체 사건을 계기로 남성이 주도하는 소비 시장에서 소비자로서 지위와 영향력을 이용해 메갈을 공격할 수 있음을 학습했다. 그러나 단순히 소비자의 심기를 거스른 특정 노동자를 해고하라는 요구가 사회적으로 곧바로 수용될 수는 없었다. 이에 '반反메갈' 소비자들은 합리적인 소비자 요구의 맥락에서 메갈 색출을 정당화·담론화하고자 했다.

그렇다면 애초에 첫 사례인 넥슨 성우 교체 사건에서 어떻게 노동자의 메갈 논란은 소비자 문제로 의미화되고, 소비자 행동을 일으켰을까? 이는 서브컬처 문화 시장이라는 배경에서 가능했다. 문화 시장에서 창작자는 창작물의 상품성에 깊이 개입하며, 그 자신이 일종의 상표로서 상품성이 되기도 한다. 한편 서브컬처 시장에서 핵심 상품은 캐릭터인데, 서브컬처 캐릭터는 주로 성애적 대상으로 구성됨으로써 매력을 유발하고 열정적 소비를 유도한다. 이를테면 남성 소비자를 겨냥한 여성 캐릭터는 전형화된 '미소녀' 도식을 따르는 외형으로 그려지고 남성 소비자와의 로맨스 관계를 암시하는 태도와 서사를 드러내는 식이다. 그런데 온라인상의 부정적인 메갈 담론을 내면화한 소비자에게 메갈은 '남성혐오'를 하는 비정상의 여성으로서 성애적 관계를 맺기에 부적절하다고 여겨졌다. 그런 메갈의 이미지가 여성 캐릭터 상품에 부여된다는 것은 해당 상품의 주요한 가치가 손상됨을 의미했다. 따라서 남성 서브컬처 소비자들은 이를 구매한 상품에 결함이 생긴 불공정 거래로 의미화하고, 자신이 소비하는 상품으로부터 메갈 이미지를 떼어내기 위해 적극적으로 소비자로서 나서게 된 것이다.

소비자의 불합리한 요구를 승인하고 여성 창작자를 배

제한 넥슨에 다수의 페미니스트 시민, 진보 시민사회단체, 진보 정당과 디지털 콘텐츠업계 종사자가 반발했다. 이 중 많은 디지털 콘텐츠업계, 특히 웹툰계 창작자들은 해당 사건을 소비자·기업의 여성혐오이자 부당한 사상 검증으로 의미화하고 이를 비판하는 의견을 온라인상에 공개적으로 게시했다. 온라인상의 부정적인 '메갈 담론'을 굳게 내면화한 소비자들은 자신들을 비판하는 창작자의 반응을 이해하지 못하며 동요했고, 공격의 표적을 이들에게로 돌렸다. 그렇게 넥슨 성우 교체 사건의 여파는 공개적 저항이 두드러졌던 웹툰계를 위주로 퍼져갔다.

2016년 웹툰계 메갈 색출에서는 창작자가 소비자 의견인 메갈 색출을 비판함으로써 소비자를 무시했다고 주장하며 이에 따른 분노와 굴욕감 등 감정적 피해를 호소하는 담론이 주로 나타나기 시작했다. 이때 창작자의 메갈 지지와 소비자 권익을 직접 연결 지으며 등장한 것이 소비자 기만 담론이다. 창작자가 소비자를 존중하지 않았기 때문에 소비자는 투여한 비용에 대한 기만을 당했다는 주장이다.

이 당시 등장한 예스컷yes cut 캠페인의 사례는 메갈 색출의 초기 국면에서 기만당한 소비자로서 자의식이 어떻게 구성되었는지 잘 드러낸다. 예스컷은 2016년 웹툰계 메갈 색출을 주동한 온라인 커뮤니티 '디시인사이드 웹툰 갤러리(이하 웹갤)'에서 시작된 것으로, 메갈 창작자의 작품에 대한 불매를 선언하고, 메갈을 배제하기 위한 웹툰 검열·규제를 찬성한다는 내용의 이미지를 공유하는 집단 행동이다. 예스컷이라는 이름은 2010년대 창작자와 독자

〈그림 1〉 예스컷 이미지[3]

가 함께 만화·웹툰에 대한 검열을 반대한 노컷 캠페인에서 따온 것으로, 소비자가 노컷 캠페인 등을 통해 웹툰 시장을 지켜왔다는, 웹툰 시장과 창작자는 그런 소비자의 관심과 노력 없이는 존속할 수 없다는 전제가 깔려 있다.

문제는 이런 소비자-생산자의 상호관계에 대한 발견이 돈을 내서 창작자를 '먹여 살리는' 소비자가 창작자에 대하여 우월한 지위를 갖는다는 권력관계의 주장으로 왜곡되었다는 점이다. 이는 소비자가 자기 뜻대로 창작자를 제재할 권리가 있다는 논리 도출로 이어졌다. 메갈 색출에 나선 소비자들은 자신들이 이미 소비를 통해 이러한 권리를 구매·갱신했다고 여겼다. 이에 따라 창작자의 메갈 색출에 대한 저항은 소비에 따른 대가를 인정하지 않는 기만 행위라고 주장되었고, 해당 창작자를 퇴출하라는 요구는 소비자 기만에 대한 피해 구제로 정당화되었다. 상품의 손상만이 아닌 소비자 기만이라는 새로운 피해 담론이 만들어지자, 메갈 색출의 주장에서 창작자는 소비자에 대한 직접적인 가해자로 위치하기 시작했다.

남성 소비자라는 지위의 발견

2017년 이후, 메갈 색출이 여성 창작자 전반에 대한 색출과 공격으로 심화하면서, 이후 사례에서는 성차별·성폭력에 문제 제기하며 남성 일반을 비판하는 표현도 '메갈의 증거'로 지목되기 시작했다. 이때 남성을 비판한 이들에게 소비자 기만 혐의를 씌워 퇴출시키기 위해선 새로운 논리가 필요해졌다. 이에 따라 시장의 주 소비층은 남성이고, 주 소비층에 반하는 메갈을 시장에서 배제하는 것은 정당하다는 담론이 강화하게 되었다.

> 지금 자칭 페미니스트들은 페미라서 마녀사냥 당한다, 페미라서 욕먹는다고 물타기 하는데, 일련의 사태는 페미니스트 이전에 공급자가 주 고객층을 지속적으로 비난, 비하하였다는 점이 문제야.[4]

2018년 '소녀전선' 신규 캐릭터 출시취소 사건* 당시 쓰인 위 게시물에서 드러나듯, 메갈 색출의 소비자들은 자신들의 주장이 젠더 문제가 아니라 소비자 대우의 문제라고 주장하며 소비자 권리를 말하는 '합리적' 소비자의 지위를 점하고자 했다. 이는 여성혐오에 저항하는 이들과 여성

---

* 2018년 3월 21일 모바일게임 '소녀전선'의 신규 캐릭터를 담당한 일러스트레이터가 트위터(현 X)에서 젠더 이슈와 관련된 글을 공유했다는 이유로 메갈 색출을 당해 해당 캐릭터 출시가 취소되었다. 이를 계기로 게임계 내 대대적인 메갈 색출이 재점화하였다.

혐오자를 대등하게 두고 이성을 혐오하는 극단적 존재, 즉 비정상이라고 주장함으로써 그에 반대하는 자신들을 '선량한 일반 남성'의 위치에 두는 동시대 반페미니즘 담론[5]과 통한다.

메갈 색출에서 남성 소비자가 여성 창작자를 혐오하고 검열하는 가해자라는 비판에 대응해 스스로를 피해받은 소비자로 재규정하는 것은 피해자의 지위가 정치적 자원이 되는 현실에 연관된다. 여성학자 민가영은 신자유주의 통치성이 '피해' 관념을 전략적으로 전유하는 방식을 지적한다. 피해 해결의 책임 주체로서 신자유주의 정부가 피해의 원인인 사회구조에 개입하지 않고 공포와 분노 등 피해로 인한 감정만을 다루는 방식으로 대처할 때, 피해는 누구나 이해관계에 따라 호소할 수 있는 자원이 된다는 것이다.[6] 페미니스트 운동에서 피해의 정치는 젠더폭력 피해를 공론화함으로써 그것을 일으키는 여성혐오, 구조적 성차별의 문제를 드러내고 사회 구조 변화를 추구해왔다. 그러나 신자유주의 체제에서는 성차별 문제가 충분히 논의되기보다 피해 주장 과정에서의 감정 그 자체만 문제로 여겨지고 주목되었다. 피해의 실체가 오독되는 환경에서 마치 여성혐오 피해가 존재하는 것처럼 억울함과 박탈감 따위의 '남성혐오 피해'가 존재할 수 있다고 간주되고, 그것에 응답하는 일이 사회적으로 정당하다고 여겨진 것이다.

메갈 색출의 주장은 젠더 정치와 민주적 권리의 문제를 시장 거래의 문제로 전환했다. 그러면서 구매한 상품에 대한 합당한 편익을 얻지 못하고 소비자 지위를 무시당하고 여성혐오자로 몰려 상처 입은 피해자에 남성을 위치시키고자 했다.

소비자 운동은 거대 자본인 생산자(기업)에 비해 소비자가 약자의 위치에 놓일 수밖에 없는 구조 안에서 저항적 정치로 발전했다. 그러나 메갈 색출의 주장은 소비자 피해 개념을 탈맥락적으로 전유하면서, 역시 기업에 대하여 구조적 약자의 위치에 놓인 여성 노동자를 공격하기 위한 수단이 되었다.

메갈 색출은 소비자 운동이 아니다

메갈 색출은 '남성혐오' 반대라는 표면적 이유와 불매라는 형식적 유사성 탓에, 정치적 소비자 운동의 일환으로 여겨지기도 한다. 그러나 메갈 색출은 소비자가 기업에 대항하지 않았다는 점에서 일반적인 정치적 소비자 운동과 차별화된다.

이는 최초 사례인 넥슨 성우 교체 사건에서 소비자 행동이 조직된 맥락을 살펴보면 더 명확해진다. 넥슨 성우 교체 사건에서 성우 교체를 요구한 소비자들은 해당 사건을 성우의 사적 발언으로 인해 게임 운영진·소비자가 상품 이미지 손상의 피해를 당한 상황으로 이해했다. 이는 게임 운영진이 남성으로 표상되며, 젠더 문제인 '메갈 논란'에 대해 남성으로서 자신들과 같은 입장을 공유할 것이라 여겼기 때문이다.

그러므로 티나한테 주려고 충전한 캐시 등을 환불하고 인

터넷에 인증하는 릴레이가 시작되면 넥슨 측에서도 법적 절차 들어가기 용이함.[7]

따라서 위 커뮤니티 게시물에서 보이듯, 소비자들은 불매운동을 통해 더 실질적인 손해를 발생시킴으로써 기업의 성우 교체 조치에 정당성을 부여할 수 있다고 주장하고, 이를 실행에 옮겼다. 말하자면, 넥슨 성우 교체 사건에서의 소비자 행동은 소비자 대 기업이 아닌 남성 소비자가 상정하는 '남성 게임계' 대 '메갈 여성 노동자'의 대립 구도 위에서 조직된 행동이었다. 소비자들은 메갈 논란을 반사회적 여성 개인의 문제로 의미화했고, 그러면서 메갈 노동자가 끼친 경제적 피해에 합리적인 기업과 소비자가 함께 맞서는 그림을 만들고자 했다.

넥슨 성우 교체 사건의 여파는 넥슨을 비판하고 피해자에 연대하는 주체들에 대한 '좌표 찍기'*와 공격으로 이어졌다. 이런 추가적인 메갈 색출은 반년 이상 이어졌다. 이 과정에서 이를 주동한 일군의 남초 커뮤니티 기반 서브컬처 소비자 집단을 중심으로 점차 공통의 목적과 공유된 집단 서사 및 정동, 조직적인 소비자 집단행동 경험을 바탕으로 하는 메갈 색출의 집단 지식이 구성되게 되었다. 이를 공유하는 남초 커뮤니티 이용자들은 여성 창작자의 온라인 활동에 대한 감시·사찰을 통해 새로운 '메갈 의혹'을

* 온라인상에서 여론몰이·악성 댓글·평점 낮추기·사이버 괴롭힘과 같은 집단 행위의 표적으로 삼고자 하는 게시물이나 사이트, SNS 계정의 주소를 커뮤니티 등지에 공유하는 일.

제기하고, 메갈 색출을 뒷받침하는 근거를 생산함으로써 메갈에 반감이 있는 남성 집단 내에서 관심과 인정을 얻고자 했다.

이때 남초 커뮤니티에서의 소비 인증 릴레이는 메갈 색출의 주요한 행동 양식 가운데 하나였다. 소비자들은 소비 기간·충실성·소비 규모 등을 공유하고 진정성 있는 소비자는 남성이라는 믿음을 상호 확인했다. 이렇게 커뮤니티 내부에서 공동체로서 결속을 거치면 메갈 색출에 힘을 더할 만한 일부 사례는 남성 소비자 전체를 대표하는 것으로서 공유되고, 대외적으로 제시될 수 있었다.

말하자면 〈그림 2〉에서 보이듯 커뮤니티의 소비 인증 릴레이에서 누군가 게임에 700만 원을 쓴 내역을 인증하며 메갈에 반대한다는 의견을 표출하면, 해당 커뮤니티에 속한 이들은 비록 한 푼도 쓰지 않았을지라도 메갈에 반대하는 남성이라는 동질성 안에서 고액 소비자와 마찬가지로 행세할 수 있는 것이다.

메갈 색출 소비자들은 남성을 무시하는 메갈 창작자로 인해 고액 소비자인 남성이 빠져나가 기업이 막대한 손해를 입을 것이라는 주장을 확산하는 전략을 폈다. 그러나 대다수 메갈 색출 사례에서 실제적인 소비자 운동이 적극적으로 조직되지는 않았다. 주목할 만한 점은 남성으로 상정되는 소비자층 내에서 이러한 여론이 형성된 것만으로 기업은 쉽게 메갈 색출 요구를 수용했다는 것이다. 이는 동시대 페미니스트들의 정치적 소비자 운동에서 조직적인 불매 및 이슈 확산, 규탄 집회·시위 등 실제적인 실천

〈그림 2〉 루리웹 소녀전선 게시판 게시물[8]

과 사회적 공론화가 이루어진 뒤에야 기업이 대응한 것과 차별화된다. 이는 기업의 결정에 실제 소비자의 구매력과 진정성이 영향을 미친 것이 아니며, 젠더 요인이 개입되었음을 시사한다. 남성 소비자의 주장과 요구를 더 중요하게 여기고 이에 부응하고자 하는 문화 시장의 유구한 성차별이 드러난 것이다.

온라인 놀이문화가 된 메갈 색출

메갈 색출 소비자 행동의 주장과 전략이 남초 커뮤니티 문화로 양식화되고 정치적 소구력도 생긴 뒤에는 점차 메갈 색출의 경험 자체를 추구하는 참여자들이 생겨나기 시작했다. 메갈 색출을 통해 남성 소비자로서 동질감을 가진 이들과 집단행동을 벌이는 과정, 메갈 색출이 성공할 때 영향력을 확인하는 경험에서 즐거움이 생겨난 것이다. 이러한 재미 요인에 따른 온라인 남성 놀이문화와의 접합은 메갈 색출이 재생산될 수 있는 기제가 되었다.

남성으로서 동질감과 영향력 확인에 따른 즐거움이 색출의 동력이 된 대표적 사례는 2018년 게임 '소울워커' 관련 사건이다. 2018년 3월 게임계의 연이은 메갈 색출 국면에서, 소울워커는 소비자 집단행동이 조직되기도 전에 메갈로 '지목'된 그림작가의 작업물을 삭제하겠다고 밝혔으며, '메갈 문제'가 돌출되지 않도록 소비자와 소통하겠다는 태도를 내세웠다. 이에 따라, 메갈 색출에 동조하는 신규 이용자가 몰리면서 소울워커의 실적지표는 급격히 상승했다. 소울워커의 인기 상승은 '망해가던 게임이 주 소비층인 남성의 요구를 반영함으로써 경쟁 게임을 누르고 호황을 누리게 되었다'는 서사로 만들어졌다.

메갈 색출 성공에 따른 콘텐츠 평판의 상승은 해당 콘텐츠의 소비자뿐 아니라, 이를 관전하는 다른 남성들에게도 색출 참여 동력을 부여했다. 콘텐츠 평판이 급격하게 변화하는 과정 자체가 서사적인 즐거움을 주었고, 그러한 변화를 만들어낸 남성 소비자의 영향력을 가시적으로 확인할 수 있었기 때문이다. 그 영향력이 메갈 여성이라는 공동의 적에 맞서 남성이 결집한 결과라는 점은 남초 커뮤니티의 구성원에게 공동체적인 쾌감을 불어넣었다. 이에 따라, 남초 커뮤니티의 소비자들은 점차 즐거움과 남성으로서의 정치적 효능감을 얻기 위해 메갈 색출을 벌이고 이에 참여하게 되었다.

또 하나의 주요한 동력은 '메갈을 응징'할 때 느껴지는

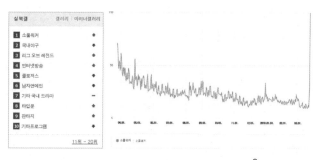

〈그림 3〉 디시인사이드 소울워커 갤러리 게시물[9]

쾌감과 권력감이었다. 2018년 연이은 게임계 메갈 색출에서 기업들이 색출을 주장하는 소비자의 요구를 수용하고, 소비자의 지위를 인정하는 사례가 축적되었다. 이에 따라, 메갈 색출의 정당성이 사회적으로 인정되고 있으며, 남성 소비자가 메갈에 승리할 수 있다는 인식이 형성되었다. 영향력과 권위를 가진 인기 창작자와 기업 내 책임자가 소비자에게 굴복하는 모습은 메갈 색출에 참여한 소비자 집단이 우월감을 느끼도록 했다. 특히 여성 창작자가 메갈의 증거로 지목된 행위들에 대해 사과하는 것은, 남성 소비자에게 메갈 사상과 실천을 교정할 수 있다는 감각을 부여했다. 즉 메갈의 등장과 함께 여성혐오에 대한 저항이 부상하면서 조성된 남성 기득권에 대한 위협이, 메갈 색출을 통해 통제될 수 있다고 여겨지게 된 것이다.

또한 이는 피해자 지위가 분노·복수심 같은 감정 표현의 도덕적 정당성을 담보한다고 받아들여지는 사회문화적 현실과 조응하며 메갈로 지목한 대상을 집단으로 공격하고 굴복시키는 즐거움에 도덕적 당위까지 부여했다. 특히 메갈에 대한 응징을 가능케 한 수단이 사적 권력으로서 소비자 영향력이었다는 점이 즐거움을 더해주었다. 이미 남초 커뮤니티에서는 여성을 비롯한 소수자들이 제도적 특권을 업고 부도덕한 일을 저지른다는 혐오 담론이 통용되고 있었고, 이는 남성들이 그들의 놀이문화 안에서 여성을 물리력이나 자본력, 위계와 같은 사적 수단을 통해 징벌함으로써 남성의 여성에 대한 우위를 재확인하는 서사를 생산하고 확산하도록 추동했다. 메갈 색출의 서사는 이러한 남성들의 요구에 정확히 부합하는 것이었다.

더하여 팬덤과 온라인 하위문화는 메갈 색출을 재생산하는 형식적 매개가 되었다. 남초 커뮤니티를 중심으로 활동하는 남성 팬덤이 몇 년 동안 메갈 색출의 경험을 공유하면서, 게임 및 남성향 서브컬처 장르의 팬덤 문화와 메갈 색출에 동조하는 반페미니즘적 정치 성향이 서로 밀접하게 연관되었다. 팬덤에서 공유된 색출 경험에 대한 지식은 강한 집단적 정동을 포함했다. 같은 팬덤으로서 공유하는 친밀성은 메갈 색출 사건을 직접 경험하지 않은 팬덤 구성원도 정서적 유대관계의 다른 구성원이 전달하는 메갈 색출의 정서에 동조하도록 했다. 이에 따라 팬덤 소비자라는 조직된 집단이 반복된 색출의 과정에서 생산된 반페미니즘적 지식·전략을 재생산하는 역할을 하게 되었다.

한편, 게임과 서브컬처 팬덤 소비자는 국내 위키 사이트 '나무위키'의 가장 열성적인 이용자 집단 가운데 하나였다. 이는 인터넷 하위문화와 팬덤에서의 나무위키의 막

대한 파급력*을 타고 메갈 색출의 논리가 퍼져나가는 효과를 가져왔다. 메갈 색출의 담론과 정서를 재생산하는 또 하나의 매개는 온라인 유머 문화였다. 색출의 과정에서 감정은 주로 '짤방'**의 형식으로 표현되었는데, 이렇게 생산된 짤방은 유머를 제일의 가치로 삼는 온라인 놀이문화를 경유하여 해당 커뮤니티 밖으로 널리 퍼져나갔다. 이처럼 팬덤 공동체와 그 안에서 공유되는 놀이문화를 매개로 전승되는 메갈 색출 소비자 행동주의는, 남성 중심적 대중문화 소비 공동체가 존속하는 한 꾸준히 동력을 공급받을 수 있게 된다.

페미니즘의 상징성을 공격하는 반페미니즘 정치

메갈 색출이 몇 년에 걸쳐 이어지면서, 메갈 색출의 담론과 효과는 동시대 페미니즘 운동 및 반페미니즘 정치와 상호작용하며 변화해갔다. '메갈 낙인'은 점차 페미니즘 주

---

*   2023년 6월 기준 시밀러웹 순위에서 나무위키는 8위를 차지하며, 접속 수가 많은 사이트를 우선하여 보여주는 데이터 알고리즘에 의해 나무위키의 문서는 네이버·구글 등 주요 포털사이트 검색 결과의 상위에 위치하기도 한다. 한국에서 인터넷 하위문화와 대중문화 취미 영역에 대한 가장 방대한 정보를 가지고 있다고 평가되는 나무위키는, 인터넷 이용자들이 게임을 시작하거나 팬 활동을 시작할 때 정보를 얻기 위해 주로 검색하는 사이트이기도 하다.

**   현재 '짤방' 또는 '짤'은 온라인상에서 공유되는 이미지 전반을 일컫는 말이 되었다. 짤방은 온라인 커뮤니티 게시물에서 게시자의 감정이나 게시물의 서사·주장 등을 함축적으로 드러내며, 짤방의 기능은 주로 유머이다.

체와 상징, 실천을 넘어 시장의 남성 지배적 문화에 반한다고 여겨지는 모든 요소로 확장되었다.

2016년 메갈 색출의 초기 사례들에서 메갈은 여자 일베로서 메갈리아 사이트의 이용자 또는 지지자 집단에 한정해 상정되었다. 그러나 대중화된 페미니즘 운동이 촉발한 온라인상 논쟁 경험이 축적되자 남초 커뮤니티에서는, 메갈이 이미 곳곳에 침투했고 한국의 페미니즘 운동이 메갈과 적극적으로 결탁했거나 메갈을 자정해내지 못하고 잠식당했다는 담론이 퍼져나갔다. 이러한 담론은 메갈 색출의 전개 과정에서 형성된 담론과 상호작용하며 서로 강화하고 확산하였다. 메갈 색출 과정에서 메갈에 대한 공격을 반페미니즘으로 의제화하는 페미니스트의 저항이 대두되고 곳곳에서 메갈 지지 선언이 드러났는데, 이는 메갈을 온라인상의 일탈적 여성 집단으로 한정하는 인식을 흔드는 것이었다. 이러자 2016년 메갈 색출 사태를 통해 구성된 메갈 색출 소비자 행동의 세력과 전략은 그대로 페미니즘에 대한 공격으로 향하게 되었다. 페미니즘 운동이 '메갈'에게 잠식되어 변질하였다는 주장은, 이에 기반한 메갈 색출 요구가 다수의 기업에 의해 수용됨으로써 사회적 승인을 얻었다. 2018년의 메갈 색출 사건들이 사회적으로 주목받으면서, '페미'는 반사회적 메갈과 마찬가지인 존재로서 소비자의 불호 요인이고, 따라서 기업에 의해 배제될 만한 존재라는 인식이 대중들에게 퍼져나갔다.

메갈이 페미니스트 전반을 가리키는 관념이 되었을 때,

이는 역으로 페미니즘적인 실천과 변화에 대하여 그 배후로서 메갈 개인을 색출해낼 수 있다는 인식으로 연결되었다. 여성 소비자의 기호를 반영하거나 성인지 관점이 드러나는 콘텐츠 또는 마케팅에 대하여, 그것을 주도한 메갈이 존재할 것으로 상정하고 이를 퇴출하라는 소비자 요구가 나타나기 시작한 것이다. 그런데 이렇듯 반페미니즘적 남성 소비자의 정서에 반하는 변화의 원인이 기업 내의 '메갈(페미)'의 침입이라고 간주될 때, 이러한 침입자로서 먼저 색출되는 대상은 여성 노동자였다. 결국 문화 산업에 종사하는 여성들은 자신이 속한 기업이 성평등을 지향함으로써 메갈 색출의 대상이 될 경우, 먼저 공격받을 가능성을 품게 된다. 이는 여성 노동자의 자기검열을 추동하며, 콘텐츠 생산 과정에서 페미니즘적 의견을 내고 개입하기 어렵게 만든다. 또한 기업도 메갈로 지목되어 문제가 되기 쉬운 여성 노동자 고용을 기피할 수 있다. 이러한 상황은 대중문화 산업에서의 여성 대표성을 확대하고 페미니스트 창작자를 공개적으로 지지하며 대중문화에 개입하기를 주요한 운동 전략으로 삼았던 대중화된 페미니즘 운동에 대한 백래시로 작용했다.

한편 대중화된 페미니즘 운동에서 페미니스트 주체들은 소셜 미디어의 개방된 네트워크 환경 속에서 가시적인 페미니스트 상징*을 중심으로 연대함으로써 집합적인 페미니즘 정치를 만들어왔다. 그러나 앞선 사례들과 같이 공개적인 페미니스트 인증과 실천에 대한 공격이 심화하면서, 여성 노동자들은 스스로 검열할 수밖에 없는 상황에 놓이게 되었다. 메갈 낙인의 범위가 확장되어가면서 이러한 자기검열의 정도 또한 심화했다. 헤어스타일과 패션, 소비 취향과 연애 등 라이프스타일적 변화를 추구하고 이를 가시적으로 재현하는 대중화된 페미니즘 실천이 메갈의 증거로 낙인찍히면서, 결혼 여부와 외모 등 여성 개개인의 자기표현과 생활 전반이 검열의 대상이 되기도 했다.

이때 메갈 색출에 대한 페미니스트의 주요한 대항 전략은 피해자와 공개적 연대를 선언하며 '나도 메갈이다'라고 주장하는 것이었다. 이는 피해자와 같은 입장의 여성/페미니스트로서 언제든 마찬가지 피해를 당할 수 있다는 의식에 근거하는 것이었다. 그런데 메갈 색출은 이들에게 실제로 새로운 메갈 낙인을 부여하고, 다음 공격의 대상으로 삼는 방식으로 확장해갔다. 이는 공감과 동일시를 통해 결집을 추구해온 대중화된 페미니즘 운동의 전략을 역이용하는 반격으로 작용했다.

시장과 페미니즘을 대립시키는 반격 담론

소비자 정치로서 메갈 색출이 사회적으로 영향력을 확대하면서, 메갈과 관련된 젠더 문제를 소비 시장 문제로 다루는 담론도 등장했다. 메갈 색출에 동조하는 소비자가 생산하는 담론이 중립적인 소비자 주장으로서 일반화되어

---

* 페미니즘 관련 해시태그·기호 부착, 페미니즘 굿즈·서적 구매, 식별 가능한 방식으로 '탈코르셋' 몸 만들기와 같은, 온라인상에서 페미니스트임을 '인증'할 수 있는 가시적인 이미지와 실천을 의미한다.

확산하기도 했다.

메갈 색출의 논리를 내면화한 남초 커뮤니티의 소비자들은 자신들이 소비하는 콘텐츠 상품에서 메갈 논란이 돌출되거나 선제적 메갈 사상 검증을 벌이고자 할 때, 앞선 메갈 색출의 역사에서 자신들의 주장을 정당화할 수 있는 사례만을 기억하고 호출했다. 메갈 색출이 성공하거나, 메갈로 인해 기업과 콘텐츠 상품에 대한 평판이 하락한 사례만 채택되는 것이다. 여성/페미니스트 소비자가 더 큰 영향력을 보인 사례나, 메갈 색출의 요구에 응하지 않았음에도 경제적 성취를 이룬 기업의 사례는 언급되지 않거나 그 의미가 왜곡되고 폄하되는 양상을 보인다. 정리하자면, 이들은 몇 년간 축적된 다수의 메갈 색출의 사례를 취사선택하여 남성 소비자가 메갈 여성에 승리한 대안 사실alternative reality로서 메갈 색출의 역사를 구성했다.

김수아는 한국 온라인 문화에 '팩트'로 불리는 파편적 정보의 집합이 근거로 제시되면 주장의 정당성이 입증되었다고 보는 팩트주의가 만연함을 지적한다.[10] 온라인 공론장에서 메갈 색출을 요구하는 소비자의 주장을 뒷받침하는 '팩트'가 하나 존재하기만 해도 메갈 색출의 정당성은 논증될 수 있다고 주장되었다. 그렇다면 그 '팩트'가 어떻게 만들어졌는지 짚을 필요가 있다. 메갈 색출 요구가 기업에 의해 받아들여졌을 때, 이는 소비자 주장의 진실성까지 담보하는 것처럼 여겨지게 되었다. 따라서 반복된 기업의 승인은 이러한 메갈 색출 소비자가 구성한 대안 사실이 대중적으로도 영향력을 확대해가는 원인이 된다.

메갈 색출을 요구하는 소비자들은 노동자의 메갈 논란을 소비자의 감정과 지위 존중의 문제로 의미화했고, 일부 기업과 언론은 소비자와의 소통과 소비자 지향 경영이라는 차원에서 색출을 정당화하기도 했다. 에바 일루즈는 감정 다루기가 기업과 가정에서의 중심적인 문제가 되는 "소통" 모델 안에서는 주관주의와 감정주의가 강화되고, 감정이 표현되었다는 사실이 곧 그 감정의 정당성을 담보한다고 여겨짐을 지적했다.[11] 이러한 배경에서 남성 소비자의 감정적 피해로 주장된 메갈 색출은 사회적으로 부응해야 할 요구로 여겨질 수 있었다. 기업 경영에서 소비자와의 '소통' 그 자체를 중시하는 평가 체계에서는 기업이 소비자의 부적절한 요구에 응답함으로써 발생하는 사회적 효과가 논의되기 어렵다.

메갈 색출을 일으키는 소비자 집단을 소통 대상으로 승인하여 안정적인 소비층으로 구성하려는 기업의 마케팅 전략은, 반페미니즘 정체성의 소비자 주체를 생산하고 집단화하는 힘을 가진다. 그러나 기업은 소비자의 요구라는 점을 내세워 반페미니즘 정치에서의 적극적 행위자라는 책임을 벗어나고자 했다. 결국 기업의 메갈 색출 요구 수용이 소비자 지향적 경영으로 평가되는 담론에서 질문되어야 할 지점은, 소비자와 기업의 젠더적 속성이다. 시장을 합리적 경제 논리로 운영되는 공간으로 간주하는 담론에서, 소비자와 기업은 남성으로 상정된다. 반면 여성이 소비자 또는 생산자로서 시장에서 가시화될 때 이들은 여성이라는 젠더로 범주화되고 구분되는 것이다. 즉 여성/

페미니스트 소비자가 주장했을 때에 비해 메갈 색출에서 남성 소비자의 지위와 감정 존중의 요구가 더 큰 정치적 소구력을 가질 수 있던 점, 그리고 여성 창작노동자의 사회경제적 기반이 더 쉽게 박탈될 수 있었던 점은 모두 남성만이 시장경제에서 성원권을 가진 경제 주체로 인정되고 있으며, 이러한 시장의 젠더 구조를 지키기 위한 백래시가 메갈 색출에 작동하고 있음을 드러내는 것이다.

기존의 국가와 기업 등의 주체가 벌인 정치·사상의 검열 행위와는 달리, 메갈 색출은 시장에서 소비자 요구에 따라 이루어졌다는 점에서 차별화되었다. 메갈 색출을 일으키고 지지하는 측에서는, 창작에 대한 검열이라는 비판에 대하여 문화 시장에서 소비자의 지위와 선택권의 존중이라는 명목으로 반박하였다. 이러한 담론 안에서, 메갈 색출은 권력에 의한 일방적인 사상 탄압이 아니라 동등한 권리주체 간 대립으로 상정된다. 이에 따라 시장에서 메갈 색출을 둘러싼 소비자의 요구가 어디까지 정당화될 수 있는지로 논쟁 구도가 짜였다. 이러한 구도에서 사상과 표현의 자유라는 정치에서의 시민적 권리와 상품 선택권이라는 시장에서의 소비자로서 권리가 동일 선상에서 논의되고, 선택될 수 있는 가치로 여겨진다.

결국, 이렇게 구성된 논쟁 구도 위에서는 메갈 색출은 크게 두 가지 젠더 이슈에 관한 정치적 장의 지위를 갖게 된다. 메갈 색출은 여성 창작자와 남성 소비자라는 대립하는 두 권리주체 중 누가 지지를 얻느냐의 문제에 더하여, 메갈로 표상되는 페미니즘이 정당한 사상인지 사회적 평가가 이루어지는 문제로까지 여겨지게 된 것이다. 주목할 만한 점은 이러한 가치 평가의 장으로서 메갈 색출이 소비자 운동이라는 형식으로 이루어질 때, 판단의 주체로 기업이 떠오른다는 것이다. 메갈 색출을 주장하는 소비자들은 메갈과의 연관성이 문화상품의 상품성에 손상을 가져오며, 기업의 메갈 지지는 구매력을 가진 남성 소비자의 수요에 반하는 선택이므로 시장에서 도태될 것이라고 주장했다. 이에 따라 메갈로 낙인찍힌 개인과 페미니즘에 대한 사상 검증 및 배제의 문제가 시장에서 기업의 생존을 위한 위험관리의 영역으로 논의되는 양상이 나타났다. 기업은 시장 경쟁을 통한 경제적 이윤 추구를 제일 목표로 하는 주체로 여겨진다. 따라서 기업의 사회적 책임과 윤리라는 가치에 근거한 메갈 색출에 대한 비판은 시장에서의 생존을 근거로 하여 면피하는 주장에 의해 쉽게 무력화될 수 있다.

이처럼 메갈 색출과 이를 둘러싼 젠더 정치의 문제가 경영자적 관점에서 경제적 위험관리 영역으로 평가하는 담론이 강화할 때, 성평등과 사회 정의를 추구하는 정치적 실천으로서 페미니즘의 가치에 관한 사회적 논의는 축소되고 위협받게 된다. 특히 메갈 색출에 대한 저항이 여성/페미니스트 소비자의 구매력 경쟁과 같은, 시장 논리 내부의 실천만으로 이루어질 때 더욱 그러하다.

백래시에 대항하는 페미니스트 정치를 위해

메갈 색출은 대표성을 가진 여성의 경제적 기반을 박탈하는 공격 양식, 남성을 피해자로 위치시키는 담론 및 이에 따른 분노와 복수심 등의 정동, 소비자본주의 배경 위에서 대중화된 페미니즘 운동의 전략을 그대로 전유하는 역행의 전략, 젠더 정치를 경제 영역으로 재편하는 신자유주의 통치성 등 현시점의 한국 사회 백래시 정치를 구성하고 작동시키는 다양한 요소들을 드러내는 징후적 현상이다. 이는 특히 대중문화와 소비 시장에서 쌓아온 역량을 바탕으로 온라인을 중심으로 이루어진 대중화된 페미니즘 운동의 전략에 대한 총체적인 백래시다.

그렇다면 이런 백래시에 대항하기 위해 페미니즘 대중화 이후의 페미니즘 운동의 역사를 돌아보고 평가하며, 새로운 페미니스트 정치를 고민해야 하지 않을까. 대중화된 페미니즘 운동의 전략들, 단일한 정체성으로 세력 모으기를 중시하는 '화력'의 정치, 피해자로서 지위의 주장, 시장에서의 자본력과 소비자로서 지위를 이용하는 운동은 유의미한 성과를 가져오기도 했다. 그러나 성차별로 기울어진 사회구조 위에서 남성 기득권이 너무도 손쉽게 이러한 페미니즘 운동의 전략을 탈취할 수 있음이 '메갈 색출' 현상에서 드러났다. 그렇다면 빼앗기지 않을, 다른 정치는 무엇일까? 우선은 페미니즘의 지향과 내용을 다채롭고 풍부하게 만드는 일이 선행되어야 할 것이다.

메갈 색출은 명백히 성차별 구조가 작동하는 젠더 정

치의 문제를 시장의 자본력과 공정거래의 문제로 덮어버린다. 여기서 시장은 성별 중립적이고 합리적인 공간으로 상정되며, '정치'가 개입할 수 없다고, 개입해서는 안 된다고 주장된다. 그러나 이는 신자유주의 체제가 주입하는 환상에 불과하다. 기업과 소비자의 시장 이익과 권리 추구 행위가 위법하거나 다른 사회 구성원의 시민으로서 기본권을 해치는 방식일 경우에는 결코 용납될 수 없다는 사회적 합의를 더 단단하게 만들어갈 필요가 있다. 또한 페미니즘에 관한 부정적 인식을 확산하는 음모론적 주장이 쉽게 받아들여지는 배경에는 성차별적 사회구조와, 구조적 성차별의 존재를 부정하고 여성혐오와 반페미니즘을 조장하는 정치의 문제가 있다. 이는 역으로 지금 이러한 문제에 근본적으로 개입하는 페미니즘 운동의 중요성과 필요성을 드러내는 것이 아닐까.

◆ **3장** ◆

딥페이크 이미지는
어떻게 실제와 연결되는가

기술매개 성폭력의
'실질적' 피해와 그 의미

김애라

✱ 이 글은 〈기술매개 성폭력의 '실질적' 피해와 그 의미〉(김애라,
《한국여성학》 38권 1호, 2022, 1~36쪽)의 일부를 수정·보완한 것이다.

1990년대 미국에서는 새로운 유형의 논쟁이 일었는데, 바로 비디오 게임 속 게임 캐릭터(아바타) 간 성폭력 사건에 대한 논쟁이었다. 이 사건은 1993년 텍스트 기반의 MUD 게임* '람다무LambdaMOO' 가상 환경에서 발생한 사건으로, 'Mr. Bungle'이라는 이름의 게임 유저가 게임 속 거실 공간에서 다른 여성 이용자의 게임 캐릭터에 성폭력을 가한 사건이다. 이 사건은 1993년 줄리언 디벨Julian Dibbell의 〈사이버 공간에서의 강간A Rape in Cyberspace〉이라는 글로 세상에 알려졌다. 당시 이 사건을 둘러싼 주 논의는 이 행위가 '진짜' 강간인지 아닌지에 대한 것이었다. 해당 이용자에 대한 법적 처벌이나 책임 묻기, 기술이 매개된 성차별·성폭력에 관한 진전된 논의는 거의 이루어지지 않았다. 또한 그 같은 생경한 형태의 피해에 담긴 의미나 고통에 대해서는 더더욱 논의되지 못했다.

이후 2003년 '세컨드라이프Second Life'**라는 게임에서

* 'MUD'는 온라인 게임의 일환으로, Multi User Dungeon Game의 줄임말이다. MUD 게임은 초기 온라인 게임에서 사용하던 시스템으로, 오늘날 그래픽을 통해 시각적으로 표현되는 온라인 게임의 텍스트 형태이다.
** '세컨드라이프'는 게임의 제목대로 3D 그래픽으로 이루어진

도 비슷하게 이용자 간 성폭력이 발생했다.*** 하지만 이 사건 이후에도 논의는 크게 진전되지 못했다. 세컨드라이프에서는 해당 행위를 한 이용자에게 경고를 주거나 계정을 일시 중지하는 정도로 대응했고, 대중적으로도 이 사건이 지금의 '기술매개 성폭력TFSV: technology-facilitated sexual violence' 사건들과 같은 방식으로 중대하게 여겨지지는 못했다. 아마도 그 배경에는 해당 사건이 특정 게임 공간에서만 벌어질 수 있으며, 그러한 공간을 이용하는 사람들의 수가 (지금 소셜 미디어 등 온라인 플랫폼을 이용하는 규모에 비해) 현저히 적었다는 점이 영향을 미쳤을 것으로 보인다. 무엇보다도 대면 관계에서 벌어진 사건이 아니라는 점에서 그 같은 피해가 '성적'이지 않다고 본 것이 주요했다.

2010년대에 발생한 텔레그램 N번방 성착취 문제를 위시하여 한국 사회를 뜨겁게 달구었던 일련의 굵직굵직한 기술매개 성폭력 사건들, 특히 딥페이크 기술을 활용한 '지인능욕' 합성 피해, 게시된 이미지를 일방적으로 수집하여 성적으로 소비하는 이미지 강탈 등은 전술한 1990년대 초의 람다무, 2000년대 초의 세컨드라이프 성폭력을 떠올리게 한다. 아바타를 대상으로 하는 성폭력과 이미지·개인 정보 기반의 성폭력은 그 형식은 다르지만, 직접

가상 세계에서 제2의 삶, 즉 오프라인의 일상을 옮겨둔 가상 세계에서 일상을 사는 게임이다.
*** 물론 세컨드라이프 사건의 경우에는, 성폭력뿐 아니라 절도·폭력·살인까지 일어나기도 했다.

만나고 만질 수 있는 오프라인 세계가 아닌 곳에서 자신을 대리하는 이미지·아이콘·개인 정보를 대상으로 하는 성폭력이라는 점에서 그 속성은 유사하다. 1990년대 사이버스페이스 및 가상 공간 이용자의 페르소나라 할 수 있는 아바타나 게임 캐릭터 대신, 오늘날 디지털 성폭력이 발생하고 또 매개되는 디지털 공간에서는 실제 사용자의 얼굴 이미지 혹은 개인 신상 정보가 이용된다.

람다무·세컨드라이프 내 성폭력 사건에서의 주된 논의 내용은 그것이 '진짜' 강간인가, 그것이 '진짜' 피해인가에 국한되었고 실상 피해자의 피해나 고통, 그리고 그 '성폭력'의 의미에 대해 관심을 가진 이는 극소수였다. 1990년대 많은 논쟁을 낳았던 가상 공간의 성범죄는 소셜 미디어의 대중화를 거친 오늘날 '디지털 성폭력' '사이버 성폭력' 혹은 '기술매개 성폭력' 등으로 개념화되고 있다.[*] 특히 최근 한국 사회에서는 일련의 기술매개 성폭력 사건들 이후 피해 유형과 이를 포괄할 수 있는 관련 법·정책에 관한 논의들이 활발하게 이루어져왔다. 그러나 람다무·세컨드라이프 성폭력 사건에서처럼 오늘날 기술매개 성폭력 논의에서도 역시 기술매개 성폭력 속성에 따른 피해 및 고통에

---

[*] '기술매개 성폭력'은 새로운 기술을 이용하여 여성에 대한 형사·민사적, 그 외 유해한 성적으로 공격적인 행위를 뜻한다(Henry and Powell, 2015). 이 개념은 오늘날 성폭력에 새로운 기술 사용이 증가하는 현상을 강조 및 기술하고자 하며, 온라인 성희롱, 젠더에 기초한 혐오표현, 온라인 성희롱과 사이버 스토킹, 성폭력 이미지 제작 및 유포, 그리고 성폭력 수단으로의 이용과 같은 행동이 포함된다(Henry and Powell, 2014).

관한 논의는 아직 충분하지 않다. 이 글은 이 같은 문제의
식에서 출발했다. 본 연구에서는 특히 기술매개 성폭력 상
담 사례 분석**을 통해 현재 기술매개 성폭력 피해의 구체
적인 내용과 성폭력 피해의 의미를 살펴본다. 이 글은 소
위 전통적인 성폭력 정의에서의 '물적 피해'가 없는 성폭
력 피해 고통을 언어화하고 이해하고자 하는 시도이자 기
술매개 성폭력 이론화를 위한 시도이기도 하다. 그 피해의
속성과 맥락이 어떤 것인지 탐색하는 논의를 시작하고자
한다.

'음란성'이라는 기준이 놓치는 것

현행 기술매개 성폭력은 통신매체 이용 음란이나 음란정
보 유통 금지법상의 '음란성'을 기준으로 판단되고 있다.
현재 기술매개 성폭력 판단에서의 음란성 기준은 우리 사
회에 여전히 팽배한 성폭력에서의 '성적인 것'에 대한 협
소한 이해와 기술매개 성폭력 속성에 대한 몰이해를 드러
내고 있다. 대표적으로 '레깅스 사건'***에서 확인했듯 성폭

** 이 글의 기술매개 성폭력에 대한 분석 내용은 한 개의
성폭력상담소의 2020년 1년간의 상담 지원사례를 수집·분석한
결과이다. 상담 사례 수집은 2021년 5월부터 8월에 걸쳐 이루어졌고
해당 상담소를 방문해 상담 일지를 검토하고, 기술매개 성폭력으로
분류된 사례를 상담 일지 분석 양식에 기입하는 방식으로 이루어졌다.
상담 사례 분석을 허락해준 상담소에 깊은 감사를 드린다.
*** 2018년 5월 버스에서 운동복 아래 레깅스를 입고 있던 피해자
하반신을 몰래 촬영한 사건이다. 1심에서는 불법촬영한 가해 남성이

력 피해의 성애화나 성적 수치심의 강조 등 성폭력 피해에 대한 성별화된 인식은 기술매개 성폭력에서 두드러지게 불거지고 있다. 특히 여성의 이미지나 개인 정보의 강탈 및 유포 등은 가해행위의 그 성애적 목적에도 불구하고 성폭력으로 이해되고 있지 못하다. 피해 속성에 관한 제대로 된 진단이 아닌 '음란성'이라는 관행적이고 다분히 남성 중심적인 기준은 기술매개 성폭력 피해자들의 피해와 고통을 포괄하는 데에도, 피해자들이 적법한 법·제도의 도움을 받는 데에도 부정적이다.

다종다양한 기술매개 성폭력 사례들은 여성의 성폭력 피해의 의미를 다시 생각하도록 촉구하고 있다. 이 글에서는 특히 현행법상 음란성 기준에 준해 판별함에 따라 성폭력이 아니라 모욕이나 명예훼손 등으로 범주화되어 젠더 기반 성폭력의 의미와 그 효과가 간과되고 있는 기술매개 성폭력 사례들을 살펴본다. 주로 불법촬영을 중심으로 논의되어온 성폭력의 '새로운' 형태·유형들에 비해, 상대적으로 '성폭력'으로 명확히 인식되지 않고 있는 스토킹이나 신상 정보·이미지 강탈 및 유포 등의 유형들에 내재한 성폭력 피해의 의미에 대해 탐구하고자 한다.

벌금 70만 원 형을 받았으나, 2심 재판부는 '기분이 더러웠다'는 피해자의 진술을 토대로 '성적 수치심을 느낄 정도가 아니었다'는 이유로 남성에게 무죄를 선고했다. 하지만 대법원은 원심이 성적 수치심의 의미를 협소하게 해석한 점을 지적하며 무죄 선고 원심을 파기했다. (참고: 오세진, 〈10대에게 "몸매 예쁘다"며 돈 건넨 60대 남성… 법원 "무죄"〉, 《한겨레》, 2023년 5월 13일.)

예컨대 기술매개 성폭력의 한 종류로서의 스토킹은 오늘날 스마트폰이나 온라인 네트워크, 다양한 소셜 미디어 및 채팅 앱 등을 통해 사람들이 온라인 공간에서 상시적으로 연결된 상태로부터 발생하고 있다. 피해자가 원치 않는 연락을 지속하거나 피해자의 온라인 궤적을 쫓아다니는 것뿐 아니라 피해자의 개인적·사회적 공간이기도 한 온라인 공간에서 피해자를 쫓아다니며 피해자의 이미지나 개인 정보를 수집·탈취하거나 인간관계 등을 염탐할 수 있다. 또한 피해자가 맺고 있는 다양한 관계들에 개입하여 피해자에게 해악을 끼칠 수도 있다. 개인 정보나 이미지 강탈 및 유포는 소셜 미디어나 채팅 앱 및 온라인 커뮤니티나 검색 등을 통해 얻게 되는 개인 정보나 이미지를 피해자의 동의 없이 몰래 소유·유포하는 그 속성상 스토킹 피해 유형을 포함하게 되는 경우가 많다.

스토킹이나 개인 정보 및 이미지의 강탈·유포 등은 전통적 의미에서는 '성적'이라고 인식되지 않을 수 있다. 또한 피해자와 범죄자가 물리적 공간을 공유하지 않는 형식의 비대면 관계에서 발생하는 폭력으로 오프라인에서의 관계가 없다는 점에서 전통적 의미의 성폭력으로 인식되지 않기도 한다. 하지만 기술매개 성폭력은 여성 및 여성의 개인 정보 등을 성애화한 인식에 따라 여성에게 '피해'가 될 수 있는 성별화된 형태로 이루어지고 있다. 이를테면 피해자의 두려움을 활용해 피해자를 위협하거나 특정한 행동을 유도하고 강요한다. 이처럼 실제적 피해는 성별 규범에 기대어 피해자를 통제하고 조종하는 식으로 이루어진다. 우리는 이러한 사실을 고려하여 그 피해의 성폭력적 속성을 살펴볼 필요가 있다.

왜 사이버 성폭력이 아닌, '기술매개 성폭력'인가

기술이 일상 대부분의 영역에 배태되어 있는 현대사회에서는 사실상 여성을 대상으로 하는 거의 모든 종류의 젠더폭력에 기술이 매개되고 있다고 봐도 무방하다. 전통적 의미의 성폭력·가정폭력·성매매에서 불법촬영 혹은 이를 빌미로 한 협박과 유포는 이미 익숙한 기술매개 성폭력의 한 유형이 되고 있다. 온라인 네트워크의 상시적 연결성과 실시간성은 온라인을 이용한 그루밍·통제·스토킹 등을 가능하게 하였으며, 파일 전송·저장·복제의 용이성은 수익을 위해 이미지·동영상·신상 정보를 매개로 여성을 착취하는 폭력으로도 연결되고 있다.

기술 발전에 따른 온라인상 혹은 개인화된 디지털 기기를 이용한 여성 대상 폭력은 해당 논의 초기에는 '사이버 성폭력' '온라인 성폭력'과 같은 표현으로 자주 사용되었다. 하지만 이는 오프라인과는 구분되는 온라인 공간의 특수성을 강조하는 개념으로, 오늘날과 같이 온라인과 오프라인의 구분이 모호하고 복합적인 상황에서 발생하는 폭력을 충분히 드러내기 어렵다. 스마트폰 카메라와 초소형 카메라 등을 이용한 불법촬영 및 불법유포 이슈가 불거지기 시작한 2010년대 중후반부터는 '온라인' '사이버'라는 표현이 포괄하지 못하는 지점을 대신해 '디지털 성폭력'

'디지털 성범죄'와 같은 표현이 주로 쓰이고 있다. 이는 전반적인 미디어 환경이 디지털화되면서 동시대에 적합한 혹은 익숙한 표현으로 쓰이게 된 것으로 보인다. 한편으로는 다종다양한 기술이 이용된 성폭력을 모두 포괄할 수 있는 개념에 대한 합의가 충분치 않은 상황에서 '카메라등이용촬영죄'와 같은 법률상 용어를 그대로 사용하거나, 비동의 촬영·불법도촬 등 비동의적이고 불법적인 디지털 성범죄의 특성을 강조한 '이미지 기반 성폭력' '기술매개 젠더기반 폭력'과 같은 개념들이 최근 사용되고 있다.[1] 이 같은 다양한 개념들의 사용은 기술·개인 미디어의 발전 및 대중화와 맞물려 발생하는 성폭력의 동시대적 특수성을 포착하고자 한다. 특히 성폭력 피해 결과물의 디지털적 특성이나 해당 폭력이 발생하는 공간적 특수성을 포괄하려는 다양한 노력들을 보여준다.

이 가운데 기술매개 성폭력은 가상과 대면 상황에서 성적인 피해를 유발하는 디지털 기술을 이용한 성폭력으로 정의되는 개념으로, 기술 및 온라인 공간성의 특수성이 매개되어 나타나는 가상 및 대면 상황을 모두 아우르고 있다. 이 같은 점에서 온·오프라인의 시공간성이 결합되어 나타나는 여성들의 피해 양상과 그 시공간의 상황적 특수성을 보다 잘 포괄할 수 있는 개념이라 하겠다. '온라인' '사이버'와 같은 표현은 통상 공간성을 더 강조하는 방식으로 사용되어왔기 때문에 해당 현상에 대한 인식이 부분적이라면, '기술매개'와 같은 표현은 테크놀로지, 즉 기술의 이용이나 그 도구적 측면을 강조하기 때문에 기술과 더 잘 결합할 수 있는 가능성을 내포하고 있다. 기술매개 성폭력은 성폭력 및 괴롭힘에 새로운 기술이 점점 더 많이 사용되는 현상을 포착하고자 하며, 여기에는 온라인 성희롱, 젠더에 기초한 혐오 표현, 사이버 스토킹, 성폭력 이미지 제작 및 유포, 그리고 성폭력 수단으로의 이용과 같은 행동이 포함된다.[2]

기술매개 성폭력은 디지털 공간에서 여성들이 높은 확률로 괴롭힘과 혐오 발언의 대상이 되고 있는 상황과 밀접한 관계가 있다. 또한 이 같은 폭력 양상은 온라인 학대·추행이 성별에 기반한 여성의 대상화 및 성적인 영역과 연관성이 상당하지만 그것을 전통적 의미의 성폭력 개념으로만 설명하기에는 부족하다는 사실을 보여준다. 즉 기술매개 성폭력의 양상에서는 사실상 성적인 행위냐 아니냐는 선을 그은 듯이 명확하게 나뉘지 않는다는 것이다.

대표적인 예로, 가해자가 피해자에 대한 통제와 감시의 수단으로 글로벌 위치 시스템GPS 추적 기술을 사용하는 연애 관계에서의 온라인 스토킹이 있다. 현재 인터넷과 소셜 미디어에 만연해 있는 스토킹과 같은 기술매개 성폭력은 가해자의 강박적인 사생활 침해와 관련이 깊다. 지금까지 온라인 스토킹에 관한 연구들에서는 성적 폭력의 측면과 강압적인 통제가 중첩되고 또 구분되는 방식으로 논의되어 온 바 있다.[3] 하지만 기술매개 성폭력에서는 성폭력의 측면과 일상적 통제 및 괴롭힘의 측면을 분명하게 구분하기 어렵다. 즉 모든 형태의 기술을 이용한 괴롭힘이 반드시 성적으로 표현되는 것은 아니다.[4] 이 같은 지점은 '음란성'의 남성 중심성을 차치하더라도 현재 '음란성'에 국한하고 있는 성폭력 개념에 대한 재검토 필요성을 제기한다.

기술매개 성폭력은 사이버나 온라인 등 오프라인과는 구분되는 방식으로 이해되어온 경향이 커서, 때로 비물질적 피해로 여겨지고 이에 따라 전통적 성폭력 개념에 의거해 더 '가벼운' 피해로 인식되기도 한다. 이에 대해 사회학자 니컬라 헨리Nicola Henry와 범죄학자 아나스타샤 포웰Anastasia Powell은 정신-몸, 온라인-오프라인이라는 이원론적인 분리는 기술매개 성폭력의 실체화된 피해를 파악하는 데 도움이 되지 않는다고 주장한다.[5] 현실과 가상은 유기적으로 연결되어 있다고 여겨야 한다는 것이다.

기술매개 성폭력 등의 개념에 대한 이론적 논의나 법제화의 논의에 비해, 수익을 염두에 둔 착취적 성격의 가해 연구는 해당 필드 접근성 및 연구의 어려움 때문인지 상대적으로 충분히 이루어지고 있지 못하다. 일부 연구들에서 여성혐오 콘텐츠의 지속적인 소비에 관해 논의하고 있는데, 법적으로 동의를 받지 않고 상대방의 성적 이미지를 판매하는 것은 창업 비용을 들이지 않고 이익을 창출할 수 있는 엄청난 규모의 사업임을 강조한다.[6]

한국에서는 텔레그램 N번방 성착취 사건 이후, 기술매개 성폭력 범주 및 그 의미에 대한 연구가 이루어진 바 있다. 한국형사정책연구원 김한균에 따르면, 디지털 성범죄 및 범죄 피해의 기술매개적 특성과 젠더기반 폭력으로서의 특성을 인지할 필요가 있다. 디지털 기술은 범행 기회 접근과 가담을 용이하게 할 뿐만 아니라 범죄의 흉포성을 가중시키며, 범죄수익을 창출하는 동시에 은닉하는 데 동원되고 있다. 디지털 성범죄의 구조적 본질은 여성혐오와 아동과 청소년을 대상으로 하는 성학대·성착취 산업이 결합된 젠더 폭력이라는 것이다.[7]

가상 공간이 불러온 사회 공간의 변화

그간의 기술매개 성폭력에 관한 연구는 주로 실태나 개념 및 범주, 법·제도 보완에 집중되었기 때문에 피해자들의 고통에 관한 이론적 논의는 아직 충분히 이루어지지 않은 상황이다. 가장 중요한 이유는 연구자가 기술매개 성폭력 피해자들을 만날 수 있는 기회가 현저히 적다는 것과 디지털 성폭력 피해가 빠르게 증가하는 데 반해 이를 지원할 법적·제도적 언어가 거의 없었다는 데 있다. 지금껏 법·제도적 개선 방향에 논의가 집중되었던 것은 그 필요에 부합하는 것이라 할 수 있다. 이제는 향후 더 증가할 우려가 높은 기술이 매개된 성폭력을 더 잘 이해하고 현실적인 대처 방안을 고민하기 위해서라도 피해와 고통에 대한 이론적 논의가 필요한 시점이다.

서론에서 언급한 바 있듯 람다무나 세컨드라이프에서의 성폭력과 같이 디지털 기술의 발전과 함께 발생해온 이 역사적인 사건들은 단순히 게임 내 성희롱의 문제나 비대면 관계 혹은 개인을 대리하는 가상의 아바타들 사이에서 일어나는 폭력 문제에 대한 것만이 아니다. 가까운 미래에 소셜 미디어 자리를 대체하리라 예상되는 가상현실VR, 그야말로 세컨드라이프 현실과 기술이 매개된 일종의 비물질적인 세계에 존재하는 '나(자아)'에 대한 질문을 던진다. 실제로 불과 몇 년 전인 2016년에는 '퀴브이알QuiVR'이라는 가상현실 게임을 즐기던 여성이 게임 공간 내에서 성추행을 겪는 사건이 발생하기도 했다. 당시 피해자가 가상현실에서의 성추행에 대해 매우 '생생했다real'고 표현할 정도로 '가상 접촉'은 일종의 '물리적인' 경험이었다. 이미 우리 삶의 일부가 되고 있는 가상현실에서의 '가상 경험'에 대한 보다 진전된 문제의식이 필요하다.

만약 가상현실 속 아바타 혹은 캐릭터를 캡처해서 성적인 영상을 제작하거나 성적인 이미지에 합성한다면 이는 실제 얼굴을 합성하는 것과 마찬가지로 여겨질 수 있는 것일까? 기술매개 성폭력의 다양한 유형들인 이미지 캡처나 합성, 개인 신상의 유포 등은 왜 발생하며 그 효과는 무엇인가? 이미지일 뿐인데 피해자는 왜 고통을 느끼는가? 전통적 성폭력 개념으로는 모두 포괄되지 않는 유형의 기술매개 성폭력에 대한 이해는 변화한 환경과 사회적 관계, 정체성에 대한 인식 등에 관한 정치한 분석에 바탕을 두어야만 한다. 더불어 오늘날 통용되고 있는 이미지나 동영상, 개인 정보의 의미에 대한 이해가 필요하다.

오늘날 이미지는 1990~2000년대 온라인 문화에서 아바타의 자리를 대신하고 있다. 개인에 관한 온라인상의 다양한 일상 정보는 소셜 미디어 대중화와 함께 그 개인의 공간과 삶의 일부로 의미화되고 있다. 즉 온라인 공간에서 사람들은 가상 세계의 아바타나 캐릭터뿐 아니라 자신의 실명과 실제 사진, 셀피(스스로 자신의 모습을 찍은 사진)를 통해서도 다른 사람들과 소통한다. 우리는 더 이상 네트워크로 연결되어 있는 공간들을 현실과 명확히 구분되는 '가상'이나 '사이버'와 같은 단어로 설명하지 않는다. 이제 이러한 공간들은 단순히 '네트워크화된 공간'이나 '온·오프라인 공간'과 같은 지리적 공간이라는 인식에서 벗어나 사회적 공간이라는 관점에서 생각할 필요가 있다.

가상 공간은 사회 공간의 변화를 일으켜오고 있다.[8] 여기서 사회적 공간으로서의 온라인 공간은 우리가 접근하고 일하고 놀고 관계와 공동체를 구축하고 학습하는 등 기술적으로 매개된 공간이다. 점차적으로 인터넷 및 기타 통신 기술과 관련 인프라, 문화와의 사회적 상호작용, 표현 방법에서의 상호의존성이 더 높아지고 있다. 따라서 사회 공간적·기술 사회적 세계에서의 의사소통과 사회적 상호작용은 물리적·공간적 맥락과 똑같이 중요하거나 오히려 더 중요해질 수 있는 것이다.[9]

이때 소셜 미디어에서 이용자를 대표하는 이미지는 주로 그 이용자의 실제 모습인 경우가 많다. 이용자들은 자신의 실제 모습을 내걸고 텍스트나 다양한 이미지 및 동영상 등을 통해 소통하고 있다. 기술매개 성폭력은 바로 이 같은 환경이기 때문에 가능해진다. 대표적으로 스토킹의 경우 네트워킹 기술 및 스마트폰 등 같은 개인 미디어 기기 등을 통해 온·오프라인에서에서 이미 형성된 사회적 관계의 중요성을 염두에 둔 가해행위이다. 기술매개 성폭력은 사회 관계와 일상을 파괴하고 피해자가 사회적·일상적으로 고립되기를 초래하고 강제한다. 개인에게 일종의 '추방'인 셈이다.

기술매개 성폭력에서 '진짜 피해'란 무엇인가

하지만 현재 기술매개 성폭력을 인식하는 방식은 음란성과 성적 욕망, 수치심에 기대어 있다. 이는 기술매개 성폭력의 '진짜' 속성을 보기 어렵게 한다. 대표적으로 스토킹이나 유포 피해의 경우 피해자로 하여금 특정한 행동을 얻어내기 위한 경우가 많다. 이 경우 가해자들은 피해자의 행동을 통제하기 위해 기술매개 성폭력 범죄를 저질렀다고 보고된다.[10]

즉 여기에서 핵심은 통제나 조종이 원격으로, 비대면 상황에서도 얼마든지 이루어질 수 있으며, 이것은 개인 정보의 성별화된 활용*을 통해 이루어진다는 것이다. 현재 기술매개 성폭력 판단에서의 음란성 기준은 이 같은 기술매개 사회와 여기에서의 인간 관계, 그리고 그 젠더화된 속성에 대한 고려가 충분하지 않음을 보여준다. 또한 기술이 매개됨으로써 온라인을 통한 가상적 비대면 혹은 비물질적 피해와 물질적인 피해의 중첩이 증가하는 상황은 전통적 의미의 '피해'에 관한 인식 및 법·제도의 변화를 촉구한다.

* 기술매개 성폭력에서 개인 정보의 성별화된 활용의 구체적인 설명은 이어지는 '여성의 신상 정보는 중립적이지 않다' 단락을 참고하라.

주로 디지털 피해는 물리적 폭력과 직접적으로 관련될 때 '진짜 피해'로 여겨진다. 예컨대 강간 이미지가 유포된 경우라든가 물리적 강간을 모의하기 위한 기술이 사용된 사례에서는 '강간'이라는 물질적 피해를 중심으로 그 피해가 인정되고 법적 절차에 따르는 경향이 크다. 이러한 경우 처벌은 피해자의 신체에 대해 발생한 범죄를 대상으로 하며, 그 외의 다른 추가적인 피해 개념은 아직 충분히 발전되어 있지 않다. 헨리와 포웰은 사실상 기술사회에서 발생하고 있는 비물질적이거나 기술매개적인 성폭력은 현재 범죄 피해로 충분히 고려되고 있지 않다고 비판한다.[11]

새로운 기술이 오래된 성 불평등을 강화하는 데 사용되고 있는 것과 같은 방식으로, 새로운 기술들은 전통적인 혹은 새로운 형태의 범죄와 가해 행위에 점차 더 많이 사용되고 있다. 가상 범죄의 일부 징후는 아예 새로운 범죄처럼 보이지만, 한쪽에서는 컴퓨터를 활용해 범죄가 일어난다는 단순 수단 측면에서만 다르다는 시각도 존재한다.[12] 발전된 기술을 이용해 가상 공간에서 일어나는 범죄라고 해서 현실 공간에서 일어나는 범죄와 크게 다르지 않다는 것이다.

하지만 가상이라는 공간의 특성상 사이버 범죄가 현실에서 일어나는 범죄와 완전히 같다고는 할 수 없다. 범죄학 교수 마지드 야르Majid Yar는 신종 범죄로서 사이버 범죄에 관한 자신의 연구에서 사이버 공간 환경이 범죄 활동에서 더 큰 힘과 영향력을 행사하기 때문에 전통적인 범죄와 구별된다고 주장한다. 온라인 공간의 시공간 압축을 통해 가해자는 시공간을 뛰어넘어 피해자를 공격할 수 있고, 특히 익명성은 범죄가 더 쉽게 이루어지는 요인이라는 것이다.[13]

동시에 '가상' 세계에서의 피해는 신체적·정신적 측면 모두에 실질적인 영향을 미칠 수 있다. 궁극적으로는 오프라인에서 발생하는 피해와 분리될 수 없는 것이다.[14] 대표적으로 기술매개 성폭력 피해자들이 겪는 '불안'은 기술매개성에 기인하는 '실질적' 피해 양상이다. 디지털 기기와 온라인 공간의 특성에 따라 피해자는 자신의 이미지나 텍스트 기반의 개인 정보 등이 어떻게 쓰일지 파악하거나 예상하기 어렵다. 하지만 '불안'은 상해나 강간과 같이 직접적·실체적인 피해로 인식되지 못해 피해로 입증하기 어려운 상태로 여겨진다.

따라서 기술매개 성폭력에서의 '실질적 피해'가 무엇인지에 관한 새로운 고민이 필요하다. 적어도 그것은 '음란성'이나 '성적 수치심'은 아니다. 기술매개적 공간은 개인이 일상생활을 경험하고 생활하는 방식에서 점점 더 중요해지고 있으며 '실제' 생활에 깊이 연루되어 직접적인 피해와 고통을 발생시키기 때문이다. 이에 따라 기술매개적 공간과 관계 등에서도 역시 권력과 착취의 실제 관계가 재현되고 강화되고 있다.[15]

예컨대 기술매개 성폭력에서 피해자가 겪는 불안은 비물질적 방식·비대면 원격을 통한 가해와 피해를 어떤 방식으로 개념화할 것인가의 문제와 밀접하게 관계되어 있다. 비물질적 피해는 1990년대 이후 가상 공간에서의 성폭력 사건 이후로 여전히 논쟁의 지점에 있다. 특히 오늘날의 기술매개 성폭력에서는 가해자의 피해자 이미지 및 개인 정보 강탈에 따른 유포 가능성에 대한 불확실성, 이에 따른 굉장한 두려움 등을 어떤 방식으로 피해화할 수 있는가가 향후 중요한 문제일 것이다. 물질적 피해가 동반되어야만 중대한 범죄로 인식하는 경향에 대한 고민이 필요하다.

여성의 신상 정보는 중립적이지 않다

인터넷의 강점 중 하나는 익명으로 개인의 의견이나 고민, 욕망을 표현하는 것이 용이하다는 점에 있다. 하지만 이 익명화된 시스템은 성별에 따라 다르게 작용한다. 기술매개 성폭력들의 유형은 다양하지만 공통적으로 개인 정보는 주로 남성이 아닌 여성에게 약점으로 작동하고 있음을 확인할 수 있다. 이미 알려진 많은 기술매개 성폭력 사건들에서 불법촬영물과 함께 피해 여성의 신상 정보까지 불법유포된다는 사실을 확인할 수 있다. 유포 협박 역시 여성의 이미지를 포함한 신상 정보를 빌미로 한다. 즉 기술매개 성폭력에서 피해 여성에 관한 정보는 가해자들에 의해 성별화된 방식으로 활용됨으로써 피해로 이어지는 것이다.

이는 여전히 여성에게만 성적 낙인이 작동하는 우리 사회에서 여성의 신상과 성적 이미지의 의미에 대해 말해준다. 여성의 성적 이미지는 그 자체로 피해로 이어지기 쉬운 구조에 있기 때문이다. 대표적인 사례로 '지인능욕'으로 불려온 지인의 사진을 성적으로 합성해 모욕하는 성폭력 행위를 들 수 있다. 최근 들어 점차 피해자의 이름·지역·나이·휴대폰 번호·학교명 등과 소셜 미디어 계정 주소까지 개인 신상 정보가 성적으로 모멸적인 텍스트와 함께 담겨 유포되는 양상이 심화되고 있다. 성적 괴롭힘이라는 점에서 동일한 성격을 띠고 있음에도 불구하고 성적 이미지가 아닌 텍스트를 활용함으로써 성폭력 처벌로부터는 피해 갈 수 있는 것이다. 이 글에서 분석한 상담 사례들에서는 촬영물 유포와 같은 널리 알려진 기술매개 성폭력 피해 외에도 피해 여성의 신상 및 관련 불법촬영물과 연관 있는 묘사나 정보의 유포로 인한 피해들이 다수 포함되어 있었다.

실제 촬영물 등이 아니라 관련 정보나 개인 정보가 유포된 경우에는 기술매개 성폭력 관련법으로 처벌되기보다 명예훼손이나 모욕 등으로 처벌될 수 있다. 이는 기술매개 성폭력 피해가 단순히 촬영 및 촬영물 유포에 그치지 않고 개인 신상의 탈취나 유포, 스토킹 등과 연계되어 발생한다는 점에 대한 이해의 부족을 보여준다.

또한 불법촬영 및 불법유포와 연계되는 유형의 범죄 행위들에 대한 위계적 인식 또한 내포되어 있다. '촬영'이라는 행위에서는 다를 바가 없음에도 불구하고 영상인지 이미지인지에 따라 그리고 그 분량에 따라 범죄의 중함 정도가 달리 파악되는 문제가 존재하는 것이다. 그리고 이 같은 점은 촬영물과 개인 정보를 포함한 촬영물 관련 정보의 유포, 동영상과 사진 간의 위계적 범죄 인식이 여성들이 겪는 피해의 특성을 충분히 반영하지 못하고 있으며 사실상 피해 구제에 실효적이지 못하다는 점을 나타내는 것이기도 하다.*

이는 성폭력이라는 범죄를 바라보는 시각이 촬영이라는 가해행위에 맞춰져 있기보다 촬영된 여성이 얼마나 더 성적으로 재현되었는가, 얼마나 성적으로 보이는가에 맞춰져 있다는 것을 의미한다. 즉 가해행위 자체가 아니라 기술매개 성폭력 피해 결과물의 '음란성'의 정도가 피해를 이해하는 중요한 관점으로 형성되어 있기 때문이다. 그리고 이는 성폭력 피해를 보는 남성 중심적 시각을 보여준다.

여성의 개인 신상은 단순히 중립적 개인 정보로서 여겨지고 있지 않다. 각종 남초 게시판에서 여성 이미지가 '짤방'용으로 소비되어온 인터넷 문화에서부터 노골적으로 여성을 성적으로 소비·착취한 '소라넷'과 '텔레그램 N번방 성착취 사건'에서 확인한 바와 같이, 여성의 이미지는 그 이미지를 누가 어디에서 보는지, 어떤 의미를 부여하는지, 여성의 개인 신상과 어떤 방식으로 엮어 특정 캐릭터로 만드는지 등에 따라 원래의 맥락과 무관하게 너무도 쉽게 성적 대상이 된다.

즉 여성의 이미지는 온라인상에서 쉽게 남성들의 관심

* 이에 개인 정보 유포를 빌미로 하는 불법촬영 피해가 발생하지 않더라도 성적인 방식으로의 이용을 목적으로 개인 정보를 탈취한 것에 대한 제재 방안을 고민할 필요가 있다.

을 끌거나 모을 수 있는, 나아가 수익으로 직결되는 자원으로 인식된다. 이에 따라 익명성을 기술적으로 적극적으로 활용하는 방식으로 여성의 성적 이미지를 기반으로 한 수익 구조가 만들어졌다.**

개인 정보 악용을 성별화한 효과는 성착취·성매매적 상황에서 더욱 적나라하게 확인된다. 대표적으로 '텔레그램 N번방 성착취 사건'에서는 여성에 대한 성적 낙인에 기반하여 피해 여성의 개인 정보를 일종의 내러티브로 활용하는 방식의 성착취가 이루어졌다. 포주든 성매수 남성이든 기술매개 사회에서는 여성을 대면하지 않고도 성착취가 가능하다.

뿐만 아니라 성매매에 있어서도 불법촬영물 등 기술매개 성폭력은 피해를 더 극심하게 한다. 그리고 이때 동원되는 것은 바로 여성을 특정할 수 있는 개인 정보의 탈취 및 유포 가능성이다. 상담 사례들에서 성매수자들로부터 성매매 제안을 받고 이미지를 제공하거나 성매매를 하였

** 영상물·사진 등을 다양한 의도에 따라 이용하며 이루어진 성적 침해행위를 일컫는 보다 구체적인 용어로 '이미지기반 성착취(image-based sexual exploitation)'가 있다. 이 개념은 (1) 결별 등 관계에 따른 보복 차원에서의 유포, (2) 소지하고 있는 이미지를 빌미로 한 추가 이미지 및 금전, 원치 않는 성적 행위를 강요하는 성적 협박(sextortion), (3) 성적 만족을 목적으로 제작·유포하는 관음행위(sexual voyeurism), (4) 피해자의 동의 없이 제작한 이미지로 금전적 이익을 얻고자 하는 경우, (5) 성폭력 행위를 기기에 녹화·저장하여 유포하는 성폭행(sexual assault)까지 포함한다(Henry and Powell, 2016).

다가 불법촬영 피해를 입고 지속적인 성착취를 당한 경우
가 적지 않았다. 불법촬영물을 빌미로 성매매 대금을 지불
하지 않는 것은 물론, 이후 지속적인 성폭력을 가했다.* 즉
성매매 여성에 대한 기술매개 성폭력은 가해자로부터 대
금을 받지 못하는 데 그치는 것이 아니라 성적·금전적 착
취를 보다 용이하게 하는 통제 장치로 활용된다. 상담 사
례들에 따르면, 가해자들은 불법촬영과 개인 정보 유포를
빌미로 보다 용이하게 성폭력을 저지를 뿐 아니라 피해 여
성에게 금전적 대가까지 요구하는 경우가 빈번했다.

일상적 괴롭힘을 통한 성적 통제와 스토킹

기술매개 성폭력 사례들에서 두드러지게 나타나는 특성
중 하나는 디지털 기술을 매개로 한 일상적 괴롭힘인 스
토킹이 피해에 결합되고 있거나 피해 그 자체로 나타난다
는 점이다. 현대의 모바일 기술은 이용자들이 다양한 수단
(동시다발적 문자, 이메일)으로 네트워크에 접속할 수 있
도록 하며 타인과 소통할 수 있도록 한다. 이 같은 기술은
사용자가 원할 때 이전과는 전혀 다른 방식으로 지속적으
로 메시지를 수신자에게 전달될 수 있게 했다.

이같이 스토킹 피해는 기술의 발전에 따라 그 양상과
유형 또한 새로워지고 있다. 상담 사례들에서 공통적으로

---

* 가해자는 성매매가 불법이므로 여성들이 처벌을 받을 수 있다는
점을 악용해, 이를 빌미로 지속적인 성착취를 행하는 것이다. 이에
따라 성매매 여성들의 피해는 훨씬 더 중대한 것으로 파악된다.

나타난 스토킹 피해들은 일상적 괴롭힘으로, 성별화된 형태를 띠고 있다. 오늘날 학계와 대중들 사이에서 '사이버 스토킹'이라는 표현이 주로 사용되고 있는데, 사이버 스토킹은 이메일·소셜 미디어·온라인 대화방·블로그와 같은 전자적 수단을 사용해 피해자를 표적으로 삼는 괴롭힘의 한 형태이다. 네트워크를 통해 타인과의 상시적인 연결이 가능해지면서 스토킹 범죄는 훨씬 더 쉽고 '효과'적으로 피해자를 통제하고 괴롭히고 있다.

앞서 살펴본 신상 정보가 탈취·유포되는 과정은 스토킹과도 연결된다. 일상적 괴롭힘이 추가되는 것이다. 단순히 성폭력 피해라고만 말하기엔 이 범죄 양상은 매우 복합적이고, 가해자도 다양하게 얽혀 있다. 피해자의 온라인 궤적을 쫓아다니며 신상과 일상생활을 캐내고 퍼뜨리는 스토킹은 불법촬영 등 기술매개 성폭력과 별개의 사건이면서 동시에 성폭력과 긴밀하게 연관되어 있다. 즉 탈취한 개인 정보를 빌미로 여성에게 성별화한 방식의 성적 역할을 강제하는 식이다.

스토킹 행위가 불법촬영이나 유포 등과 관련되어 있지 않은 경우의 스토킹 범죄 역시 피해자를 압박하고 통제하며, 피해자에게 사실상 가해자의 영향력하에 있다는 인식을 하도록 한다. 불법촬영 및 불법유포로 의심되는 정황이 있음에도 불구하고, 피해자는 지속적이고 누적된 스토킹 경험으로 인해 보복에 대한 우려로 고소도 하지 못한다.

기술매개 성폭력으로서의 스토킹은 스마트폰이나 소셜 미디어 등 개인화된 연락망을 통한 피해자에 대한 직접적인 접근뿐 아니라 피해자의 소셜 미디어나 이에 연동된 주변인 네트워크에 이르기까지 폭넓게 영향력을 발휘한 다는 점에서 불법유포와 그 성격이 유사하다고도 할 수 있 다. 현재 스토킹 범죄는 이 같은 네트워킹을 통해 허위 사 실이나 합성물을 유포하는 것뿐 아니라 계정을 사칭하는 방식으로 가해가 이루어지는 경향을 보인다.

하지만 이 같은 행위는 '성폭력'으로 인식되고 있지 못 하다. 이 같은 문제는 현재 기술매개 성폭력 처벌의 기준 이 음란성·수치심 등과 같은 성별화된 개념에 있는 것과 관계된다. 성폭력으로 인정받기 위해서는 해당 게시물에 대한 음란성이나 피해자의 수치심 등이 인정되어야만 한 다. 이 같은 현재 '성폭력처벌법'에서의 협소한 성폭력에 대한 이해는 스토킹이나 계정 사칭 등과 같은 범죄에서 명 시적으로는 성애적인 것으로 보기 어려울 수 있으나 성별 화된 차별적 문화 규범을 적극적으로 이용한 괴롭힘을 피 해나 처벌 대상에서 배제시킨다.

예컨대 가해자가 피해자 소셜 미디어 계정 해킹을 시도 하고 사칭해 신고한 사례에서, 사칭 자체로는 형사 처벌이 불가하다는 답을 받았다. 또한 포털사이트 검색을 통해 가 해자의 스토킹 자취들이 남겨져 있음을 확인하고 방송통 신위원회에 삭제 문의를 한 경우에도, (이미지 등이 없는) 텍스트 자체만으로는 삭제가 어렵다고 했다. 이는 강간과 같은 물질적 피해-이를 촬영한 촬영물이나 기타 불법촬영 물 영상-불법촬영한 사진-합성 사진-텍스트 순으로 성폭 력 피해의 경중을 위계적으로 나누고 있음을 보여준다. 이러한 명확한 기준과 분류가 가능한 이유는 앞서 언급했듯, 그 같은 행위 및 결과물에서 '음란성'과 피해자의 수치심을 가늠하기 때문이다.

조종과 통제, 사회적 고립이라는 피해

피해의 결과물이 불가피하게 온라인상 텍스트 혹은 이미지 형태로 존재하게 되는 기술매개 성폭력의 문제에서 음란성이 성폭력 피해 판단의 중요한 기준이 될 때 성폭력 가해자에 대한 처벌이나 피해에 대한 판단은 피해 여성이 어떤 모습으로 묘사되었는가, 얼마나 더 포르노그래피적인가에 집중되는 경향이 더 높아질 가능성이 있다. 이때 정작 그 피해로 인한 피해자들의 경험은 간과되기 쉽다.

즉 음란성 기준은 기술매개 성폭력 범죄에서의 쟁점을 가리고 있다. 따라서 기술매개 성폭력 피해와 고통의 속성을 고려하는 방향으로 쟁점이 옮겨가야 한다. 기술매개 성폭력에서의 문제는 음란한 이미지 촬영에 있는 것이 아니라 가해자가 여성의 이미지나 관련 텍스트 정보 등을 '음란물'로 만드는 데 활용하는 여성의 신상 정보 탈취와 악용에 있다. 현재 음란성 기준은 여성의 '성적' 이미지가 음란하다는 남성 중심적인 시각에 기대어 있다. 따라서 여성의 이미지와 개인 정보가 왜, 어떻게 '음란물'이 되는지는 전제가 아니라 논의 대상이어야 한다. 현재 기술매개 성폭력을 처벌하는 법조항들은 여성과 음란성의 문화적 관계를 강화·재생산하는 방식으로 설정되어 있는 셈이다.

향후 더욱 증가할 우려가 있는 기술매개 성폭력의 상상할 수 없는 피해 양상들을 고려한다면, 피해 결과물의 음란성이 아니라 그 피해로 인해 피해자가 겪는 괴로움이나 공포, 고통을 더 잘 인식하고 이해할 수 있는 방안을 모색해야 할 필요가 있다. 그것이 결과적으로는 기술매개 성폭력 범죄를 판단하고 처벌 및 지원할 수 있는 인식론의 토대로 작동할 것이기 때문이다.

기술매개 성폭력을 이해할 때 가장 중요한 것은 가해자가 소유한 이미지(혹은 동영상)가 피해자를 위협·강요·조종하는 데 사용된다는 것이다. 기술매개 성폭력은 피해자의 이미지나 개인 정보 등의 유포에 대한 피해자의 두려움을 활용하며, 위협과 강요를 위해 오프라인과 온라인 사이의 고도로 연결된 방식을 취한다.[16] 촬영, 이미지 및 개인 정보 강탈, 스토킹, 협박 등 기술매개 성폭력에 동원되는 복합적인 수단들은 피해자의 행동에 직접적인 영향력을 행사하는 것으로, 명백하게 피해자를 성적으로 학대하고 통제하기 위한 목적의 젠더 기반 폭력이다.

이를 이해한다면, 기술매개 성폭력에서 그 중함을 판단할 때 고려해야 하는 것은 음란성이나 수치심이 아니라 그 복합적인 피해 양상이 어떻게 가능해지며 또한 어떤 방식으로 지속되는가일 것이다. 이는 기술매개 성폭력 피해자를 지원하고 가해자를 처벌함에 있어서도 젠더화된 개인 정보 악용의 효과를 반영해야 한다는 의미이기도 하다.

기술매개 성폭력의 가장 중요한 특성이자 연쇄 피해를 발생시키고 피해를 지속시키는 특성 중 하나는 피해(상황)가 피해자나 가해자의 기억으로만 남아 있는 것이 아니라 디지털 파일로 물질화되어 남겨진다는 것이다. 이 같은 특성은 불법촬영 피해는 물론 관련 정보의 유포라든가 온라인을 통한 성희롱적이고 혐오적 발언의 전송 및 게시 등에 모두 해당된다.

이에 따라 피해자들은 파일화되어 남아 있는 피해의 완전한 삭제가 가능할지 확인할 수 없는 상황, 즉 또 다른 피해 상황에 놓이게 된다. 예컨대 불법촬영물이나 온라인상 성희롱 및 혐오 발언 게시물을 발견한 당시, 가해자의 개인 매체 및 온라인상에서 이를 삭제한다고 해도 복원이 가능한 기술적 상황에서 이 같은 불안은 매우 실체적인 것이다.

한국사이버성폭력대응센터 활동가들은 이 같은 우려로 상담을 요청하는 비율이 전체 상담의 상당한 비율을 차지하는 것을 파악한 뒤로 불안 역시 기술매개 성폭력 피해의 한 유형으로 인식하게 되면서 이를 '불안피해'로 명명한 바 있다.[17] 실제로 상담 사례의 많은 여성 피해자들이 정신과 상담을 받거나 외상후 스트레스 장애PTSD 증상을 겪거나 우울·공황장애·불안 등의 증세를 호소하고 있다. 자살이나 자해를 시도하는 사례도 있었다. 하지만 앞서 언급됐듯, 이 같은 피해자의 불안은 개인이 감내해야 하는 심리적 문제로 여겨지며 피해로 인정받기 어려운 상황이다.

유포 피해는 기술매개 성폭력의 가장 두드러지는 특수성인, '끝나지 않는' 피해와 '불안'이라는 피해의 실체를 보여준다. 그리고 이 같은 형태의 피해를 유발하는 데 있어 피해 여성의 개인 정보가 가장 중요한 수단으로 악용됨을 보여준다. 상담 사례들 중 유포가 이루어진 사례들의 경우, 유포로 인한 연쇄적인 피해 및 기술매개 성폭력의 다양한 유형의 범죄들이 연계되어 발생했음을 파악할 수 있었다.

불법촬영물에는 동의 없는 촬영과 소지에 대한 문제만 있는 것이 아니다. 의도적이거나 의도적이지 않더라도 어떤 식으로든 유포가 발생하면, 그 이후로는 재유포 및 불법유포 가해자가 양산된다. 뿐만 아니라 유료 성인 사이트 혹은 폐쇄 커뮤니티 등으로 흘러 들어가 수익 구조에 놓이게 되고 이 같은 구조 속에서 더 많은 수익을 내기 위해 피해 신상에 대한 유포에 이르기까지 피해가 확대된다.

재유포는 증거가 확실한 1차 유포에 비해 허술하게 다뤄지거나 상대적으로 '약한' 범죄로 여겨지는 것으로 보인다. 하지만 이는 기술적 특성을 간과함에 따른 결과이다. 파일이 일단 생산되고 나면, 그 이후 복제는 사실상 해당 파일을 재생산하는 역할을 한다. 최초 생산된 파일과 완전히 동일한 파일이 복제 생산되는 것이고 이 같은 특수성에 따라 해당 파일은 기하급수적으로 증가·확산될 수 있게 된다. 아래 사례들에서도 확인되듯 재유포 역시 1차 유포와 거의 동일한 수준의 피해를 입힐 뿐 아니라 피해를 끝없이 지속시킨다는 점에서 중하게 다뤄야 한다.

이 같은 기술매개적 속성은 성폭력 피해를 지속시키며 피해 여성들의 고통을 유발한다. 음란성 기준에 따라 약하게 다뤄지는 재유포의 문제와 이로 인한 피해, 피해자의 고통은 기술매개 성폭력에서 중점적으로 고려해야 할 사항에 대한 관점을 전환할 것을 촉구한다. '피해'는 여성이 얼마나 '음란'하게 묘사되고 있는가가 아니라, 피해의 대상인 '신체'가 성별화된 방식으로어떻게 원격 조종 혹은 통제되는지 그리고 그것이 피해자에게 어떤 영향을 끼치는지와 맞닿아 있다.

여전히 여성들의 신체가 언제든 성적 대상이자 협박·모독·수치의 대상이 될 수 있다는 믿음, 그리고 그렇게 되고 있는 현실에 대한 전 사회적 각성이 필요하며, 그 첫 단계로 기술매개 성폭력이 다뤄지는 현행법상에서의 음란성과 수치심 기준은 폐기될 필요가 있다. 또한 전통적 성폭력 개념을 중심으로 그 '실질적' 피해와 고통을 가늠하기보다, 기술매개성을 적극적으로 고려한 방식의 성폭력 피해에 대한 더 많은 논의가 필요하다.

◆ 4장 ◆

온라인 공간을
횡단하는 여성들

온라인 페미니즘과
디지털 행동주의의 명암

김수아

디지털 네트워크 기술 발전 초기부터 온라인 공간은 새로운 공론장 형성의 공간이자 여성과 소수자의 목소리를 전달하는 통로로 기능할 것이라는 기대를 받았다. 주류 미디어에서는 남성의 목소리가 과잉 대표되어 있었고 여성의 참여가 제한되었다. 미디어가 다루는 의제에서도 여성 관련 의제는 사소화되는 경우가 많았다. 하지만 개인도 미디어를 운영할 수 있고 모두가 발언권을 얻을 수 있는 온라인 공간에서는 이 같은 참여 제한의 문제는 사라질 수 있다는 희망, 평등한 참여가 가능할 것이라는 기대가 있었다. 이에 따라 여성들은 온라인 공간을 여성 스스로 경험을 축적하고 상호 연결을 통해 역량을 강화할 수 있는 새로운 장소로 상상했다. 초기 온라인 공간의 여성에 대한 연구들은 여성 커뮤니티와 같은 형태로 여성들끼리 모여 새로운 지식을 형성하고, 인터넷 기술을 익혀 격차를 해소하며, 사회적 집합 행동의 기초를 형성하는 경험을 하고 있다는 점을 강조해왔다.[1] 이러한 경험과 현실에 대한 설명이 '사이버 페미니즘' '네트워크 페미니즘' '온라인 페미니즘' '디지털 페미니즘' 등으로 다양하게 명명되었다.

하지만 이와 같은 낭만적 기대의 시기를 지나오면서 탐구는 점차 '이러한 기대가 왜 이루어지기 어려운가'에 대한 방향으로 이어지게 되었다. 온라인 환경에서 여성과 소수자의 목소리는 오히려 축소되는 경우가 많았고, 다양한 괴롭힘에 노출되면서 활동이 제약되었다. 이에 온라인 공간에서의 여성의 활동이 제약되는 원인과 해결 방안이 중요한 연구 의제가 되었다. 무엇보다 여성이 온라인 공간에서 자유롭게 의견을 나누기 위한 선제 조건으로 안전이 중요하다는 인식이 생겨났다. 이 글에서는 이러한 안전에의 요구가 생긴 역사적 맥락과 조건을 살펴보고, 온라인 공간에서의 페미니즘 운동이 어떻게 안전한 공간을 구축하는 동시에 포용적인 연대의 흐름을 만들어갈 수 있을지에 대해 논의하고자 한다.

여자들만의 '안전한' 온라인 공간을 찾아서
— 2000년대 초중반

1990년대 말부터 한국에서 여성의 온라인 안전이 위협받는 여러 사건들을 어떻게 해결할지에 대한 사회적 논의가 활발해졌다. 대표적인 사건은 1999년 헌법재판소가 제대군인 채용시험 시의 가점부여제도가 평등권을 침해한다고 판결한 일이다. 이는 평등권에 대한 헌법적 판단이었음에도, 이 판결에 대한 공분이 여성에게 향하면서 온라인상에서 여성에 대한 공격이 격화되는 계기를 만들었다. 물론 군가산점제 위헌 판결 이전에도 한국의 온라인 공간에서 성차별적 발언이나 성희롱 문제가 존재했지만, 이 판결 이후로 여성에 대한 온라인 공격이 보다 더 격화되고 늘어나는 결과가 나타났다. 이는 여성에 대한 '사이버 테러'로 명명되었다.[2] 남성연대 대표를 맡았었던 성재기의 주요 경력 중 하나가 군가산점제 관련 여성단체의 헌법 소원을 비판하는 활동이라는 점에서, 군가산점제 위헌 판결은 온라인 공간의 성별화와 여성을 향한 공격의 격화·자연화의 단초를 마련한 '역사적' 사건이었다고 볼 수 있다.

이러한 격화의 일례로, 2000년 부산대 웹진에 실린 글 〈도마위의 예비역〉이 군인과 남성을 비하했다며 웹진 운영진 등에 대해 스토킹·욕설 쪽지·성희롱이 일어난 사건을 들 수 있다. 특정한 사람을 지목해 공격하는 행위, 특히 여성에 대한 성적 모욕과 강간 위협 메시지를 남기는 행위에 대한 문제의식은 희박하고, 오히려 이를 정의 구현 활동으로 여기는 일이 발생한 것이다. 이에 대한 조치 역시 모욕죄나 명예훼손이라는 형법에 기대게 되는 환경 속에서, 격화·공격의 정서가 우리 사회의 온라인 문법과 정서 구조를 형성했다.

이렇게 격화된 온라인 공간의 문제는 악플 등 건전하지 못한 말의 문제로만 해석되었다. 이후 공중들 사이에서는 혐오표현이라는 문제틀이 만들어졌지만 여전히 법제도에서 이를 다룰 수 있는 틀이 없다. 이에 여성에 대한 혐오 발화들이 단순 모욕 혹은 명예훼손과 같은 형법상 범죄에 한정되어 틀 지워지는 등 '여성혐오', 즉 온라인 공간에서 일어나는 여성에 대한 비하와 상품화·착취의 문제를 공유하고 이해하는 데에는 우리 사회가 일정 정도 실패하고 있다고 할 수 있다. 온라인 안전의 공적 보장이 어렵거나 혹은 애초에 그 필요성을 인지하지 못하거나 소수자가 만연히 무시되는 상황인 것이다.

따라서 안전에 대한 논의는 사회가 보장하기보다는 자생적으로 챙겨야 하는 것이 되었는데, 이때 다양한 커뮤니티 활동이 안전의 기준선을 제공하게 된다. 1999년 이후 서비스를 시작한 다음DAUM이나 네이버NAVER와 같은 포털 사이트는 카페라는 명명으로 포털 이용자들이 커뮤니티를 구성할 수 있도록 서비스를 제공했다. 그 외에도 별도의 게시판 구조를 갖는 커뮤니티 사이트들이 다수 존재했다. 이러한 사이트는 취미·의견·정보를 공유하는 공간으로 활용되었다. 물론 몇몇 여성 커뮤니티와 여성 사이트는 상업적 목적을 갖고 만들어졌다. "선영아 사랑해"라는 티저로 주목을 받았던 '마이클럽'은 여성 중심의 커뮤니티 사이트를 표방하면서 다양한 소비재 상품 연계와 광고를 목표로 만들어진 사이트였다. 당시 닷컴 버블*은 다수의 커뮤니티 사이트를 통해 수익을 얻고자 하는 다양한 시도를 할 수 있게 했다. 하지만 이러한 별도의 여성 사이트보다 더 많은 이용자를 확보하면서 '여성 커뮤니티'로 명명되어온 것들은 포털 서비스에서 제공하는 카페 및 포털 사이트에서 제공되는 여성 공간이었다. 다음 미즈넷은 주부를 중심으로 하는 정보 공유 공간으로 자리 잡았으며, 포털에서 여성만 가입할 수 있는 카페들도 다수 만들어졌다.

---

* 인터넷 관련 산업이 발전하면서 주식 시장에서 지분 금액이 급격하게 오른 1995년부터 2000년 사이에 발생한 거품 경제 현상.

이 공간들은 여성끼리 정보를 공유하고 일상의 공감을 나누는 곳으로 표상되었지만 일정 정도 상업적 연계가 이루어졌다. 젊은 여성을 위한 화장품·성형 수술 등 미용 산업과의 연계, 주부를 위한 육아 및 생활 용품 홍보 등이 가능한 공간이었기 때문이다.

대부분의 여성 커뮤니티들은 상업성의 문제를 인식하면서도 여성만 가입하고 활동한다는 점에서 안전한 공간으로 인식되었다. 다시 말해 여성의 안전을 위협하는 것은 '남성의 침입'이었다. 여성이 아님에도 도용을 통해 가입하여 분위기를 흐리는 남성 이용자라는 침입자의 형상은 안전을 위해 일차적으로 축출되어야 하는 것이다. 주민등록증의 여성을 가리키는 번호에 대한 인증, 비정기적이고 한정된 가입 기간, 어려운 가입 문제 등 다양한 안전 장치를 통해 구축된 여성들만의 안전한 세계에서는 일상 정보를 나누는 가운데 여성의 지식을 공유하고 상호 지지하는 문화가 만들어졌다.

화장품·성형·패션을 주제로 하는 다음 카페 3개(소울드레서·쌍꺼풀코성형·화장발)를 '삼국 카페'라고도 칭한다. 이 카페들은 겉으로 보기에는 페미니즘이 지나친 외모지상주의와 여성에 대한 억압을 강화한다며 비판해온 주제를 중심으로 모인 것처럼 보이지만, 그 내부에서는 여성에 대한 차별 경험을 공유하고 정치적으로 연대하는 일상적 페미니즘 정치가 이루어졌다. 2008년 광우병 관련 시위에서 삼국 카페는 시위에 나서면서 '배운 여자'라는 깃발을 사용하고 이후의 정치적 활동을 이어나갔으며, 이용자들은 이 카페 경험을 여성적 공론장 경험으로 인식한다.[3] 그러나 사회적으로는 이러한 경험에 대한 인정이 충분히 이루어지지 않았다. 2008년 광우병 관련 시위에서 소울 드레서 등 다음 여성 커뮤니티가 스스로의 정체성을 가시화하고 정치인 팬덤 활동 등에 적극적으로 참여하는 것에 대한 사회적 주목이 있었을 때에도, 당시 언론과 기성 남성 정치인들은 여성의 정치 참여가 유사 이래 처음이라는 듯한 태도를 보이며 여성혐오적 인식을 드러낼 뿐이었다.

한편으로 이 시기부터 온라인 공간의 성별화에 대한 문제 제기가 본격화되었다고 할 수 있다. 여성들이 정치 활동에 참여하고 다양한 문화를 구성하는 것이 '남성'에 의해 인지되지 않았던 것은, 당시 온라인 공간의 구조가 여성만 가입할 수 있는 비공개 공간으로서의 여성 커뮤니티와 성별을 표방하지 않고 공개적으로 운영되지만 사실상 남성이 다수인 남성 커뮤니티로 구분되어 있었기 때문이다. 공개적 여론이 만들어지고 유통되는 과정에서 남성의 목소리가 과대표되었던 것이고, 이는 포털 서비스에서 제공하는 각종 뉴스 등의 댓글에서도 동일하게 반복되었다. 온라인 공간은 성별화되어 남성이 대표하는 세계가 되었으며, 여성은 일종의 안전한 그리고 고립된 공간을 구성하고 있었던 것이다. 이러한 안전한 공간에서 여성들은 고유의 지식을 형성하고 일상생활 속의 정치를 구성해왔다. 온라인 페미니즘은 이와 같은 여성 고유의 안전한 공간 형성을 통해서 구축되고 실천되었다.

"나는 페미니스트는 아니지만…"
— 2000년대 후반부터 2010년대 초반

물론 안전한 여성 커뮤니티의 경험들이 '페미니즘'의 틀을 빌려 설명되었던 것은 아니다. 2000년대는 한국에서 '페미니즘 담론이 청년층에서 영향력을 잃은' 시기로 알려져 있다. 여성학의 위기는 다양한 맥락에서 진단됐지만, 2000년대 중반부터 다수 대학의 여성학과가 폐지되는 등 여성학의 외양적 축소 현상과 학문적 정체성의 불안정성이 드러나기 시작했다는 진단이 그 출발점이다.[4] 2010년대까지 "나는 페미니스트는 아니지만" 흐름*으로 분명해진 청년 여성과 페미니즘 사이의 거리에 대한 다층적 진단과 교육을 통한 대안이 모색되었다.[5]

일상 속에서 페미니스트라는 선언은 불필요하거나 부담스러운 것으로 여겨졌다. 페미니즘이 중산층 유희에 불과하다거나, 유아적 주장으로 보편적 철학이자 윤리가 되지 못한다는 남성 지식인의 발언이 무탈하게 수용되는 경우도 많았다.[6] 페미니즘에 대한 부정적 분위기 속에서 '나는 페미니스트는 아니다'라고 말하는 온라인 세계의 여성들에 대한 설명은 당시 유행하던 포스트페미니즘 논의와 관련되어 있다. 포스트페미니즘은 연구자와 그 맥락에 따라 그 의미가 달라진다. 영어영문학 교수이자 여성 주체의

---

* 이와 관련한 자세한 맥락은 이 책의 1부 손희정의 글을 참고하라.〔편집자주〕

형성을 연구하는 조선정에 따르면, (영미권 페미니즘 담론을 중심으로) 포스트페미니즘은 실로 다양한 맥락에 놓이는데, 이미 여성의 권리가 충분히 성장해 더 이상 페미니즘이 필요하지 않다는 주장부터 주체적인 여성상을 강조하려는 파워 페미니즘 계열의 주장, 대중문화에서 여성의 성공을 중심으로 재현되는 문제, 그리고 젠더 이분법적 정의 등 페미니즘 내 여러 문제들에 대한 갱신·재개념화를 요구하는 흐름 등으로 나타났다.[7] 이 중 대중문화를 중심으로 충분히 성평등이 이루어졌다는 맥락에서 포스트페미니즘 현상은 소셜 미디어를 통해서도 광범위하게 관찰할 수 있게 되었다.

미디어 재현 영역에서는 페미니즘의 상품화 현상이 대두되었다. 유명인이 여성성에 대한 긍정을 소셜 웹을 통해 상품화하게 되는 현상,[8] 2000년대 후반부터 본격화된 광고에 페미니즘 관련 메시지를 포함하는 '팸버타이징' 현상 등이 분석 대상으로 제시되었다. '상품 페미니즘'으로도 명명되는 이러한 미디어 중심의 페미니즘 상업화 현상은 일종의 포스트페미니즘 현상이었다고 할 수도 있다. 제도화된 여성학의 축소, 페미니즘에 대한 여성들의 거리둠, 여성 커뮤니티를 중심으로 하는 '여성성'에 대한 긍정과 여성의 힘에 대한 신뢰 등이 2010년대 초반까지의 페미니즘 담론의 한 축이었다.

하지만 2000년대 후반의 페미니즘 학과 축소와 이에 따른 페미니즘 위기 논의들은 학제·제도 학문으로서의 여성학에 한정된 것일 수도 있다. 당시 여성 커뮤니티가 가진 폐쇄성은 연구를 어렵게 만들었고, 여성 커뮤니티가 표방하는 외모 관리·신자유주의적인 자기계발적 정서 구조는 양가적으로 해석할 수 있는 가능성을 열게 했다. 2009년 만들어진 다음 카페 '여성시대'는 삼국 카페와는 또다른 맥락에서, 일정 정도 페미니즘에 공감하고 학습하려 하는 동시에 페미니즘에 대한 거리감을 유지하려는 사람들이 모이게 된 공간으로 진단되었다. 물론 '여성시대' 이용자가 외모 관리의 억압성에 대한 논의와 여성의 범주가 다층적이라는 사고에 대한 거부감 때문에 페미니즘에 거리감을 두는 모습을 보였으나, 그럼에도 '여성시대'는 여성들이 일상의 억압을 이해하고 이를 설명하는 틀을 찾아내는 데 있어 적극적인 의미 부여가 가능한 공간일 수도 있다.[9]

그러나 이러한 여성들의 경험과 목소리들 그리고 그 가능성에 대한 논의는 폐쇄적 공간으로서의 커뮤니티 문화에 따라 특정한 방식으로 왜곡되거나 비하적 틀로 설명됐으며, 사회 전반적으로 페미니즘의 영향력은 축소된 것처럼 여겨졌다. 일종의 포스트페미니즘, 즉 페미니즘은 이제 끝났고 더 이상 영향력을 행사할 수 없다는 담론으로서 페미니즘의 위기 담론이 폐쇄형 여성 커뮤니티 문화와 함께했다. 더구나 2000년대 중반부터 온라인상에서 '된장녀'를 비롯한 다양한 여성혐오 명명이 유머로 가볍게 소통되면서,[10] 여성의 목소리가 공론장에서 소통되는 것이 점점 더 어려워지는 문화적 환경이 만들어졌다. 이에 따라 성차별에 대한 공적 문제 제기는 점차 축소되고 페미니즘에 대한 논의가 불필요하다는 인식이 확산되었다.

해시태그 페미니즘과 온라인 대응
— 2010년대 중후반

하지만 이 같은 포스트페미니즘 맥락과 중첩돼 나타난 또 하나의 흐름이 있었으니, 바로 2010년대 전후로 활성화된 SNS를 중심으로 페미니즘에 대한 정보 교환과 페미니스트들의 자발적인 연결됨의 흐름이다. 우리는 이것을 주목하고 적극적으로 재해석할 필요가 있다. 메갈리아 이전, 지속적으로 온라인 공간을 통해 서로를 지지하고 사건에 연대해온 여성들의 흐름이 있었다는 점이 다양한 논의들을 통해 분석되고 있다.[11] 실제 2010년대 초반까지의 '페미니즘 위기 담론'에 이어 2015년 전후 #나는_페미니스트입니다 운동으로 이어지는 시간적 차이는 지나치게 짧다. 어떠한 하나의 측면이 부각되었기 때문이지 온라인 공간을 활용한 여성들의 연대 활동은 일상 속에서 꾸준히 이어진 것이다. 다만 메갈리아 이후의 흐름이 보다 광범위한 사회적 반향을 일으켰다는 차이가 있다고 할 수 있는데, 이는 언론의 주목이 달라진 점과도 관련될 수도 있다. 2010년대 중반의 페미니즘 대중화는 비교적 짧은 시기에 폭발적으로 일어난 정동적 흐름이며 소셜 미디어의 기술적 맥락과 긴밀한 연관을 맺는다. '페미니즘 리부트'[12] 시기로 명명되기도 하는 이 시기는 #나는페미니스트입니다 해시태그 선언을 통해 안전한 폐쇄 공간이 아닌 보다 공개적 장에서 페미니즘의 의미를 심문하게 되었다.

온라인상의 페미니즘 연결 행동은 SNS의 시작과 함께

다양한 층위에서 일어났다. 트위터(현 X)와 페이스북과 같은 SNS가 여론 형성 매체로 기능하게 된 2010년대 초반부터 온라인 공간에서 페미니스트들의 다양한 활동이 있어왔다. 하지만 원체 온라인 공간의 움직임이 단발적이고 파편화되기 쉬우며 지속성이 약할 수 있다는 점에서, 이 시기 페미니스트의 활동들 역시 충실히 기록되지 못하고 공통 기억을 구성하지 못한 점이 있다.[*] 예를 들어, 2013년 한국성폭력상담소 등 여성단체가 디지털 성폭력에 대응하여 불법촬영물 공유 반대 및 온라인 성폭력 의미화를 시도하였으나 대중의 주목을 받지는 못했다. 그래서 청년 여성들은 디지털 성폭력 반대 운동을 2015년 소라넷 폐지 운동으로부터 출발한 디지털 자생적 운동으로 맥락화하는 경향이 있다. 물론 이를 밝히는 것이 언제나 어떤 운동의 기원을 정확하게 기록하여야 하기 때문은 아니다. 갑작스럽게 나타난 것으로서 메갈리아가 있었다기보다는, 온라인 문화를 자유롭게 활용할 수 있는 청년 여성, 안전한 공간에서 살아가면서도 다양한 '덜 안전한' 남성 커뮤니티 공간을 경험해온 청년 여성들이 그간의 경험들을 통해 구축한 온라인 페미니즘 운동으로서 메갈리아가 존재한다. 이러한 맥락에서 여성학자 권김현영 외 여러 저자가 함께

---

[*] 페미위키에서 2010년대 초중반의 다양한 해시태그 운동 사례를 기록하고자 노력하고 있으나, 모두를 망라하기는 현실적으로 쉽지 않다. 주목을 받지 못한 채로 소규모로 진행되는 경우도 있으며, 트위터의 과거 자료 등을 찾기 어려운 점 역시 문제가 되어 기록되지 못한 해시태그 운동이 있을 수 있다.

쓴 《대한미국 넷페미사》와 같이 학술장과 대중 공론장을 넘나드는 작업의 기획은 이러한 '흐름'을 인식하기 위한 해석의 자원을 만들어내는 중요한 작업이라고 할 수 있다.

한편 해시태그 페미니즘이 갖는 강점과 취약한 부분이 이러한 '기원의 인식'에서 드러나는 것이기도 하다. 다수의 사람이 동시에 참여하고 목소리를 내는 해시태그를 통한 사회운동은 과거의 집합 행동과 달리 구심점이 명확하지 않고, 사람들이 개입되고 연루되는 시점도 다양할 수 있다. 또한 매우 짧은 시간 내에 폭발적인 참여를 유도하므로, 참여자의 맥락과 시각에서 시간성이 재구성되는 일은 흔한 일이다. 지속적인 기록과 논의가 필요한 이유이다.

이러한 다양성과 파편화된 특성이 부정적인 것만은 아니다. 해시태그 연결 행동은 사회운동의 대안적 모델로 이해할 수 있기도 하다. 과거의 시민 행동 모델과 달리 특정한 거점이나 확고한 정체성을 공유하는 활동가 단체를 요구하지 않으면서 자유로운 의제에 대한 연대가 가능하기 때문이다. 이는 앞서 언급한 바와 같이 한편으로는 운동의 지속성이 약해질 수 있다는 우려를 낳게 하는 속성이긴 하지만, 단기간에 많은 사람이 참여하면서 공론장에서의 가시성을 높일 수 있도록 한다.

미투 운동은 대표적인 연결 행동으로, 온라인 미디어 네트워크가 소수자의 목소리를 가시화하기에 기존 미디어보다 유리하다는 점이 드러난 사례이기도 하다. 미국의 저널리즘·미디어 연구자인 셰리 윌리엄스Sherri Williams는 소셜 미디어 해시태그 행동주의의 의의를 정리하면서, 주류 언론이 흑인 여성에 대한 성폭력을 선정화하면서 보도하고 여성의 주체성이나 자율성을 그리지 않는 데 반해, 소셜 미디어 해시태그는 여성의 주체성을 강조하면서 흑인 여성들 간의 연대를 위한 도구로 사용될 수 있었다고 비교한 바 있다.[13]

디지털을 매개로 하는 연대 운동은 해시태그를 통한 연대 의사 표시, 트렌딩·인기 동영상 등을 만들어 인지도를 높이는 행위 등으로 이루어지는데 최근 '디지털 단두대'와 같이 팔로우를 취소하는 행위로 나타나는 경우도 있다. 2024년 디지털 단두대 운동은 미국에서의 경제 불황에 따른 빈부격차, 팔레스타인에 대한 폭력에 항의하지 않고 침묵하는 행태 등에 대한 불만을 가졌던 디지털 미디어 이용자들이 맷갈라에서의 화려한 의상을 공개한 연예인의 팔로우를 취소하여 명성에 타격을 주는 방식으로 이루어졌다.

캔슬 컬처cancel culture로 명명되는 이러한 행위들은 그 방식상으로는 누구든 채택할 수 있다는 점에서 그 자체가 사회운동의 정치적 의미를 부여한다고 하기는 어려울 것이다. 소비자 권리 운동의 하나로 여겨진 불매 운동이 온라인 공간에서 구독 취소·사업자에 대한 압력 행사·SNS를 통한 공격 메시지 전송 등의 양태로 변화한 것이 캔슬 컬처이다. 페미니즘 주장을 담아 발생하는 캔슬 컬처 운동 역시 다수 사례가 있다. 2020년 SBS 드라마 〈편의점 샛별이〉에 대한 여성혐오 비판 운동, 2019년 어반뮤직 페스티벌의 이수 출연에 대한 항의 운동 등, 시민단체가 아닌 온라인에서 자발적으로 일어난 소비자 중심 항의 움직임이 실질적으로 기업 매출 등에 영향을 미치는 등의 효과를 보이기도 하였다.[14]

하지만 디지털 행동주의의 의미는 형식의 문제에서가 아니라 무엇을 위해 모이고 의제를 확산하는가에서 정치적 의미를 찾아야 한다. 커뮤니케이션학 교수인 션 펠란 Sean Phelan은 대중의 비평 문화 속에 있는 캔슬 컬처가 때로는 비평의 해방적 가능성을 없애는 적대 속에서 발생하는 데 대한 우려를 표한 바 있다.[15] 예를 들어 한국의 2010년대 후반, 게임 커뮤니티를 중심으로 일어난 여성 게임 노동자에 대한 사상 검열과 감시 행동은 캔슬 컬처의 전형적 방식을 따르며, 이는 페미니스트 게임 비평의 의미를 취소하고 적대하는 분위기 속에서 이루어졌다.*

이 외에도 온라인상의 행동주의들은 여러 양가적인 쟁점을 야기한다. 문화적 저항 행위로서 해시태그 행동주의는 온라인상의 차별적 담론에 대한 주장을 간결하게 전달하는 역할을 해왔다. 한국의 경우에도 2015년 #나는_페미니스트입니다 해시태그 운동은 페미니즘을 비난하는 반페미니즘 담론이 온라인상에서 활성화되고 있는 데 대한 반론을 제시하여 공론장 의제를 재활성화하는 역할을 했다. 해시태그에 참여하는 개인들은 일상 속 성차별적 경험들을 다른 사람들의 경험과 즉각적으로 연결시켜 새로운

* 이와 관련한 자세한 이야기는 책 1부 이민주의 글을 참고하라. (편집자주)

흐름을 만들어내게 된다. 글로벌한 연대를 통해 일상 속 성차별 경험을 공유하는 #EverydaySexism 운동은 아카이브를 구성하여 일상 속 여성의 경험을 재해석하는 기반을 마련하였으며, 이후 유럽 평의회의 온라인상 여성에 대한 공격과 성차별의 문제를 인식하게 함으로써 '성차별적 혐오표현sexist hate speech' 개념을 제시하는 데 기여하기도 하였다.[16]

하지만 이러한 운동들은 온라인상에서 존재하면서 가볍고 쉽게 흩어지는 문제가 있다. 관여도를 만들어내기 이전 메시지를 리트윗하거나 자기 의견을 제시하는 데 그치면서 사회운동에 참여하고 있다는 착각을 불러일으킨다는 것 역시 주요 비판 중 하나이다. 대중 인식의 전환이 중요한 성과가 되겠지만, 이러한 전환을 위해서는 레거시 미디어의 보도나 사회·정책적 연대가 필요하다.

그럼에도 불구하고 해시태그를 비롯한 다양한 디지털 미디어 공간 기술을 활용하는 행동주의적 움직임은 의식 고양과 관련해 효과가 있다고 분석되고 있다. 특히 소수자 집단에게는 공론장에 진입하기에 유용한 도구로, 인종·페미니즘·교육 문제 등에서 주로 이러한 행동주의가 나타나는 이유가 여기에 있다고 할 수 있다. 한국의 경우 레거시 미디어가 기존의 디지털 미디어 공간을 뉴스 소재로 삼는 관행 때문에 파급력이 더 커지기도 한다. 무엇보다 중요한 것은 연대의 경험을 제공하는 것으로, 특히 자신의 경험과 타인의 경험의 유사성을 발견하면서 구조적 차별과 억압의 존재를 인식하게 된다는 점이다.[17]

2018년 '혜화역 시위'로 대표되는 여성들의 연대 경험이 디지털 성폭력 문제를 중심으로 안전이라는 의제를 부각하였다는 점에서, 서로의 경험에 공감하고 차별을 인식하는 해시태그 행동주의의 장점이 두드러지기도 했다. 2010년대 중반까지 한국에서 디지털 성폭력은 자연스럽게 여겨져 문제가 제기되지 않았다. 관련 법 체계 역시 한계와 문제가 있다는 인식조차 없이 오랜 기간 개정되지 않고 버려져 있었다. 시민 단체들의 활동이 있었지만, 본격적인 변화는 디지털 성폭력 문제에 대한 여성들 스스로의 온라인 행동주의가 대중적으로 가시화되면서 나타났다. 온라인 행동주의를 발판으로 정부 정책의 변화를 끌어냈다는 점에서, '페미니즘 리부트'는 청년 여성들에게 세력화의 경험을 갖게 하고 가시성의 정치를 실현하는 계기가 되었다.

가시성의 정치와 배제의 문제

디지털 행동주의의 맥락에서 다양한 가시성 정치 사례를 짚어볼 수 있다. 먼저 혜화역 시위를 중심으로 모이게 된 여성들을 설명하는 연구에서는, 청년 여성들이 이제 개인의 SNS 타임라인을 통해 우연히 길어낸 관계들을 구성하고 정보를 공유하며, 사적인 경험을 공적 이슈화·담론화하고 관심을 이끌어내는 역량을 가지고 있다고 진단한다.[18] 해시태그로 가시화되는 여성 정치 공중은 다양한 미디어 기술을 동원하면서 일상 속의 차별을 담론화하는 주체의 위치를 구성해낸다.

2010년대 후반 '4B 운동(비연애·비섹스·비결혼·비출산 선언 운동)'은 여성의 가부장제하 생애 전망에 대한 거부를 표방하며 청년 여성들에게 특정한 가치를 실천하고 이를 미디어를 통해 공유하는 새로운 대중운동으로 나타났다. 일상 속에서 외모에 대한 억압 문제, 성차별적 직장 문화 등에 대한 성토가 일어나며 이것이 경험의 공유 속에서 '평등한 경쟁'을 저해하는 차별로 인식되었다.[19] 이는 개인적인 것이 정치적인 것이라는 페미니즘의 기치를 가장 잘 실현한 것이자, 여성 개인이 자신의 삶에 대해 이해하고 구성해가는 방식으로서 의미화되었다.[20]

여성철학 연구자 김은주는 제4물결 페미니즘 논의를 통해 청년 여성들이 의제 설정의 목적을 분명하게 하는 해시태그를 통해 연결되고 사적인 경험을 사회적인 것으로 전환하는 현상에 주목하였다. 그리고 이러한 여성들의 활동은 대안 언론이자 진리 말하기parrhesia로 기능할 가능성이 있음을 밝힌다.[21] 미투 운동을 진리 말하기의 정치로 본 미디어학 연구자 이희은은 미투 운동을 '자신을 돌보고 타인과 연결하는 실천'이었다고 요약하며, 미투 운동은 드러나지 못했던 진실을 외재화하는 과정이었다고 평가한다. 미투 운동을 통한 연대가 활성화되는 과정에서 진실을 말하는 파레시아 실천의 힘이 더욱 커졌다. 다른 한편으로 그는 미투 운동의 파급력이 결국 레거시 미디어와의 연결, 그리고 전통적 사회운동 단체와의 연대가 합쳐진 것이라고 본다.[22] 해시태그 페미니즘이 의제를 빠르게 설정하고 확산하는 힘이 있는 것은 사실이지만, 이를 유지하고 운동으로 이어가게 하는 데에는 오프라인의 집합 행동이 필요하며, 긴 시간 관련 의제를 가지고 활동해온 활동가 단체들과의 협업이 중요해진다.

또한 미투 운동 이후 각종 입법적 노력과 더불어 미디어 분야의 변화 역시 컸다. 미디어 보도에서 성평등 가치를 추구하기 위한 노력이 중요해졌고 어떻게 젠더·페미니즘 이슈를 의제화할 것인가에 대한 고민이 여성 기자들을 중심으로 본격화되었다.[23] 미투 운동은 언론계에 젠더 데스크 설치 등의 변화를 이끄는 데 중요한 계기가 되었고, 언론 보도와 언론계에서의 여성의 대표성에 대한 공적 문제 제기를 가능하게 만들었다.

그런데 한국의 맥락에서, 메갈리아 사이트를 중심으로 하는 온라인 의식 고양 활동을 통해 페미니즘의 의미를 찾기 시작한 여성들이 기존의 여성단체에 대해서는 거리감을 갖는 것으로 이야기된다. 오프라인과 연계하여 집합 행동적 연합을 구성하기보다는, 온라인 공간에서 '자아'를 재현하고 구성하는 것에 더 많은 의미를 부여했다. 페미니스트 미디어 연구를 진행하는 아카네 카나이Akane Kanai는 온라인상의 페미니즘이 진정성의 담론 내에서 특정한 자아를 일치시키기 위한 노력과 관련되며, 끊임없이 자신을 감시하고 '좋은 것'의 기준을 만들기 위한 노력을 기울이게 된다고 말하고 있다.[24]

이와 관련하여 '진정성'의 기준으로 여성이라는 생물학적 정체성이 부각되면서 다양한 쟁점을 야기했다. 2010년대 후반, 청년 여성들의 페미니즘에서 중요한 가치로 여겨진 것 중 하나는 기존의 억압과 차별을 극복하고 '여성이 잘사는 것'이었다. 이는 '쓰까 페미'*는 이해할 수 없는 청년 여성들의 생존을 위한 절실함에 기인한 것으로 이해되었다. 일각에서는 청년 여성들의 4B 운동을 비롯한 '잘사는 여성'에 대한 상상들은 단지 신자유주의적인 자기계발이 아닌 삶의 경험에 기반을 둔 절실한 운동이라고 평가했다.[25] 즉 이는 새로운 '좋은 페미니즘'에 대한 청년들 스스로 만들어낸 상상이었다.

하지만 이를 인정하더라도, 이 '좋은 페미니즘'은 명백한 배제 위에 구성되어 있다. 그리고 신자유주의적이라고만 해석할 수는 없다고 해도 결국은 경쟁 구조에서의 승리와 능력주의에 근간을 둔 서열화를 가정하는 정치가 과연 '좋은' 것일지에 대한 질문이 남아 있다. 한편으로 기성 여성시민단체 대 청년 여성 혹은 기성 학술장 대 새로운 청년 여성의 온라인 장으로 이분화된 상상적 대립이 실제 어떻게 작동해왔는지, 그 담론의 효과에 대한 논의 역시 필요하다. 여성학을 연구하는 오혜진은 온라인상의 담론 과잉화로 인해, 쓰까와 랟펨이라는 이분화된 진영 구조가 반복되는 점을 우려하지만 청년 여성들 스스로 이에 대한 논쟁을 지속하기보다는 하나의 페미니즘으로 통합해 안티

* 교차성 이론에 입각하여 여성의 억압이 다양한 사회적·구조적 억압과 연결되어 있다는 인식하에, 퀴어·빈곤·장애·환경·난민 등 관련된 인권 의제에 관심을 갖고 페미니즘적으로 엮어 운동하는 페미니스트를 낮잡아 부르는 표현.

페미니즘에 대응하는 강력한 논리를 만들어가려는 경향을 보인다고 진단한 바 있다.[26]

여성의 몫을 정당하게 돌려받기 위해 노력하는 주체성을 구성하는 방식으로, 한국 사회의 공정 담론과 능력주의가 활용되었다. 이 과정에서 '여성'의 범주를 질문하거나 '여성'을 넘어서는 연대의 맥락을 이야기하는 기존 시민단체들은 강력한 논리를 내부에서 무너뜨리는 존재로 이해되는 문제가 발생한다. 이처럼 차이보다는 순수한 동일성에 대한 감각을 요구하고 이에 따라 여성의 승리하는 미래에 대한 희망을 이야기하고자 하는 것이 2010년대 후반 청년 여성들의 열망으로 해석된다. 4B에 더해 6B4T[**]를 제시하는 2020년대 청년 여성들의 열망에는 사회적으로 강요된 여성성의 문제를 폭로하고 여성들의 연대를 구축하려는 중요한 시도가 담겨 있지만 그 과정에서 새롭게 '여성'이 할 수 있는 것을 제한하게 되며 여성의 의미 역시 한정하게 된다. 참여할 수 있는 자격을 규제하고 선명한 적대를 구상하는 가시성 정치는 주목도를 높이는 효과가 있었지만, 성평등의 의미를 '양성의 동등함'으로 국한하는 한계에 빠지게 되었다.

***

[**] 비혼·비출산·비연애·비섹스·비소비·비돕비(4B나 6B를 실천하는 여성 돕기)를 더한 6B에, 탈코르셋·탈종교·탈오타쿠·탈아이돌을 4T로 표현한 것이다. 4B 운동 만큼의 대중적 주목도가 있지는 않지만, SNS를 매개로 활동하는 청년 여성들이 자신의 정체성으로 표방하는 경우를 볼 수 있다.

가시성의 경제와 페미니스트 낙인찍기

최근 들어 온라인 행동주의의 흐름이 주춤한 것처럼 보이기도 한다. 《시사IN》의 2030 세대 인식조사 결과에 따르면, 2021년 조사 결과와 비교해 2023년 고작 2년만에 20대 여성이 스스로 페미니스트로 정체화하는 비중이 41.7퍼센트에서 31.3퍼센트로 줄어들었다.[27] 그러나 이를 온라인 페미니즘 자체의 유효성이 줄어드는 것으로 해석할 수는 없을 것이다. 여성들의 온라인 행동주의가 2020년대 이후 다소 파편화된 방식으로 작동하게 된 데에는 팬데믹의 영향도 크고, 법제도적 개선을 이루었으나 현실 정치에서 그 힘을 발휘하지 못하는 데에 대한 피로감도 존재하지만, 다른 한편으로는 플랫폼 경제가 역동적으로 여성의 경험이나 차별에 대한 논의를 포획해버린 것도 그 이유이다.

플랫폼을 통한 수익 구조 속에서, 청년 여성들은 좋아요(싫어요)·리트윗·해시태그 그리고 다양한 선언적 장치(프로필·피드 구성 등)를 통해 스스로를 강력한 실행 의지를 갖춘 주체로서 의미화하려 하며, 이를 일종의 정동적 상품으로 유통시킨다. 플랫폼은 민주주의를 확산시키거나 소수자를 위한 공간이 되려는 의도 없이, 그저 수익을 위해 어떤 것도 소비될 수 있는 콘텐츠로 만들어내는 공간이다.[28] 커뮤니케이션학 교수인 세라 버넷 와이저Sarah Banet-Weiser는 이처럼 중립을 가정한 플랫폼에 의해 여성의 신체나 소녀성이 당시 가장 유행하고 돈이 되는 상품들로 재배치되거나 상품화되는 가시성 경제의 문제를 지적한다.[29] 미투가 '나는 증언한다'가 아니라 다수의 미디어에 의해 '나도 당했다'로 번역되는 것은 결국 취약성과 피해가 상품화되고 수익이 되는 문제를 보여주는 것이기도 하다.[30] 4B 운동·탈코르셋·여성 서사·반성폭력 등 다양한 여성 주체들의 연대를 구성하려는 청년 여성들의 노력은 인스타그램 피드 혹은 유튜브의 주목 경제에 적응하게 되기도 한다.

다른 한편으로 여성혐오가 플랫폼 경제의 상품이 되면서 페미니즘에 대해 이야기하는 것을 끊임없이 두려워하게 만들기에 결국 페미니스트 정체화는 가시성 경제 안으로 들어가기에 점점 어려워진다. '메갈 색출'로 대표되는 페미니스트 낙인찍기[31]는 현재의 SNS 플랫폼 경제에서 인기 있는 상품이 페미니스트 몰이라는 점을 잘 보여준다.

페미니스트 필터 버블 너머로

현재의 온라인 페미니즘은 다양한 방면에서 어려움에 처해 있다. 페미니즘에 대한 적대적 분위기는 학교·공공기관 등 공적인 장소에서마저 성평등을 이야기하기 어렵게 만든다. 다른 한편으로 개인의 차이에 대한 귀 기울임보다 집단으로서의 여성을 주체로 상정하려는 시도가 배제로 이어지고, 유튜브를 비롯한 플랫폼을 통한 페미니즘 대중화 담론들이 신자유주의적 자기계발주의를 견지하게 되는 문제는 페미니스트 필터 버블filter bubble[*]을 통해서 더욱 강화되는 양상을 보인다. 여성 커뮤니티를 중심으로 하는 트랜스 배제적 움직임, 인종적 혐오와 구별 짓기, 안전을 위협할 것으로 가정된 존재에 대한 배제를 통해 안전을 획득할 수 있다고 보는 신념 등이 여성 커뮤니티와 SNS의 주요 정조가 되었다. 이러한 논쟁들을 해석하기 위해서는 미디어 기술이 사용자의 행동을 유도하는 어포던스affordance 차원을 아울러 보아야 한다. 안전한 공간이지만 다른 한편으로 페미니스트 필터 버블이 갖는 양가적 성격에 대한 주목이 필요하다.[32] 그 안에서는 특정하게 허용된 주제와 발화 방식으로 자신을 맞추어가는 노력이 필요하며, 이 과정에서 다른 의견은 차단되면서 여성의 범주화에서 배제·혐오가 비판적으로 검토되기 어려운 환경이 마련된다. 하지만 이는 안전한 공간 밖에서 무차별적인 공격에 시달리는 것에 비해서는 더 긍정적인 온라인 경험을 제공하는 것이기도 하다.

어포던스로서의 SNS 토론 기능은 분노와 격화를 유발한다는 점이 지적되고 있다.[33] 상호작용을 하는 청중을 직접 볼 수 없는 온라인 환경에서는 이용자는 더 많은 에너지를 쏟으면서 분노하게 되며, 반대 견해를 가진 사람에게 더 거리감을 느끼게 되고, 그 거리감을 차단 장치를 통해 기술적으로 '고정'해버릴 수 있다. 온라인 공간에서의 페미니스트 토론이 배움과 결속의 장소가 될 수 있는 가능성을 가진 것에 반해, 그 배움이 필터 버블 내에서만 작동할

---

* '필터 버블'은 인터넷이 이용자의 관심사·행동 패턴을 학습해 이와 부합하는 특정적·편향적 정보만 제공하는 현상을 뜻한다.

수 있는 위험이 상존한다. 하지만 이러한 필터 버블은 안전하다는 감각을 제공한다. 그리고 필터 버블이 구축하는 '옳음'의 기준에 맞추기 위한 개인의 노력을 요구한다.

공간에 대한 권리를 조정함으로써, 즉 안전한 여성만의 공간을 구축함으로써 일상 속 여성의 차별에 대한 인식과 대응 전략, 여성만의 지식 창출과 상호지지 문화를 구축해 온 한국 청년 여성들은 SNS 공간에서는 보다 공개적이고 적극적으로 자신의 목소리를 내기 시작했다. 그러나 SNS 공간은 공격에 취약하기에 SNS 공간 역시 안전함을 기치로 하여 재구성되는 흐름 속에 놓였다. '모두가 안전'하기 위해서는 논쟁과 격화를 피해야 하고 총구는 불순한 침입자, 즉 남성을 향한 것이어야 한다. 갈등의 요소가 될 수 있는 내부의 다양성을 드러내는 것보다는, 순수하고 분명한 하나의 공통적 위치를 선점하는 것이 더 나은 전략일 수 있다는 판단이 공유되고 있다. 틀리지 않기 위해서 불확실한 것을 질문하거나 탐구하는 것을 오히려 피하게 되는 역설이 발행하고 있다. 플랫폼 경제는 한편으로는 반페미니즘을, 다른 한편으로는 여성의 연대를 강조하면서 상호 배제를 정당화하는 흐름을 수익화한다.

따라서 인터넷과 디지털 네트워크의 이용과 여성의 역량 강화, 페미니스트 주체성의 변화를 보이는 디지털 미디어 환경을 여러 차원에서 해독해야 할 필요가 있다. 디지털이 긍정적으로 보장한다고 여겨지는 참여 가능성, 상호 연결성은 기술에 의해 만들어졌으며 이를 사용하는 사람들의 정치적 선택이 문화를 구성한다. 안전함이 중요한 가치가 된 데에는 분명히 여성혐오적 온라인 문화의 문제가 있다. 따라서 이 부분을 어떻게 해소하고 문제를 줄여나갈 것인지에 대한 논의와 노력이 분명히 필요하다. 다른 한 편으로 갈등을 어떻게 갈등으로 두면서, 페미니즘의 '좋은 것'을 협상해나갈 것인지에 대한 질문이 필요하다. 각자의 좋은 것을 통해 구성된 서로 다른 세계가 만나는 것이 쉽지 않게 된 알고리즘 편향 사회에서 청년 여성들이 자신을 자신의 버블 내 좋은 것에 맞추어가기 위한 정동 노동을 하고 있다는 점 역시 분명하다. 이 노동의 고단함이 바로 '탈코르셋을 그만둔 여성들'이 경험한 것이다.[34] 과잉 정보화 속에 노출된 개인이 언제나 취약해지는 SNS 환경에서 상호 경청과 소통의 윤리를 이야기하는 것이 그저 도덕론으로 이해될 수도 있을 것이다. 하지만 이 정동 노동의 고단함에서 벗어나고자 한 여성들의 경험을 '그 페미니즘'에 대한 포기가 아닌 "다른 상상력"[35]으로 해석할 가능성을 찾으려는 노력이 필요하다.

2024년 딥페이크 성착취 문제의 심각성이 널리 알려지면서 여성들의 디지털 행동주의는 다시 한번 주목을 받게 되는 중이다. 의제 설정과 주요 사례가 SNS에서부터 출발하였고, 이를 언론이 확산하면서 국회 입법과 관계 부서의 대책 발표가 연일 이어지는 중에 있다. 정책 의제를 만들어가는 디지털 행동주의의 힘이 다시 한번 발휘된 만큼, 더 나은 사회와 성평등을 위한 실천 양식에 대해 배제적이지 않은, 보다 포용적 상상력에 대한 다양한 목소리들을 경청하는 윤리가 더욱 요청된다고 할 수 있다.

2부

디지털 사회 속
여성주의 지식을
생산하다

'위치지어진' 개발자들과 페미니스트 인공지능

혐오와 차별을 넘는 기술의 가능성을 찾아

이지은·임소연

✽ 이 글은 〈인공지능 윤리를 넘어: 위치지어진 주체로서의 개발자들과 페미니스트 인공지능의 가능성〉(이지은·임소연, 《한국여성학》 38권 3호, 2022, 143~177쪽)을 수정·보완한 것이다.

인공지능 기술 발전이 가속화되고 다양한 영역에서 상용화됨에 따라, 인공지능 알고리즘과 빅데이터의 결합이 구조적 불평등과 사회적 갈등, 혐오와 차별을 증폭·재생산하는 문제가 중요하게 대두되고 있다. 특히 2021년의 챗봇 '이루다' 사건은 인공지능과 빅데이터 활용 전반에 있어서의 다양한 쟁점을 제기하면서, 한국 사회에서 인공지능 윤리에 대한 사회적 관심을 촉발시킨 바 있다. 그러나 인공지능 윤리에 관한 논의는 다양성 존중, 공공성, 연대성 등 추상적인 원칙 수준에 머물러 있다. 이러한 원칙이 현장에서 실제로 무엇을 의미할지, 기술은 서로 다른 사람들에게 어떤 불균등한 영향을 미치게 되는지, '다른' 인공지능이 가능하다면 그것은 어떤 방식으로 구현될 수 있을지, 그리고 이 과정에 깊이 관여하는 개발자들의 역할은 어떤 것이 될 수 있을지에 대한 구체적인 논의들이 필요한 상황이다.

이 글에서 우리는 자신이 현장에서 수행하고 있는 기술 개발에 대해 의문을 제기하고 지금과는 다른 기술 실행의 가능성에 대해 관심을 가지는, '위치지어진 주체'로서의 개발자들에 주목하고 이 위치성을 다른 기술을 상상하고 만들어갈 수 있는 가능성으로 볼 것을 주장하고자 한다. 인종·계급·젠더적으로 특권적 위치에 있는, 그렇기에 자신의 위치성을 심문하거나 기술의 가치중립성을 의심하지 않는 정형화된 개발자 '일반'을 상정하는 대신, 다양한 방식으로 위치지어진 주체들이 기술 개발 영역에서 만들어낼 수 있는 잠재성과 가능성에 주목할 때, 인공지능 기술에 대한 페미니즘적 개입의 전략 역시 새롭게 상상될 수 있을 것이다. 이 글은 인공지능 기술에 대한 비판적 논의에 개입하는 데 있어 기술과학에서 젠더의 문제에 대한 페미니스트 논의의 통찰을 주요하게 도입하는 동시에, 인공지능 기술에 대한 페미니스트 개입과 연구의 방향을 새롭게 제시하고자 하는 시도이다.

과학기술이 표방하는 객관성·보편성·가치중립성 등은 페미니즘과 과학기술학이 공통적으로 해체하고자 하는 신화였다. 페미니스트 과학기술학은 여기서 더 나아가 대안적인 과학기술, 즉 페미니스트 과학기술의 가능성을 제시해왔다.[*] 우리는 과학의 객관성에 대한 비판적 질문을 제기하면서도 과학기술의 대안적 가능성에 주목하고 과학기술 '하기'에 대한 관심을 놓치지 않았던 페미니스트 과학기술학의 통찰을 이어받고자 한다. 인공지능의 가능성에 대한 이 글의 관심사는 상상이나 개념의 차원이 아니라 현실에 관한 것이다. 전 사회적으로 관심받고 있는 인공지능 기술이 현 시기에 어떻게 개입할 것인지, 어떠한

---

[*] 대표적인 페미니스트 과학기술학자로는 이블린 폭스 켈러, 샌드라 하딩, 도나 해러웨이 등이 있으며 이들의 이론과 개념을 분석한 국내 학자들의 주요 연구로는 하정옥(2008), 황희선(2012), 조주현(2014), 정연보(2012) 등이 있다.

변화를 만들 수 있을지 페미니즘의 가능성을 타진하고자 한다. 이러한 연구의 문제의식은 20여 년 전 페미니스트 과학기술학자 린다 쉬빈저가 쓴 책의 제목이기도 한 "페미니즘은 과학을 바꾸었는가?"[1]라는 질문과도 연결된다. 이 질문에 답하는 과정에서 쉬빈저는 페미니즘이 과학기술을 바꾸기 위해서는 급진적인 비판을 제기하는 것에 그치지 않고, 나아가 과학 실천의 일부가 되어야 함을 깨닫는다.[2] 비슷한 시기 테크노페미니즘을 제안한 주디 와이즈먼 역시 구체적인 기술사회적 실천을 중요시하며 기술과 젠더가 쌍방향으로 서로 구성하는 관계임을 강조했다.[3]

이 글에서도 역시 쉬빈저의 문제의식이나 와이즈먼의 기술-젠더 상호구성론에서처럼 과학기술이 만들어지는 '과정'과 '실천'에 주목해, 페미니스트 인공지능을 페미니즘의 문제의식과 관점, 지향을 공유하는 과학자 및 공학자의 '인공지능 하기'로 제안한다. 여기서 '하기'는 헬렌 론지뇨의 논문에 등장한 "페미니스트로서 과학 하기to do science as a feminist"[4]라는 말에서 빌려온 것으로, 과학자 사회에서의 정치적 투쟁이라는 구조적 실천과 과학적 탐구에서의 객관성에 대한 질문 등 지적 실천 어떤 쪽에서든 기존 과학기술에 배태된 편향과 편견을 제거하며 더 나은 과학기술을 만들고자 노력하는 행위를 말한다.[*]

---

[*] 페미니스트 과학기술 하기를 '페미니스트로서 과학기술 하기'로 개념화하는 더욱 상세한 논의는 김도연·임소연의 논문 〈페미니즘은 과학을 바꾸는가? 페미니스트 과학, 젠더혁신, 페미니스트 사회학〉(《과학기술학연구》 20권 3호, 2020)을 참고하라.

페미니스트 인공지능을 둘러싼 논의

여기서 페미니스트 인공지능은 특정하게 규정된 기술적 인공물이나 최종 산물로서의 인공지능이 아님을 밝힌다. 오히려 인공지능 개발에 관여하는 종사자들이 페미니즘의 관점 및 지향을 갖고 기술적·사회적 측면에서 인공지능의 편향을 문제시하고 인공지능 정의를 실현하기 위해 노력하는 '행위' 자체를 의미한다. 따라서 '페미니스트로서 인공지능 하기'로서의 '페미니스트 인공지능'에서 인공지능에 개입하는 페미니즘은 선험적으로 규정된 개념이나 이론 혹은 방법론이 아니라 현장에서 인공지능을 만드는 개발자의 사유와 실천 그 자체이다. 개발자는 페미니즘의 비판·계몽·교화의 대상이 아니라 페미니즘 실천을 통해 더 정의로운 기술을 생산하는 주체가 된다. 젠더 연구자이자 과학기술사회학자 정연보가 주장했던 것처럼 "기존에 기술 개발에서 배제된 이들 여성들과 소수자들의 경험에 뿌리를 둔 젠더에 대한 편견에 도전할 수 있는 기술의 실행에 대한 고민"[5]이 필요하다고 한다면, 사용자와 소비자로서의 여성뿐 아니라 다양한 방식으로 이 기술의 생산에 개입하고 있는 이들에 대한, 그리고 이들과 함께 하는 논의들이 적극적으로 이루어질 필요가 있다.

국내에 인공지능에 대한 페미니즘 연구는 아직 많지 않다. 인공지능에 대한 젠더 관점의 비판적 분석을 시도한 연구들이 없는 것은 아니나 '페미니즘으로 인공지능을 어떻게 바꿀 것인가'에 대한 논의는 찾아보기 어렵다. 이를

테면 인공지능 스피커의 여성 목소리,[6] 인공지능의 젠더 편향,[7] 인공지능의 성별화[8] 등 인공지능과 관련한 주요 젠더 이슈들을 개괄하는 선행 연구들이 있으나 기술의 개발 과정에 주목하는 현장 연구는 찾아보기 힘들다. 이와 관련해 4차 산업혁명 담론에서 젠더의 문제에 관한 정연보의 연구[9]가 주목할 만하다. 정연보는 해당 연구에서, 기술결정론을 벗어나 4차 산업혁명에 관한 담론을 구성하는 것으로 바라보며 이 새로운 기술혁명이 여성에게 위기이거나 기회라는 주장에 공통적으로 전제된 젠더본질론을 비판한다. 여성학자 강이수 역시 여성이 기술을 두려워한다는 본질론적인 가정을 깨고 여성의 "하이브리드적"[10] 가능성을 드러내며 여성 차별적인 사회적 환경과 제도를 문제 삼은 바 있다.

해외에서도 실정은 비슷하다. 인공지능에 대한 비판적 연구는 지속적으로 확장되고 있지만, 페미니스트 인공지능을 어떻게 만들 것인가에 대한 본격적인 논의는 이제 막 시작되는 단계이다. 최근 북미 인공지능 분야에서 큰 화제가 되었던 케이트 크로포드Kate Crawford의 저서 《AI지도책》은 인공지능 윤리를 단순히 코드나 알고리즘의 문제를 넘어 더 큰 물질적·정치적 차원에서 바라봄으로써 인공지능 비판의 지평을 확장하는 데에는 기여했으나, 비판을 넘어 인공지능 정의를 실현하기 위해 무엇을 만들어나갈 수 있을지에 대한 논의에는 이르지 못했다. 이처럼 인공지능과 젠더 관련 대부분의 연구들은 데이터와 알고리즘의 젠더 편향의 문제를 지적하고 이와 관련한 해법을 촉구하는 데 집중해왔다.[11] 알고리즘의 젠더 편향을 제거할 때 페미니즘에서 축적된 젠더 연구를 더 적극적으로 참조해야 하며 이러한 편향에 취약할 수 있는 여성이 이 문제를 더 잘 이해하고 해결할 수 있다는 제안[12]이 있기는 했으나, 페미니스트 기술의 미래가 어떤 것이 되어야 할지 충분히 논의되어왔다고 보기는 어렵다.

　페미니스트 인공지능은 단순히 편향의 제거와 공정성을 강조하는 인공지능 윤리 논의의 세부 항목에 '젠더 편향'을 포함시키는 것으로 환원될 수 없다. 인공지능의 편향을 제거한다는 '환상'은 과학의 '객관성'과 기술의 가치중립성에 대한 근대적 관념을 반복하는 것에 다름 아니다. 나아가 페미니스트 인공지능은 성평등과 젠더정의의 관점에서 인공지능 기술의 문제와 가능성을 보다 적극적으로 사유할 것을 요청한다. 이런 맥락에서 '페미니스트 인공지능Feminist AI' 〈A+〉 동맹<A+> Alliance' 등과 같이 페미니스트 연구자 및 활동가들을 중심으로 기존 기술에 대한 비판을 넘어 페미니스트 인공지능 하기를 위한 새로운 실천의 모델들이 모색되고 있는 것은 주목할 만한 흐름이다. 거대기업이나 권위적 정부 등에 의해 이미 만들어진 인공지능이 가지는 문제를 지적하는 것을 넘어 유토피아적 미래를 만들어가기 위한 실행들이 필요한 것이다.[13] 이 지점에서 다른 미래를 상상하고 만들어갈 수 있는 개발자들의 역할이 중요해진다. 이어지는 절들에서는 인공지능 윤리에 대한 논쟁의 탈정치성이라는 문제를 중심으로 주변적 위치에 있는 개발자들의 역할의 중요성을 논의한 후, 개발자들이 현장에서 마주하는 질문들을 구체적으로 살펴보면서 위치지어진 주체로서의 개발자들의 잠재성에 대해 고찰한다.

페미니스트 인공지능 하기의 도구로서의 위치성

1988년 발표한 〈위치지어진 지식들Situated Knowledges: 페미니즘에서 과학의 문제와 부분적 관점의 특권〉이라는 논문*에서 해러웨이는 과학의 객관성에 대한 페미니스트 논쟁의 난관을 타개하기 위해 '시각vision'의 은유를 새롭게 사유한다. 기존 서구 과학에서 '시각'은 특정한 표식을 가진 몸을 초월한, 그 위치를 특정할 수 없는 지배하는 시선으로 상상되어왔다. 서구 과학이 특권화해온 것은 이렇듯 존재하지 않는 위치로부터 모든 것을 보는, 위치를 특정할 수 없는, 그렇기 때문에 해명 책임을 지지 않는 지적 주장들이었다. 반면 해러웨이는 감각 시스템으로서의 시각이 근본적으로 체현된embodied 것이라는 점에 주목해 특정한 위치성, 보기의 방식, 혹은 삶의 방식과 결부된 것으로서의 부분적 관점partial perspective을 페미니스트 객관성의 조건이 될 수 있다고 제안한다. 해러웨이의 "위치지어진 지식들"에서는 서구 과학이 부정했던 관점의 부분성과 지

---

* 해러웨이의 개념 'situated knowledges'는 흔히 '상황적 지식들'로 번역되지만, 이 글에서는 그 지식들을 생산하는 주체의 위치성, 관점의 부분성과 한계성에 대한 논의를 강조하기 위해 '위치지어진 지식들'이라고 번역했다.

식 생산 주체의 위치성이 모든 지식에 있어 비판적·해석적 핵심 요소로 중요하게 강조된다. 이는 종속된 자들the subjugated의 입장 자체를 순수한 진리 생산자의 위치로 특권화하기 위한 것이 아니다. 다만 주변화된 주체들의 관점이 의미를 가지는 것은 그들의 위치성이 서구 과학이 '객관성'을 성립시키는 전략, 즉 억압·망각·스스로의 흔적 지우기를 통해 "아무 곳에도 있지 않으면서 광범위하게 볼 수 있다고 주장하는 방식"[14]을 허용하지 않을 가능성이 가장 높기 때문이다.

해러웨이의 시각, 관점, 지식의 부분성과 위치성, 그리고 해명 책임에 대한 강조는 과학적 지식 생산에 대한 논쟁의 맥락에서 제기된 것이지만, 빅데이터와 인공지능 기술이 결합하면서 생기는 다양한 문제들에 대응해야 하는 지금의 맥락에서도 흥미로운 시사점을 가진다. 최근 인공지능 알고리즘이 구조적 차별에 의해 생산된 데이터를 바탕으로 의사결정하며 차별을 증폭·재생산하는 사례나 알고리즘에 의해 개인화된 형태로 제공되는 콘텐츠들이 사회적 갈등과 대립을 더욱 강화하는 현상 등이 보고됨에 따라 알고리즘의 중립성에 대한 비판이 강하게 제기되는 흐름을 보자. 우리는 이에 대한 기술적 대안으로 제시되는 알고리즘의 공정성fairness·투명성transparency·설명가능성explainability이 본질적인 대안이 될 수 있는지 질문할 필요가 있다. 해러웨이의 말에 기대어 생각하자면, 이러한 논의 흐름은 아무 곳에도 있지 않으면서 광범위하게 볼 수 있다는 '객관성'의 신화를 반복·재생산하게 될 우려가 있다.*

페미니스트 데이터 과학의 가능성을 제시하고 이를 가능하게 하기 위한 전략들을 모색한 《데이터 페미니즘Data Feminism》의 저자인 캐서린 디냐치오와 로런 F. 클라인 역시 '위치지어진 지식'과 부분적 관점에 대한 논의를 따라, 주체의 위치성을 강조할 때 더 나은 데이터 과학을 만들 수 있다고 제시한다. 젠더·인종·계급·능력·교육적 배경 등 각각의 사유와 실천에 스며들어 있는 위치성의 문제는 "우리의 작업에 편향을 만들어낼 수도 있는that might have biased our work 위협이나 영향"으로 보기보다, "우리의 작업의 틀을 만들 수 있는 가치 있는 관점들을 제공하는 것"[15]으로 기꺼이 받아들여져야 하는 것이며, 이를 통해 창의적이면서도 새로운 질문들이 생성될 수 있다는 것이다.

개발 과정은 데이터를 어떻게 분석할 것인지, 알고리즘을 어떻게 평가하고 수정할 것인지에 관한 크고 작은 의사 결정과 가치판단을 수반한다. 이 과정에 관여하는 개발자들은 각자 속한 기업이 이윤이나 기술적 합리성을 추구하는 경향으로부터 자유로울 수는 없겠지만, 그들이 개

---

* 물론 이러한 기술적 논의들 속에서 인공지능이 무엇을 해야 하는지, 인공지능이 '공정하다'는 것이 무슨 의미인지, 어떤 것을 '차별'로 보고 어떤 것을 '편향'이라고 볼 것인지 등의 문제를 둘러싼 다양한 논쟁들은 얼마든지 이루어질 수 있고 또 이루어져야만 한다. 이러한 논쟁들은 어떤 '객관성'을 추구할 것인가에 대한 문제와 연관되며, 다른 위치에서 가능해지는 부분적 관점, 세계에 대한 특정한 형태의 앎의 방식들, 그 앎과 결부되는 삶의 방식들이 경합할 때만 유의미한 것이 될 수 있다.

발 과정에서 내리는 크고 작은 결정들이 단지 그러한 기술적·경제적 합리성에만 근거한다고 보기는 어렵다.[16] 이들이 특정한 방식으로 위치지어진situated 한국 사회의 구성원으로 '우리'와 담론적 장을 공유하고 있는 사람들이라는 점에 주목한다면, 이들이 개발 과정에서 마주하게 되는 질문과 고민은 인공지능 윤리의 추상적이고 탈정치화된 원칙을 넘어, 문화와 기술이 얽혀 있는 지점에서 새로운 실천을 만들어낼 가능성을 제시할 수도 있을 것이다.

이러한 관점은 과학기술 분야에서 성평등을 위한 논의들 역시 더 적극적으로 재구성될 필요성을 제기한다. 과학기술 분야에 여성을 포함한 소수자의 참여를 지원하는 것은 단순히 인적 다양성을 늘리는 문제가 아니다. 그것은 부분적 시각을 가진 '위치지어진 주체'들이 새로운 논쟁을 만들어내고 다른 방식으로 과학 기술을 '할' 수 있는 조건이다. 이를 위해서는 엔지니어로서의 사회적 책임이나 윤리 등 추상적 원칙을 강조하면서 기술과 사회의 분리를 상정하는 기존의 공학윤리 교육을 넘어, 위치지어진 주체로서 가지게 되는 부분적 시각들의 한계와 가능성을 받아들이고 기술에 대한 논쟁과 다른 실천의 가능성을 강조하는 교육 방식 역시 적극적으로 모색되어야 한다.[17] 이러한 모색의 과정에서 우리는 인공지능 및 빅데이터 분야에서 일하고 있는 청년 노동자들과 관련 업계 진출을 모색 중인 이들이 가지고 있는 역량과 가능성에 보다 주목할 것을 제안하고자 한다.

현장 목소리 속 페미니스트 인공지능의 가능성[*]

개발 업무를 수행하는 실무자들을 교육의 대상으로 보는 대신, 변화를 만들어낼 수 있는 잠재성과 역량을 가진 이들로 보아야 한다는 문제의식은 우리가 2021년 IT 분야 성평등 정책을 만들기 위해 연구하는 과정에서 생겨났다.[18] 당시 연구는 IT 산업의 최근 동향 및 미래 전망, 업계 내의 젠더 문제와 인공지능·빅데이터와 같은 새로운 기술들을 둘러싼 젠더 이슈들에 대한 현장 인력들의 관점을 파악하기 위해 경력 10년 미만의 IT업계 종사자 4인, 경력 10년 이상의 중간관리자급 현장 인력 5인, 국내 유수의 IT 기업 임원 3인을 섭외해 초점집단 인터뷰FGI 방식으로 진행됐다. 이 과정에서 흥미로웠던 것은 경력 10년 미만의 종사자들과 2000년을 전후로 업계에 진입한 이전 세대 개발자들 사이의 차이였다. 이전 세대 개발자들과의 인터뷰에서는 컴퓨터공학 등 공학적 백그라운드에서 기술적 문제를 해결하는 여성 기술 인력으로서의 위치가 보다 중요하게 부각됐다면, 청년세대 개발자 그룹과의 인터뷰에서는 사회문화적 맥락 안에서 만들어지고 수집되는 데이터와 이를 통해 학습된 알고리즘이 사회에 미치는 영향의 문제

* 본 연구는 여성가족부 연구용역으로 한유진·이지은·고은정·임소연이 수행한 《글로벌 성평등 의제 및 정책사례 연구》(보고서 발간등록번호: 11-1383000-001109-01) 과정에서 수집된 자료를 활용해 분석하였다. 주로 인터뷰 자료를 활용하되 분석은 새롭게 수행하였다.

와 이 과정에 여러 방식으로 참여하는 개발자로서의 고민이 주요하게 논의되었다. 이러한 차이는 인공지능 기술이 일상적으로 활용되는 서비스에 널리 활용되는 상황 등 업계 내부의 변화와 기술과 사회의 관계에 대한 담론 지형의 변화 등과 무관하지 않은 것으로 보인다. 이러한 현장에서 데이터를 어떻게 다룰 것인지, 알고리즘을 어떻게 개발할 것인지는 기술과 문화가 얽혀 있는 지점에서 어떤 실행을 할 것인가의 문제와 직결되며, 이 연구에 참여한 개발자들의 문제의식은 추상적인 원칙 수준에 머물러 있는 인공지능 윤리에 대한 논의를 넘어서는 구체적인 실행상의 질문들을 제기하는 것이었다. 그중 인터뷰에서 특히 중요하게 등장했던 두 주제, 자연어 처리NLP: natural language processing[**]에서 혐오 발화의 문제와 인공지능 알고리즘의 편향에 대한 토론들을 중심으로 인공지능 기술에 대한 페미니즘적 비판과 새로운 전망을 구상할 필요성을 논의하고자 한다.

'편향'이라는 문제
— 편향 없는 알고리즘은 가능한가

인터뷰 과정에서 개발자들은 '편향bias'의 문제를 빈번하게 언급했다. 편향은 종종 알고리즘이 '공정'하게 작동하기 위해, 그리고 알고리즘의 신뢰성을 높이기 위해 제거되

[**] '자연어 처리'는 컴퓨터가 인간의 언어를 이해·생성·조작할 수 있도록 학습하는 인공지능의 한 분야이다.

어야 하는 문제로 논의되곤 한다. 하지만 자동화된 의사결정 등의 영역이 아닌, 개인화 추천 알고리즘이나 챗봇 등 사용자와 알고리즘 사이의 상호작용이 부각되는 영역에서 일하고 있는 개발자들은 편향의 문제에 대해 다른 관점을 제시한다.

최근 디지털 공간을 중심으로 증폭되고 있는 젠더갈등에 관한 주제가 언급되었을 때, 개인화 추천 알고리즘을 개발하고 있는 개발자 김영미*는 알고리즘이 그런 갈등에 기여하는 것에 대한 고민을 밝혔다. 개인화 추천 알고리즘이 특정한 콘텐츠들을 추천할 때 단순히 '개인화'하는 것이 아니라, 각각의 사람들의 선택에서 특정한 경향성을 강화하고 서로 다른 사람들 사이의 간극을 더 크게 하는, 즉 에코 체임버를 만드는 역할을 하는 것에 대한 생각이었다.

김영미 SNS에 개인화가 많이 적용되고 있잖아요. 그러다 보니 내가 A에 관심이 있어서 A를 한번 보면 A를 계속해서 띄워주는 거예요. 그렇게 하다가 더 극단으로 모일 수도 있다고 저는 생각해요. (…) 선택을 하는 데 알고리즘이 계속 개입을 하고 있는 거죠. 그러니까 그런 것들이 좀 극단적으로 가지 않도록 '중화' 작용을 하는 데 알고리즘이 쓰일 수 있겠다고 생각해요. (…) 여기에는 당연히 트레이드오프 관계가 있어요. 맞춤 추천을 해주는데 계속해서 똑같이 한 방향에 대해서만 추천을 해주면 더 극단적

* 인터뷰 참여자의 이름은 모두 가명으로 처리하였다.

으로 갈 수도 있는 거고, 이런 문제에 대해 고민을 많이 해야 하는 어려움이 있지요.

개인화 알고리즘이 유사한 관심을 가졌다고 기대되는 사람들 사이의 연결을 강화하고 특정한 정보의 유통을 가속화하면서 사람들을 '극단으로 모으는' 역할을 할 수 있다는 가능성은 여러 학자들에 의해 지적되어왔다.[19] 여기서 문제가 되는 것은 알고리즘의 편향이라기보다 사람들이 알고리즘과의 상호작용에 의해 가지게 되는 편향이라고 할 수도 있다. 김영미는 사용자가 접할 수 있는 정보들 사이의 산술적 균형을 맞추고 이들이 접하는 정보나 의견들을 '중화'할 수 있도록 알고리즘을 설계하는 방안을 고민해야 한다고 생각하지만, 이것이 기업에서 추구하는 '성능'과 모순된다는 점 역시 인지하고 있다. 기술적·경제적 합리성을 추구하는 기업 안에서 개별 개발자가 이 딜레마를 해결하기는 어렵다. 그러나 분명 김영미의 고민은 개발자 역시 젠더갈등을 포함한 수많은 사회적 갈등을 겪고 있고, 그것이 여성을 포함한 소수자들에게 불필요한 고통을 유발하고 있는 한국 사회를 살아가는 사람으로서 다른 가치를 추구하고자 하는 개발자들이 존재하고 있음을 드러낸다. 기술과 삶, 사회적 관계들이 분리 불가능하게 얽혀 있는 상황에서 이러한 개발자의 존재는 새로운 방식의 논의와 실행, 협업의 필요성을 제시하는 동시에 그 가능성을 열어놓는 것이기도 하다.

한편 차민서는 편향을 제거할 수 있다는 관점에 대해

회의적이다. 결국 알고리즘은 항상 특정한 목적을 가지고 개발되고 여기에는 가치판단이 개입할 수밖에 없다는 것이다. 알고리즘의 편향 제거에 대한 논의에서 객관성과 중립성이라는 환상이 유지되고 있다면, 또 다른 인터뷰 참여자 차민서는 객관성과 중립성이 아닌 부분적 시각과 가치판단의 문제를 강조한다.

> **차민서** 저는 어떤 것이 좋은 바이어스고 어떤 것이 좋지 않은 바이어스인지 골라내는 것도 되게 중요하다고 생각을 해요. (…) 서비스라는 것도 개발을 하는 목적이 있으면 그 목적 외의 것들은 조금 우선순위를 낮춘다는 거고, 그게 결국 전 편향과 관련이 있다고 생각하거든요. 그래서 저는 아까 말한 것처럼 의도는 해치지 않으면서 비합리적인 차별이나 좋지 않은 편향이 일어나는 것을 막을 수 있지 않을까 생각해요.

편향의 불가피성을 강조하는 것은 알고리즘의 시각 역시 위치를 특정할 수 없는 근대적 의미에서의 객관성을 담보하는 것이 아니라 그 개발의 목적과 관련한 부분적 시각임을 인정하는 것이다. 개발 과정에서 무엇을 우선순위로 두고 어떤 문제들을 방지하고자 할 것인지는 여기 참여하는 이들의 위치성, 그들의 경험과 관점과 무관할 수 없다. 차민서는 좋은 서비스를 개발하는 데 있어 '경험의 총합'이 중요하다고 말한다. 단순히 '여성 개발자'를 추가하는 것이나 '전문 인력'이 만들어낸 가이드라인을 따라가는 것이 아니라, 다양한 위치성에서 비롯된 경험을 가진 사람들이 함께 작업을 할 때 예상하지 못했던 문제들을 발견하고 해결 방안을 모색할 수 있다는 것이다. 결국 어떤 "사람의 경험은 제한되어 있기" 때문에 개발 과정에 참여하는 사람들의 다양성은 중요한 문제가 된다. 경험의 '제한'은 달리 말하면 개발자 각각의 위치성에서 비롯되는 부분적 시각이며, '경험의 총합'이 좋은 기술을 만들어낼 수 있을 것이라는 믿음은 그 부분적 시각들이 더 나은 기술을 만들어낼 수 있는 가능성에 대한 낙관이기도 하다.

'혐오 발화' 대응 문제
─ 원칙들을 어떻게 실행할 수 있는가

기획 및 개발 업무에 종사하는 개발자들에게는 어떤 가치를 지향할 것인가와 함께, 이를 어떻게 실제 제품이나 서비스에서 구현할 것인가 하는 구체적인 실행이 중요한 문제가 된다. 사용자와 제품의 상호작용이 이루어지는 경우에는 더욱 그러하다. 챗봇 '이루다'의 '혐오 발화' 사례는 이런 관점에서 흥미로운데, 당시 인터뷰가 '이루다 사건'과 같은 해에 이루어졌고 참여자 대부분이 NLP 관련 업무를 하고 있었던 터라 참여자들 사이에서도 이 사례를 둘러싼 활발한 토론이 이루어질 수 있었다. 이와 관련해 언론과 관련 전문가들은 데이터의 '편향'에서 비롯된 혐오 발화의 문제를 지적했지만, 현장에서 보기에 이런 논의들은 지나치게 추상적이고 모호한 것이었다. 혐오 발화 등 비윤리적인 발화의 문제가 중요한 화두가 되면서, 개별 개발자·연구자·정부 기관 등이 관련 데이터셋을 구축하고 이를 감지하기 위한 알고리즘을 개발하기 위해 노력하고 있는 상황이지만 '혐오'를 어떻게 정의할지는 여전히 논쟁적인 문제이다.[20]

서비스 개발과 관련해서는 이보다 구체적인 쟁점이 제기된다. 예를 들어 인공지능 챗봇 서비스 기획을 하면서 챗봇의 혐오 발화 등 '편향'적인 발화 문제를 해결하고자 애쓰고 있는 차민서와 구정석은 챗봇이 필연적으로 사용자와 상호작용할 수밖에 없는 특수한 상황에서 이 문제가 단순히 혐오 발화를 감지하는 수준의 문제를 넘어서는 것임을 지적한다.

차민서 편향적인 발언이냐 아니냐 그런 것들은 다 완벽하게 걸러낼 수 없어도, (…) 일반적으로 사회적으로 합의된 것에 대해서는 (필터링을) 할 수도 있거든요. 사람들이 평가할 수 있는 것들은 걸러낼 수가 있거든요. 근데 서비스에서 (챗봇이 혐오 발언에 대한) 대응은 어떻게 하지? (예를 들어) 성소수자에 대해 뭔가를 얘기했을 때 내가 성소수자에 대해서 어떻게 말하는 것이 올바른가, 그런 것에서는 진짜 갈피를 잡기 어려운 것 같아요. (…) 그 사람(대화 상대)은 어쨌든 성소수자이기 이전에 (고유한) 그 사람이기 때문에 특정한 방식으로 얘기하는 것이 저는 또 뭔가 부자연스럽게 느껴질 때도 있거든요.

구정석 모 회사에서 만든 챗봇에 여러 질문을 던져보니까, 성소수자와 관련된 단어가 들어가기만 하면 무조건 "우리는 모두 소중해"라는 답변을 하는 거예요, 어떤 대화 맥락이든. 다른 대화에는 맥락을 따라가다가 뭔가 하는데 그 성소수자와 관련된 단어가 문장 속에 포함되어 있기만 하면 갑자기 말 끊고 "우리는 모두 소중해" 이러면서 앞에 했던 내용을 다 잊어버리는 (부자연스러운) 행동 패턴을 보이더라고요.

이 이상한 '행동패턴'은 딥러닝에 기반해 사용자의 발화의 맥락을 파악하고 그에 걸맞는 응답을 하도록 설계된 챗봇에서, 민감한 주제라고 생각되는 것들을 예외적인 것으로 분류해 특정한 응답을 제출하도록 했기 때문에 생겨나는 문제이다. 대중들 사이에 널리 퍼져 있는 혐오나 차별이 응답으로 제출되는 것이 문제적이라는 점은 명확하지만, 거기에 어떤 '응답'이 적절한 것인지는 분명하지 않다고 이들은 말한다. '안전'할 것이라고 기대하고 준비한, 온정주의적인 "우리는 모두 소중해"라는 응답이 실은 성소수자를 '예외적'인 존재, 통상적인 혐오의 대상이라고 전제하는 것으로 읽힐 가능성은 없을까? 이런 면에서 무엇을 하지 말아야 할 것인지를 넘어, 무엇을 어떻게 '만들어'내야 할지에 대한 논의들이 더 많이 이루어져야 한다는 개발자들의 지적은 중요한 의미를 가진다.

구정석 (이러한 문제들은) 결국 현재 한국 사회에서 (문제 해결이) 각각의 회사들에게 내맡겨져 있기 때문이 아닐까 합니다. '이렇게 하면 좋을 것 같아요, 저렇게 하면 좋을 것 같아요' 같은 제안보다는, '이렇게 하지 마, 저렇게 하지 마' 하는 식의 발화만 많은 것 같다는 생각이 들어요. 어떤 학자들은 혐오 표현에 맞서서 공론장에서는 대항 표현을 하는 주체들, 행위자들이 있어야 한다는 논의도 하잖아요. (…) 그렇다면 AI의 경우에는 어떻게 해야 될 것인가에 대해서도 그런 분들이 더 관심을 가지고 먼저 화두를 좀 던져주시면 좀 더 재미있어지지 않을까 하는 생각을 하고 있습니다.

구정석은 일상 언어 데이터의 복잡성에 대한 고려 없이 이루어지는 비판들이 실제로 인공지능업계 안에서 문제를 해결하는 데 큰 도움이 되지 않음을 지적한다. 어떤 말이 발화될 수 있는 말이고 어떤 말이 그렇지 않은 것인지를 어떻게 판단할 것인가 하는 문제의 복잡성은 무시하고, '편향을 없애자'고 하는 것은 공허한 언명에 지나지 않을 수 있다. 혐오 발화와 '대항표현'에 관한 언급은 퀴어이론, 사회과학 등에서 이루어지는 혐오 발화에 대한 논쟁들[21]에 관한 그의 관심을 반영하는 동시에, 금지가 아닌 다른 돌파구를 찾아내고자 하는 욕구의 표현이기도 하다. 동시에 이 언급은 챗봇과의 대화에서 나타나는 혐오 발화가 인간들 사이의 대화에서 나타나는 혐오 발화와 대등한 것이 아니라는 점을 일깨우기도 한다. 특정한 발화는 왜, 어떻게 문제가 되며, 그에 대한 응답은 어떠한 효과를 가지는가 하는 지점 역시 새롭게 질문되어야 할 필요가 있다. 여기서 문제가 되는 것은 단순히 나쁜 것을 피하는 것이 아니라, 더 좋은 것을 만들어내는 것이기 때문이다. 그리고 '하기'는 비판 이외에 무엇을 지향할 것인지, 어떻게 그것이 가능할 것인지에 대한 논의를 필요로 한다.

'위치지어진' 개발자의 페미니스트 인공지능 하기

인터뷰에 참여했던 개발자들의 문제의식은 실제 데이터를 다루고 알고리즘을 만들고 그것을 평가하는 일을 하면서 그 알고리즘이 결국 대중이 만나는 '서비스'가 될 때 어떤 일들이 벌어지는지에 대한 관심에서 비롯된 것이다. 이러한 관심은 개발자들 역시 다른 사회 구성원들과 담론장을 공유하는 사람들이며, 그들 역시 각각의 경험으로부터 비롯되는 부분적 시각을 가진, 그리고 더 나은 '가치'를 추구하는 사람들이기 때문에 가능해진다. 우리는 개발자들이 무엇을 결여하고 있는지가 아니라, 그들이 개발 과정에서 더 '좋은' 방향이 무엇일지 질문하고 있다는 사실에 주목하고자 한다. 비록 이런 질문을 던지는 개발자들이 소수에 불과하다고 하더라도 이들의 질문은 다른 인공지능의 미래를 상상할 수 있는 잠재성을 제시한다. 이 개발자들이 더 나은 인공지능을 만들기 위해 필요한 것은 외부의 전문가들이 이들에게 (그들이 결여하고 있다고 생각되는) 윤리를 '가르치거나' 추상적인 가이드라인을 제시하는 것이 아니라, 이미 잠재성을 가진 이들이 더 좋은 실천을 할 수 있도록 그 방법을 '함께' 찾아가고, 그 과정에서 생길 수 있는 크고 작은 오류들을 함께 고민해나가는 방식이 되어야 할 것이다. '하지 말아야 할 것'과 '해야 할 것'을 규정하는 것도, 각각의 판단들을 개별 업체에 맡기는 것도 대안이 되기 어렵다. 오히려 문제는 무엇이 좋은 것인지에 대한 논의를 구체화하고 다양한 실천의 방식들을 공유하면서, '하기'를 위한 실험을 함께 하는 것이다.[22]

이런 관점에서 기술에 대한 페미니스트 개입으로서 인공지능 '하기'의 문제에 더욱 집중할 필요가 있다. 여기서 '하기doing'는 기술의 '실천'을 강조하는 것으로 '만들기making'를 포함하며, 페미니스트 인공지능이 완성된 결과물이 아닌 과정 중인 것임을 강조한다. 새로운 형태의 착취·폭력·통제·편견 등에만 집중하면 대안적 미래를 상상하기 어려워지며 기술을 거대기업과 권위적 정부의 전유물로 남겨둘 우려가 있다.[23] 여러 연구자들이 데이터 페미니즘이나 페미니즘 인공지능 등을 제안하며 이 판을 어떻게 새롭게 구성할 것인지 활발히 논의하는 것은 바로 이 때문이다. 그들이 제안하는 것은 참여적이고 집합적인, 다른 형태의 인공지능 만들기 실천이다.

디냐치오와 클라인은 《데이터 페미니즘》에서 페미니스트 관점에서 기존의 데이터 과학을 비판적으로 분석하는 것에서 멈추지 않고, 구조적 억압이나 제도의 태만으로 인해 수집되지 않은 데이터들을 수집할 것, 알고리즘을 평가하고 기관의 해명 책임을 요구할 수 있는 도구를 개발할 것, 데이터 과학 분야에 소수자들·주변화된 주체들이 새롭게 진입해 이 영역의 인구 구성을 바꾸고 새로운 세대의 데이터 페미니스트를 기를 수 있도록 교육할 것 등을 제안한다. 또한 이러한 제안은 알고리즘의 공정성을 넘어 부정의의 근본 원인을 제거하기 위한, 공동의 해방co-liberation에 대한 상상에 근거한다.[24] 공식적 통계에서 드러나지 않는 여성살해 관련 데이터를 매일 수집하는 것과 같은 일상에서의 데이터 실천, 웹사이트 프로필에서 성별 입력의 문제를 제기하고 대안을 만들어내는 행동, 소수자 학생들을 위해 다른 방식으로 수학을 가르치는 교육적 실천까지, 이들은 다양한 사례를 통해 데이터 과학을 대안적인 것으로 만들 수 있는 가능성을 제시한다. 여기서 '하기'라는 지향은 단순히 현재 우리가 가진 인공지능의 문제를 지적하는 것을 넘어, 어떻게 그 문제를 근본적으로 해결할 것인지에 주목할 수 있게 한다. 그것은 '윤리적 인공지능'을 만드는 역할을 기술 전문가인 개발자들에게 위임하거나 그들이 지켜야 하는 가이드라인을 만드는 것에서 그치는 것이 아니라, 그들이 가진 위치성이 다른 기술을 만들어낼 수 있는 역량이 될 수 있음을 인정하고 그것이 무엇이 될 수 있을 것인지 함께 논의하고 실험하는 장을 만들고 우리 역시 그 장에 참여할 것을 요구한다.

개발 현장에서 다른 가능성이 발굴될 수 있도록

자신이 가진 부분적 시선을 적극적으로 드러내면서, 차별에 무지한 인공지능의 문제를 시정하고 새로운 실천의 양식들을 만들어가는 이러한 운동들은 개발자들 사이에서 기술과 사회의 얽혀 있음에 대한 인식과 더불어 위치지어진 주체로서의 개발자들이 가진 사회정의justice에 대한 관심이 늘어나고 있음을 보여준다. 국내에서 이와 비견될 만한 프로젝트들은 아직 찾아보기 힘들지만, 2010년대 후반 이후 '여성' 혹은 '페미니스트' 개발자라고 스스로를 정체화하는 이들이 상당히 늘어났다는 점은 고무적이다. "느슨하게 연대하며 서로를 지지하고 응원"하는 테크업계 페미니스트 모임을 지향하는 '테크페미' 등으로 대표될 수 있는 이러한 새로운 흐름은 '여성' 혹은 페미니스트 개발자로서 IT업계에서 일한다는 것에 대한 자각이 강해지고 있음을 보여준다. 이는 인공지능 및 빅데이터 분야가 각광을 받으면서 기술 영역에서 미래 직업 전망을 모색하는 개별 여성들의 욕구와 페미니즘 대중화의 흐름이 맞물려 생겨난 변화라고 할 수 있다.[25] 이러한 변화는 개발 현장에서 다른 질문·고민·논쟁과 대화가 일어날 수 있는 가능성을 시사한다.

지금까지는 인공지능과 같은 과학기술의 젠더 편향과 차별에 대한 해결책으로 여성 인력의 증가가 주로 제시되어왔을 뿐, 여성 개발자의 숫자와 페미니스트 인공지능 개발이 어떻게 연결되는지에 대한 논의는 아직 부족한 상황이다. 이는 과학기술 분야 여성 진출을 지원하는 정책이 과학기술의 젠더 편향이나 과학기술계의 성차별적 문화 등을 개선하는 노력으로 이어지지 못한 이유와도 연결된다.[26] 개발자의 위치성과 그 위치성의 잠재력에 주목하는 것은 인공지능 기술 및 산업 인력의 다양성 증가가 인공지능 정의를 실현하기 위한 유력한 방식이다. 이러한 변화의 잠재력을 가진 다양한 개발자의 존재를 드러내고 페미니스트 인공지능 하기를 위한 여러 실험들을 모색할 필요가 요구되는 것은 이 때문이다.

◆ 2장 ◆

성차별,
있는데 없습니다

IT 조직의 젠더 편향은
어떻게 지속되는가

권현지·황세원·노가빈·고민지·장인하

✻ 이 글은 한국노동연구원의 2023년 연구 과제 '전문관리직을
중심으로 본 비대면 일하기: 작업관계 변화와 젠더'의 일환으로
수행된 〈"성차별은 없습니다만…": IT 조직의 젠더 편향은 어떻게
지속되는가?〉(권현지·황세원·노가빈·고민지·장인하, 《한국여성학》 40권
1호, 35~65쪽)를 수정·보완한 것이다.

2017년에 개봉한 영화 〈히든 피겨스〉는 1960년대 미국 항공우주국NASA에서 일했던 '여성 컴퓨터들'의 이야기다. '여성 컴퓨터들'이라는 말이 이상하게 들릴 수 있지만, '컴퓨터'가 한때는 직업을 지칭했다는 점을 알면 곧 이해될 것이다. 이 영화가 보여주는 것처럼 여성 컴퓨터들은 한동안 숫자를 다루는 '계산원'이었다가 기계로서의 '컴퓨터'가 도입되자 이를 다루는 '전산원'의 역할을 했다. 즉 지금 'IT 개발자'라고 불리는 직업은 처음 생겼을 때는 주로 여성의 몫이었다.

정확한 표현으로는 'IT 서비스 소프트웨어 개발직'(이하 IT 개발자)이라 칭해야 할 이 직종에는 미국과 유럽의 IT 산업 초기까지만 해도 '여성적'이라는 레이블이 붙어 있었다.[1] IT가 생산의 핵심 요소로 부상하면서 개발직은 여성에서 남성 노동자로 빠르게 대체되었다. 그 과정에서 컴퓨터를 다루는 일은 '고도의 기술을 요하는 남성의 일'이라는 이미지가 생겨났고, 그에 더해서 외골수와 같은 집중을 통해서 어느 정도 경지에 올라야 하는 일이라는 이미지도 만들어졌다. IT 개발자가 사무를 보조하는 직종에서 고도의 기술을 요하는 전문 직종으로 변모해오는 동안 '직종 구성의 남성화'도 함께 진행되었다고 할 수 있다.[2]

그에 비해서 산업 전개가 한발 늦었던 한국의 소프트웨어 개발직은 초기부터 줄곧 남성 지배적이었다. 다만 이 직종의 남성성은 전통적인 한국 대기업 조직에서 나타나는 것과는 차이를 보인다. 대기업 문화가 경직적인 장시간 근로·위계적인 가부장 체계라는 특징을 가진 것과 달리, IT 개발자들은 비교적 유연하고 개방적·수평적 형태를 지닌 조직에서 일하는 것으로 알려져 있다. 그 이유 중 하나는 국내 IT 기업들의 롤 모델이 미국 실리콘밸리라는 데서 찾을 수 있다. 미국 실리콘밸리의 기술적 선도성에 영향을 받아온 국내 IT 기업들이 그 특유의 조직문화까지 함께 들여온 결과인 것이다.[3]

이와 같은 개발자 문화의 저변에는 '능력주의'가 깔려 있다. IT 개발직은 고숙련 지식 노동이지만 그 숙련은 '자격license'으로써 취득되고 유지되는 형식을 띠지 않는다. IT 개발자들에게 중요한 것은 자신들의 직종 내에서 다른 개발자들에게 '실력 있다'고 인정받는 것이고, 이를 위해서는 중요한 프로젝트에 참여하고 거기서 두각을 나타내야 한다. 프로젝트 경력과 평판이 포트폴리오가 되는 비공식성이 직종 내에서 중요하게 작용하는 것이다. 그에 따라 IT 개발자들은 자신이 속한 기업에 대한 소속감보다는 '개발자'라는 정체성과 개발자 직종에 대한 소속감을 더 중요하게 여긴다.

IT 개발자들의 능력주의는 젠더 관계 인식에도 영향을 미친다. 남성과 여성 개발자 간에 격차가 있다면 그것은 불평등 구조와 관행 때문이 아니라 개발자 능력의 평균적 차이에 따른 것이라고 믿게 되는 것이다. 여성개발자들도 직종 내에 존재하는 이와 같은 믿음을 공유한다. 오히려 여성들에게서 더 강하게 나타날 수도 있다. 소수자의 지위를 극복하기 위해서 커뮤니티 정체성을 더 강하게 내면화하고자 할 가능성이 있기 때문이다.

이와 같은 특성들을 단지 한 직종의 특수성으로 이해하기에는 IT 개발자라는 직종이 가진 중요성이 상당히 크다. 최근 경제 전반과 노동시장에서 그 비중과 영향력이 커지고 있을 뿐 아니라, IT 기술이 주도하는 산업 전환의 역사적 흐름에서 결정적인 역할을 하는 직종이기 때문이다.

그런 가운데 주목할 필요가 있는 현상은, 앞서 설명한 것과 같은 전형적인 개발자 이미지가 최근 들어서 바뀌고 있다는 것이다. IT 기술이 전 산업에 적용되면서 개발자들은 더 이상 '외골수' '괴짜' '너드nerd'처럼 일하는 것이 아니라 많은 사람들과 적극적으로 협력하고 소통하며 일해야 하는 상황에 놓이게 됐다. 그러나 이런 가능성이 실제 IT 개발자의 일터 내에서 현실이 되고 있는지에 대해서는 아직 알려진 바가 없다. 그런 한편, 한국 사회에서는 능력주의 담론이 강화되고 있으며[4] 전문가 조직들이 애자일 agile[*]과 같은 일하기 방식을 새로운 규범으로 여기면서 능

---

[*] '애자일'은 소프트웨어 개발 방법에서 유래한 업무 방식으로, 처음 세운 계획대로 실행하는 것이 아니라 작업 전반에 걸쳐 필요에 따라 또는 피드백을 바탕으로 수정하며 실행하는 방식을 말하며, 소규모·자율적·수평적 권한의 팀 프로젝트 방식을 뜻하기도 한다(Reunamäki and Fey, 2023; 506).

력주의가 더 강해지는 양상도 보인다. 이런 상황이 기존 젠더 편향에 균열을 낼 것인지, 아니면 유지시키거나 오히려 더 강화시킬지에 대한 관심도 필요한 실정이다. 그럼에도 그동안 국내에서는 IT 개발직 여성들이 어떤 경험을 하고 있는지 자세히 들여다보는 연구를 찾기 어려웠다.

따라서 우리는 이 글을 통해서 현재 한국의 노동시장에서 변화를 선도하는 IT 개발 직종 내에서 젠더 편향을 강화해왔던 조직 내 요소들을 알아보고, IT 기술에 의한 전환의 시기 속에서 젠더 불평등이 어떤 영향을 받고 있는지를 구체적으로 살펴보고자 한다. 특히 능력주의의 자장 속에서 생산되고 또 재생산되는 젠더 관계와 젠더 불평등을 분석하는 데 연구의 목표를 두었다. 이를 위해 먼저 우리의 연구와 관련해서 앞선 연구들이 다뤄온 주요 개념들을 살펴보겠다.

'좋은 개발자'의 상에 여성도 포함될 수 있는가

'개발자 문화'라는 것이 있다. 서구에서는 '엔지니어링 문화engineering culture'라고 부르는데, IT 하이테크 부문 전문 노동자들이 모여 일할 때 나타나는 문화적 특징으로, 능력에 따른 평가와 보상을 강조하는 행동·태도·규범도 그 대표적 요소 중 하나다.[5] 개인의 전문적이고 창의적인 능력을 강조하며, 개인주의에 기반한 협업 네트워크가 중요시되고, 일의 과정에서 재미·도전·성취감을 추구하는 것이다. 그리고 이 공유되는 문화를 기반으로 '좋은 개발자' 상이 만들어지고 재생산된다.[6] 여기에 '부단히 자기계발을 하는 사람들'이라는 특징도 추가될 수 있다. 기술 혁신 주기가 빠른 IT 업종 내에서 뒤처지지 않기 위해서는 끊임없이 기술 트렌드를 검색하고 학습해야 하기 때문이다. 실제로 기업들은 이와 같은 개발자들의 집단적 관념을 조직 내에서 구체화함으로써 조직에 대한 헌신을 이끌어내고자 한다.[7] 그 중심에 있는 능력주의는 개발자 커뮤니티의 문화적 규범일 뿐만 아니라 IT 기업의 핵심 조직 원리로도 작동한다.

그런데 이때 남성이 압도적 다수를 차지하는 IT 산업·기업의 개발자 직종에서 이상적 개발자 상이 의식적·무의식적으로 젠더화되는 경향이 있다. 고도의 컴퓨터 기술이 남성의 영역으로 인식되면서 개발자로 자연히 남성을 떠올리게 되는 것이다. 밤낮없이 장시간 개발에 몰두하고, 서로 경쟁하면서도 챙겨주는 '형·동생 문화' 속에서 남성을 개발자 상의 준거로 삼기 쉽다. 여러 경험적 연구들은 개발자 문화가 작동하는 일터에서 여성 개발자들이 젠더 불평등을 경험하고, 조직 내에서 소수자로 주변화되는 양상이 나타난다고 보고한다.[8]

능력주의 규범이 젠더화의 기제가 될 수 있다는 데 대해 의문을 제기하는 사람도 있을 것이다. 능력주의는 젠더 등 다른 조건들과 관계없이 오직 개개인의 '능력'에 따라서만 작동되는 것으로 여겨지기 때문이다. 그러나 현실에서 능력주의는 오히려 젠더 불평등을 재생산할 수 있다. 미국 사회학자 조안 애커는 "젠더화된 조직은 추상화되고 탈젠더화된 노동자(소위 '이상적인 노동자')를 상정하지만, 여기에 부합하는 노동자는 실제로는 젠더 편견과 다른 의무들로부터 자유로운 남성뿐"[9]이라고 지적한 바 있다. 여기에 개발자 조직을 대입해보면 그 의미를 이해하기 쉽다. "여성 개발자들에게는 전문성과 기술적 능력이 부족하다"라고 규정하는 젠더 본질주의적 편견을 작동시킨다거나,[10] 돌봄 등 특정 젠더 역할에서 자유로운 남성 친화적인 작업 방식(시간대에 구애받지 않는 작업과 장시간 노동 등)을 당연시하는 것, 그리고 개발 업무에 외골수처럼 몰두하는 '이상적 개발자 상'을 결합함으로써 '여성은 개발자로서 적합하지 않다'는 고정관념을 생산할 수 있는 것이다. 이는 남성 지배적 개발자 조직에서 여성을 주변화하는 전형적인 모습이다.[11]

이와 같은 일터 환경 속에서 여성들은 자신이 마주한 상황을 모순적으로 인식하거나 해석할 수 있다. 미국 사회학자 캐럴 세런 교수와 동료들의 연구에 따르면 공학 분야의 여성들은 직접적으로 성차별을 경험했어도 이를 능력에 따른 것으로 수용하고, 조직 내에 여전히 능력주의 규범이 정상적으로 작동한다고 믿어 의심치 않았다.[12] 다른 연구에 따르면 IT 산업의 여성 개발자들은 스스로 이상적인 개발자 상에 적합하지 않다고 여기기도 한다.[13] 능력주의 규범을 이상화하는 개발자 문화가 직종 내에서 헤게모니를 획득하고 있는 가운데, 여성 개발자들은 스스로의 능력을 평가절하하거나 자신이 마주하는 젠더 불평등을 의식적 혹은 무의식적으로 부인하는 방식으로 능력주의 이데올로기를 받아들이고 있다.

소프트 스킬의 부상과 비공식 관계의 영향

최근 들어 IT 관련 사업의 규모가 커지고 다른 산업과의 기술 융합이 활발해지고 있다. 대표적 예로 요즘 새로 나오는 가전제품들을 보면 AI 기능이 탑재되지 않은 것을 찾기 어렵다. 이렇게 IT 기술의 적용 범위가 확대되고 산업 간 기술 융합이 일반화되면서 IT 개발자들에게도 IT 기술 및 언어에 익숙하지 않은 다른 산업·직종·기업의 인력들과도 협업해야 하는 상황이 일상이 되었다. 기존에는 소통 능력이 다소 부족하더라도 '개발'만 잘하면 됐다면 이제는 자신이 구상하는 바를 설득하고 다른 사람의 생각을 이해하고 소통할 수 있는 능력, 서로 다른 생각을 좁히고 조정하고 타협할 수 있는 협상 능력이 중요해졌다. 달리 말하면, 기술적 숙련에 더해 사회적 숙련social skills 및 감성적 숙련emotional skills이 중요한 시대가 도래한 것이다.[14]

그런데 이와 같은 사회적 능력들은 젠더 본질주의적 시각 위에서 오랜 기간 '여성적'인 것으로 여겨져왔다. 여성적 능력을 뜻하는 '소프트 스킬soft skills'에 해당한다고 할 수 있다.[15] 1990년대 말부터 여러 연구자들이 "사회적 능력에 대한 요구가 높아지면서 IT 직종의 젠더 편향성이 점차 약화될 것"이라고 전망한 바 있는데,[16] 그 가능성이 현실이 될 조건이 이미 갖춰진 셈이다.

그러나 그 반대의 전망도 제기돼왔다. 협업 능력이 중요하다 해도 어디까지나 부차적으로 요구되는 것일 뿐 여전히 '남성적'인 기술 능력이 우선시 될 것이라는 관점[17]과 함께, 역사적으로 늘 '남성적'인 것이 '여성적'인 것보다 더 높은 지위에 있다고 간주되고,[18] '남성적'이었던 일이 '여성적'이 되면 가치가 하락하는 현상[19]이 있어왔기 때문에 직종 내 종사자들 스스로가 '여성화'를 경계하리라는 전망[20]도 제기돼온 것이다.

이 글에서 주목하고자 하는 또 다른 개념은 '비공식 관계'다. 1920~1930년대 조직 이론가 엘튼 메이요가 주도한 호손 연구Hawthorne Studies[21] 이래 일터 안에서 비공식 관계가 중요하게 작동한다는 사실은 잘 알려져 있다. 다만, 개인주의와 능력주의가 공고하게 결합되어 규범화된 IT 개발 조직 내에서도 비공식 관계가 작동하고 있는지에 대해서는 알려진 바가 거의 없다. IT 기업을 대상으로 한 선행 연구[22]들에 따르면 작업 조직에서 비공식 관계가 위계화된 성격을 띨 경우, 여성들을 주요 업무에서 배제하거나 낮은 위치에 머물게 하는 결과로 이어질 수 있다. 또한 팀의 효율성을 높이려는 조직의 시도하에서 비공식 관계가 강해질 수 있다는 연구[23]도 있다. 관계에 기반한 비공식성은 능력주의 규범의 이면에서 반대 방향의 작용을 할 수 있으며, 효율성을 극대화하려는 시도하에서 젠더 편향을 강화시킬 수도 있는 것이다.

한편 최근 IT 조직들에 부분적으로 일상화된 비대면(원격) 근무제도가 비공식 관계를 더 강화시킬 수 있다는 연구들도 있다. 기존에 친밀함을 형성한 비공식 관계가 더 강해지는 '사일로silo화'[24] 현상이 나타날 수 있기 때문이다. 특히 여성들은 주요 업무에 접근하기 더욱 어려워지고, 적극적으로 능력 및 성과를 어필하면 부정적으로 인식되는[25] 상황에 직면할 수 있다.

모순적 현실 속 이야기들

우리는 지금까지 살펴본 기존 연구와 개념들을 바탕으로 국내 IT 조직 내에서 일하고 있는 개발자*들을 인터뷰했다. 눈덩이 표집snowball sampling 방식으로 연구 참여자를 모집했는데, 기업 조직 특성에 따른 일의 방식 차이를 비교해보기 위해 관료제적 성격이 강하게 남아 있는 전통 대기업, 수평적 조직 문화 및 개발자 중심의 조직구조가 특징적인 빅테크big tech** 소속의 개발자가 비슷한 비율을 이루도록 하였다. 또한 전체 산업에서 다수를 차지하는 중견기업을 누락하지 않기 위하여 중견기업 소속 개발자들도 일부 포함시켰다. 젠더 구성 또한 중요하게 고려했으며 기혼 및 자녀 양육자가 적절하게 포함되도록 했다. 그 결과 20~40대 총 18명(여성 11명, 남성 7명)의 개발자를 모집할

---

* 인터뷰 대상은 기본적으로 소프트웨어 개발(코딩)을 직접 수행하는 개발자로 한정했으나, 개발팀 내에서 개발자들과 밀접하게 협력하는 기획자(PM, Project Manager)까지 포함하였다.

** 이 연구에서 지칭하는 '빅테크' 기업은 대규모 IT 기술 기업으로, 1990년대 말 이후 설립되어 대기업으로 성장한 온라인 포털·소셜네트워크서비스(SNS)·플랫폼 기업 등을 의미한다.

수 있었다.[***] 여성 중 기혼자는 7명이었으며, 그중 자녀 양육자는 3명이었다. 남성 중 기혼자는 4명이었고 그중 2명이 자녀를 두고 있었다. 인터뷰 참여자들의 최종학교 전공은 직무 유관 학과(컴퓨터 사이언스·소프트웨어 공학·정보통신학과 등) 전공자와 비전공자가 절반씩이었다.

이들에 대한 인터뷰 전체 텍스트는 질적 자료분석 소프트웨어Qualitative Data Analysis Software를 활용하여 개방코딩과 축코딩 방식으로 정리했다. 이는 인터뷰 대상자들이 말한 구체적 내용으로부터 출발해서 이를 상위 카테고리로, 단계적으로 묶어가며 개념과 중심 내러티브를 도출해내는 방식이다. 그 결과 주요 내용들은 〈그림 1〉에서와 같이 5개의 중심 축으로 수렴됐다. '개발자 문화' '소셜/소프트 스킬의 부상' '젠더 차별 서술' '젠더 관련 모순적 서술' '비공식 관계의 작동'이 그것이다. 각각의 중심 축에 이르기까지 여러 단계의 중간축이 생성됐는데 예를 들어 '개발자 문화'라는 축은 '남성 지배적 문화' '능력주의 규범' '괴짜 문화geek'라는 축이 생성된 뒤 이를 아우르는 개념으로서 만들어진 것이다. 그리고 이 5개 중심 축들은 IT 조직 내에서 젠더 분리가 유지되는 현상을 설명하는 것으로 볼 수 있다. 이 연구는 이렇게 도출한 5개의 중심 축을 핵심 키워

*** 다만, 이 연구는 연구 참여자들의 인적자본특성에 따라 어떤 차이를 보이는지를 밝히는 데 목적이 있지 않다. 조직 특성, 젠더, 결혼과 자녀 양육 여부 등 특성을 다양하게 구성한 것은, 다양한 특성을 가진 사람들에게서 공통적으로 발견되는 점을 부각시키기 위한 것이다.

드로 삼아 인터뷰 결과를 정리·해석했다.

능력주의 규범과 남성 지배적 문화의 교차

우리가 인터뷰를 통해 확인한 첫 번째 사실은, IT 개발자들이 능력주의 규범과 남성 지배적 문화가 교차되는 환경 속에 놓여 있다는 것이다.* 먼저 능력주의 규범[26]은 '연차 또는 조직 위세(네임 밸류)보다는 각각의 사람들이 가진 능력·실력이 더 중시되는 문화의 형태'로 이야기되었다. 인터뷰 참여자들의 설명에 따르면 기술 변화가 빠른 IT 업종의 특성과 이직이 쉬운 직종 노동시장의 특성으로 인해 자발적으로 신기술을 습득하고 공부하는 것이 개발자들에게는 당연한 규범처럼 여겨지고 있었다.

사례자 D(여성/빅테크/PM) 개발 자체가 신기술도 너무 많이 나오고, 요즘 젊은 친구들도 이걸 배워서 오기 때문에. 너무 빨리 변하는 업계여서 다른 금융업계나 이런 데처럼 연차가 쌓인다고 해서 뭔가 대단한 대우를 받고 그런 상황이랑은 좀 달라요.

사례자 H(남성/빅테크/개발자/기혼) 내가 이 회사 명함을 떼면

* 인터뷰 수행 과정에서 각별히 중요하게 고려한 점은 연구자들이 이 연구가 젠더 관계에 초점이 있다는 것을 명시화하지 않는 것이었다. 인터뷰 참여자들이 이 점을 의식하지 않고 자신들이 일하는 과정과 작업 조직을 묘사하는 와중에 젠더 관계에 대한 인식과 경험을 자연스럽게 드러내도록 하고자 했기 때문이다.

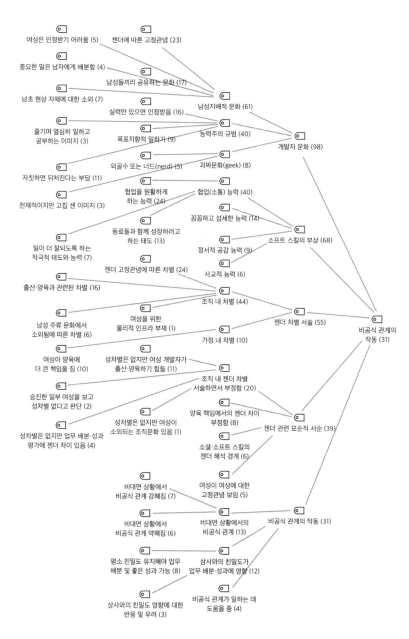

여성은 인정받기 어려움 (5)   젠더에 따른 고정관념 (23)

중요한 일은 남자에게 배분함 (4)

남성들끼리 공유하는 문화 (17)

남초 현상 자체에 대한 소외 (7)

실력만 있으면 인정받음 (16)   남성지배적 문화 (61)

즐기며 열심히 일하고
공부하는 이미지 (3)   목표지향적 일화가 (9)   능력주의 규범 (40)

외골수 또는 너드(nerd) (5)   괴짜문화(geek) (8)   개발자 문화 (98)

자칫하면 뒤처진다는 부담 (11)

천재적이지만 고집 센 이미지 (3)

협업을 원활하게
하는 능력 (24)   협업(소통) 능력 (40)

동료들과 함께 성장하려고
하는 태도 (13)   꼼꼼하고 섬세한 능력 (14)

일이 더 잘되도록 하는
적극적 태도와 능력 (7)   정서적 공감 능력 (9)   소프트 스킬의 부상 (68)

젠더 고정관념에 따른 차별 (24)   사교적 능력 (6)

출산·양육과 관련된 차별 (16)   조직 내 차별 (44)

남성 주류 문화에서
소외됨에 따른 차별 (6)   여성을 위한
물리적 인프라 부재 (1)   젠더 차별 서술 (55)

여성이 양육에
더 큰 책임을 짐 (10)   성차별은 없지만 여성 개발자가
출산·양육하기 힘듦 (11)   가정 내 차별 (10)   비공식 관계의
작동 (31)

승진한 일부 여성을 보고
성차별 없다고 판단 (2)   조직 내 젠더 차별
서술하면서 부정함 (20)

성차별은 없지만 업무 배분·성과
평가에 젠더 차이 있음 (4)   성차별은 없지만 여성이
소외되는 조직문화 있음 (1)   양육 책임에서의 젠더 차이
부정함 (8)   젠더 관련 모순적 서순 (39)

소셜·소프트 스킬의
젠더 해석 경계 (6)

비대면 상황에서
비공식 관계 강해짐 (7)   여성이 여성에 대한
고정관념 보임 (5)

비대면 상황에서
비공식 관계 약해짐 (6)   비대면 상황에서의
비공식 관계 (13)   비공식 관계의 작동 (31)

평소 친밀도 유지해야 업무
배분 및 좋은 성과 가능 (8)   상사와의 친밀도가
업무 배분·성과에 영향 (12)

상사와의 친밀도 영향에 대한
반응 및 우려 (3)   비공식 관계가 일하는 데
도움을 줌 (4)

〈그림 1〉 코딩 결과로 도출된 5개 중심 축 및 중간 축들

과연 순수하게 어느 정도의 경쟁력이 있고 가치가 있는 사람이냐, 이런 것들을 항상 고민을 하고. 야간 대학원에 다니는 것도 그 노력의 일환이에요.

인터뷰 참여자들은 공통적으로 '좋은 개발자 상'이 무엇인지 질문받고 대답했다. 그 답을 종합해보면, '스스로 계속 학습하는 사람', 거기서 그치지 않고 '주위 동료와 후배들에게 적극적으로 정보를 공유하며 성장하도록 이끌어주는 사람'이라는 이상적인 개발자 상이 존재하고 있었다. 조직에 안주하지 않고 기술적으로 성장하려고 노력하는 개발자를 인정하고 존경하는 문화[27]를 확인할 수 있다. 그런 한편, 급속하게 변화하는 기술 환경과 끊임없는 학습·성장 문화 속에서 '경쟁력을 유지하기 위해서는 나도 일하는 시간 외에 따로 학습을 해야 한다'고 압력을 느끼는 개발자도 그만큼 많았다.

사례자 I(남성/전통 대기업/개발자/기혼) 다들 개발하고 싶어 하는 욕구가 되게 크거든요. 주말에도 찾아보시고 선진 기술이 있으면 도입하고 이런 분들이 모인 팀이에요. (…) 기본적으로 새로운 기술 같은 거를 개인적으로 학습을 하세요. 본인이 하고 끝내는 게 아니고 문서화해서 후배나 동료 개발자들에게 가이드 주기도 하고.

사례자 O(여성/전통 대기업/개발자/기혼/유자녀) 갈수록 주니어들이 많아지는데 그분들은 다 전공자이거나 혹은 전공자에 버금가는 전문 지식을 가지고 오시고, 신기술을 접하고 터득하는 속도가 확실히 빠르시더라고요. 저도 살아남기 위해서 공부를 하고 있죠.

남성 지배적 문화[28] 역시 인터뷰 전반에서 포착됐다. 남성을 중심으로, 남성의 상태를 준거로 의사결정이 이뤄지는 문화가 존재했으며 이 속에서 여성 개발자들은 종종 '여자라서 열정이 없다'와 같은 고정관념의 대상[29]이 되고 있었다. 이런 문화 속에서 여성들은 주요 업무에서 배제되거나 '배려'라는 이름하에 주변부로 소외되는 경험을 하기 쉽다.

사례자 E(여성/중견기업/개발자/기혼) 일을 요만큼만 줘놓고 "쟤 여자라서 열정이 없는 것 같아" (하죠). 근데 사실 생각해보면 여성들은 스물네 살, 스물세 살에 들어오잖아요. 들어와서 아무것도 모르고 사수가 이만큼 주면 이만큼만 하는 줄 알지. (…) '너희들이 그런 문화를 만들어놓고 왜 여성들한테 이러냐' 약간 그런 느낌.

사례자 C(여성/빅테크/개발자/기혼/유자녀) 예전 회사 다닐 때, 일단 "여자니까"라는 말을 서슴없이 해요. "넌 여자니까 내가 할게." "힘든 일 있으면 그냥 내가 할게." 개발자 입장에는 나는 그냥 이 일을 하면서 성장하고 싶은데 "너 힘들 거니까 그냥 내가 한다" 하면서 가져가버리는 거야.

남성 지배적 문화는 여성들로 하여금 남성처럼 사고하고 행동해야 하며 그렇지 않으면 개발자로서도 인정받을 수 없을 것이라는 압력[30]을 느끼도록 하고 있었다. 여성들은 남성들이 좋아하는 스포츠를 화제로 삼거나, 담배를 피우지 않으면서도 담배 피우러 나가는 무리에 끼는 식으로 남성 지배적 문화에 순응하는 전략을 취하고 있었다.

사례자 L(여성/전통 대기업/개발자/기혼) 〔운동 얘기로 시작을 하면 쉽게 친해지나요?〕아무래도 저를 좀 더 편하게 생각하시는 게 있는 것 같아요. 풋살이나 이런 거 한다고 하면 좀 털털한 아이구나, 이렇게. 저도 이용하는 거죠. 남자분들하고 잘 지내기 위해서.

사례자 K(여성/전통 대기업/개발자) 결국에는 담배 피우는 데서 얘기를 거의 하시거든요. 전 담배 안 피우는데 그냥 올라가서 들으면 거기서 뒷담 같은 게 나오는 거죠. 이런 얘기는 거기서밖에 들을 수가 없거든요. 사무실에서 절대 못 하는 얘기니까. 그래서 저도 나가고.

'남성처럼 행동해야 한다'는 압력이 여성들에게 이중적 어려움을 초래하고 있다는 사실도 여러 인터뷰에서 확인됐다. 조직에 헌신하고 야근을 기꺼이 받아들이는 등 일에 집중하는 사람을 이상적으로 받아들이는 조직 문화 속에서[31] 가사 및 양육의 부담을 남성들보다 더 크게 지고 있는 여성들은 회사와 가정 양쪽에서 '헌신하라'는 이중의 압력을 받고 있다. 조직 생활의 성공을 위해 남성의 기준에 맞춰야 한다는 압력은 기혼 여성뿐 아니라 아직 결혼 및 출산 계획을 구체화하지 않는 여성들에게도 '일과 가정'을 균형의 관점이 아니라 양자택일의 문제로 받아들이도록 하고 있었다.

"성차별이 없다"라고 말하는 모순

또 하나의 특기할 만한 발견은 자신의 경험을 통해서 젠더 편향 현상을 말한 사람들이 정작 자신이 속한 조직에 대해서 "성차별이 없다"라고 말하는 모순적인 태도였다. 여성들은 업무 배분 등에서 여성이 배제되는 현상, 또는 자녀 양육 문제로 여성들이 소외되거나 아예 조직을 떠나는 현상을 경험하더라도 이는 남녀 차이 때문이 아니라 개별적인 상황, 혹은 특수한 사정 때문이라고 설명하려고 했다. 몇몇 참가자들에게서는 연구자의 질문에 답하는 과정에서, 혹은 스스로 설명을 이어가는 과정에서 조직 내에 성차별이 있다는 점을 역으로 깨닫는 상황도 적지 않았다.

중견기업에 소속된 기혼 여성인 E는 팀에서 업무 배분이 이뤄질 때 "성별 영향은 딱히 없다"라고 했는데, 연구자가 "성과가 안 나는 일, 서로 안 맡고 싶어 하는 일들은 결국 누가 맡게 되나?" 물었을 때는 "주로 여성들"이라고 하면서 이를 "아이러니하다"라고 했다. 이어지는 질문에 대답하는 과정에서 업무 배분에 있어서 성별 차이가 있다는 점을 비로소 인지한 것이다.

사례자 E(여성/중견기업/개발자/기혼) (업무 배분을 원하면) 저희는 그냥 먼저 말하면 되는데. 이 부분에서 성별 영향은 딱히 없긴 해요. 〔해도 성과가 별로 안 나는 일들, 서로 안 맡고 싶어 하는 일들은 결국 누가 맡게 되나요?〕 그런 것도 지원을 받는데 아이러니하게도 주로 여성분들이 지원을 하네요. 남자들은 그냥 조용히 있고 여성들이 "그냥 내가 하고 빨리 끝낼게요" 약간 이랬던 것 같아요.

전통 대기업 소속 여성 개발자인 K도 남녀 개발자의 차이를 묻는 질문에 "전혀 없다"라고 답했다. 그런데 이어지는 설명에서는 "여성은 확실히 가정을 중시"하며, "가정을 중시해서 퇴사할 분들은 다 하셨"다고 했다. 처음에 답할 때는 육아 문제로 조직을 떠난 여성들을 포함하지 않았으나, 이어지는 설명에서 이들을 포함하자 차이가 있음을 인식하게 된 것이다. 또한 K는 이 응답을 하는 과정에서 고교생 정도 나이의 자녀를 둔 직원은 조직 내에서 남성들밖에 없다는 점을 새롭게 인지한 것처럼 보인다. 즉 양육 부담이 있는 여성들이 어느 시점 이후 조직을 떠나게 된다는 점을 평소에는 생각해보지 않았다는 점을 보여준다.

사례자 K(여성/전통 대기업/개발자) 남성과 여성 차이는 뭐 전혀 없는 거 같아요. 여성분들은 확실히 가정을 좀 중시하는 게 있는 것 같은데, 진짜 가정을 중시해서 퇴사하실 분들은 다 하셨잖아요. (…) 그리고 보니까 그러네요? 남성분들은 자녀 나이가 많은 경우가 꽤 있는데 여자분들은 고등학생 아들 딸이 있는 경우 본 적이 없고. 초등학생까지는 봤어요.

빅테크 소속으로 결혼해서 자녀를 키우고 있는 여성 C는 현재 조직 내의 모바일 개발자 중에서 아이를 낳은 여성은 자신밖에 없다고 말하면서도, 소속 기업이 유연하고 '육아친화적'이라는 입장을 고수한다.

사례자 C(여성/빅테크/개발자/기혼/유자녀) (젠더 간) 비교를 할수가 없는 게 모바일 개발자 중에 애 낳은 여자가 저 하나예요. 다른 여성 개발자들은 본 적이 없네요. MZ세대들은 애 낳을 생각이 아예 없어요.〔앞서 이 기업은 육아친화적인 곳이라고 하셨는데?〕육아 친화적이지만 그래도 애 낳은 사람들은 다 남자지, 여자는 없다. 그래도 여기니까 그 정도지 다른 데는 더 없지 않을까?

전통 대기업 소속 개발자로 결혼해서 자녀를 키우고 있는 여성 O는 자신이 언제 기술 면에서 뒤떨어질지 모른다는, 그래서 계속 개발자로 일할 수 없고 다른 직무로 옮겨야 할지 모른다는 부담을 느끼고 있었다. 이 점은 능력주의 규범이 강한 기술기업에서 여성을 기술이 아닌 관리직으로 보내는 '유리 에스컬레이터'가 존재한다[32]는 기존 연구를 뒷받침한다. O는 앞선 인터뷰에서 '육아휴직을 하면 커리어에 손해를 본다'는 취지의 설명을 했으나 이 대목에서는 직무 변동 가능성의 원인을 자신이 '이 분야의 전공자 출신이 아니어서'라고 설명했다.

사례자 O(여성/전통 대기업/개발자/기혼/유자녀) (조직에서 시니어가 되면 커리어가 나뉘는데) 저는 어떤 생각을 가지고 있는지를 물어보시는 건가요? 저는 기술 쪽으로 가고는 싶은데, 아까 말씀드렸지만 제가 전공자가 아니잖아요. 그러니까 기술이 딥해질수록 확실히 좀 한계가 있기는 있어요.

소프트 스킬의 부상과 탈젠더화

한편 이번 인터뷰에서는 '좋은 개발자' 상을 묻는 질문도 포함되어 있었는데, 이 질문에 대한 답에서 발견된 중요한 사실은 개발자 직군 내에서 '소프트 스킬'의 중요성이 커지고 있는 점[33]이었다. "좋은 개발자는 어떤 사람이냐?"라는 질문에 답한 17명의 인터뷰 참여자 중에서 16명이 '커뮤니케이션 능력'을 갖춘, 협업 잘하는 개발자를 좋은 개발자로 꼽았다. 이 중 7명은 기술적으로도 뛰어나야 한다는 점을 같이 강조했으나, 기술적인 측면만 말한 사람은 전체 인터뷰 참여자 중 1명뿐이었다.

이때의 '소프트 스킬'은 자기 일에만 몰두하는 것이 아니라 협업하는 사람들에게 일의 진행 및 결과를 잘 설명해 주는 능력, 자기 일을 꼼꼼하게 정리해서 공유 및 보고하는 능력, 동료에게 도움이 되는 기술이나 정보를 공유하는 능력 등이다. 이 능력들은 소통하며 협업을 잘하는 사회적 숙련, 분위기를 부드럽게 만들고 공감해 주는 감성적 능력

등에 해당한다.

인터뷰 참여자 중에서 현재 팀 내에서 프로젝트 매니저를 맡고 있는 D와 J는 '좋은 개발자'의 덕목으로 협업 상대방에게 친절하고 상세하게 설명하는 능력을 특히 더 강조했다. 기술적인 능력technical skills도 중요하기는 하지만 팀워크 상황에서는 그것만으로는 안 되고 협업할 때의 태도와 소통 능력이 요구된다는 것이다.

사례자 D(여성/빅테크/PM) 기획자로서의 개발자를 느끼는 거는, 이분이 어떻게 커뮤니케이션을 하냐가 되게 중요하거든요. 근데 불친절하거나 설명을 눈높이에 맞추지 못한다든지 아니면 자기만의 언어로 얘기하시는 분들이 되게 많으세요. "이렇게 하면 될 것 같아요" 하든지 아니면 "이런 이유로 안 됩니다" 설명을 해주셔야 되는데 그냥 "안 돼요". (설명 듣는 입장에서는) "뭐 어쩌라는 거야?" 이렇게 되는.

사례자 J(여성/전통 대기업/PM) 개발 출신이다 하면 약간 오타쿠 같고, 하루 밤 새우면 이만큼 만들어놓고 그런, 천재처럼 보이는 그런 사람이 많이 있는 것 같아요. 그래서 개발 조직이 개발만 하는 조직이냐, 아니면 전체가 다 있는 조직이냐에 따라서 약간의 편차가 있는데, 아무래도 커뮤니케이션 잘하는 개발자들이 선호 대상인 거는 맞는 것 같아요.

코로나 팬데믹 이후 한층 활성화된 비대면 근무 상황에서 소통 및 협업 능력 측면의 소프트 스킬이 더 중요해진다는 설명도 있었다. 일의 내용과 상황을 세심하게 잘 설명하고, 상대방 감정이 상하지 않게 전달하는 능력이 중요해졌다는 것이다.

사례자 H(남성/빅테크/개발자/기혼) (비대면 근무 상황에서) 확실히 문제 상황이나 해결에 대한 이야기를 글로 쓰는 걸 더 많이 신경 쓰게 돼요. (비대면 상황에서는) 결국 코드를 보고 이해를 해야 된단 말이에요. 그러면 댓글이 엄청 길어져요. 거기서 태도가 되게 중요한 게, (잘못하면) 감정이 상할 수가 있어요. 이모티콘 이런 거 없으면 받아들이는 입장에서는 되게 딱딱하게 느껴진단 말이에요.

소프트 스킬은 남녀 개발자 간의 차이로 설명되기도 했다. 남성들은 대체로 능력을 과시하기 위해 빠르지만 불완전하게 일하는 반면, 여성들은 꼼꼼하고 세심하게 일한다는 것이다.

사례자 G(여성/빅테크/개발자/기혼) 1년 전쯤에 여자분 한 분이 오셨는데, (개발도) 잘한다고 생각하고 있는데 더 잘한다고 느낀 거는 일단 정리를 되게 잘하시고 자기 일정을 잘 챙겨요. 시간보다 먼저 끝내고 남한테 도와주는 것도 되게 잘하시거든요.

다른 한편으로는 여성들은 분위기를 부드럽게 만들어 주는 능력, 즉 사교적이고 감성적인 능력으로서의 소프트 스킬 수준이 높다는 설명들도 다수 보였다.

사례자 H (남성/빅테크/개발자/기혼) 여성 개발자 한 분이 항상 액션에 추임새를 넣는 거예요. 예를 들어 이렇게 클릭하는 데 "뾰로롱" 이래요. 그게 되게 분위기를 편하게 하고. 같은 말을 하더라도 남자가 말하는 건 온도차가 심하니까.

흥미로운 것은 이렇게 소프트 스킬과 그 중요성을 설명하는 진술에서 그 주체로 여성이 등장하는 경우가 적지 않았는데, 그럼에도 이 능력을 여성적인 특징, 또는 여성 개발자의 장점으로 해석하기를 거부하는 현상이 동시에 발견되었다는 점이다. 소프트 스킬에 대한 중요성을 더 인식하게 되면서 이런 능력을 '여성적인 것'이라고 해석하지 않으려는 경향이 생겨나기 시작한 것이라고도 설명할 수 있다. 위에서 동료 여성 개발자의 소프트 스킬을 예로 들었던 H는 바로 이어서 이 능력은 "남자, 여자의 문제"가 아니라는 설명을 덧붙였다.

사례자 H (남성/빅테크/개발자/기혼) 근데, 그 능력이 꼭 남자 여자의 문제라고 생각하지는 않아요. 왜냐면 여자분 중에서도 되게 그냥 무뚝뚝하고 그냥 할 말만 하는 그런 분도 계시거든요. 남자, 여자의 문제는 아닌 것 같아요, 확실히.

비대면 상황에서 소프트 스킬의 중요성을 설명할 때도 이런 양상이 보였다. 이를 여성들의 장점 및 강점으로 해석하지 않으려는 경향을 볼 수 있었다. 전통 대기업 소속인 J는 비대면 상황에서는 일이 어떻게 진행되는지를 잘 전달하는 능력이 중요하다는 설명과 함께, 여성인 자신이 이 능력이 뛰어난 편이라고 답했다. 그러나 이를 '성별의 문제'로는 해석하지 않으려는 태도를 보였다.

사례자 J(여성/전통 대기업/PM) 뭔가 계속 진행하고 있다는 거를 알려줘야 기다리는 입장에서는 안심할 수가 있는데, 안심시켜주지 않으면 마이너스가 되죠.〔그런 것들은 성별의 문제는 아닌가요?〕저희 팀 같은 경우에는 여자를 볼 수가 없어서. 비교군이 없어가지고. 지금 현재 상황에서는 잘 모르겠어요. 보고를 제가 잘하긴 해요.

비공식 관계의 작동과 젠더 편향 강화

마지막으로 강조될 만한 이번 조사의 발견은 조직 내에서 작동하는 비공식 관계가 젠더적으로 해석될 수 있다는 점이었다. 리더들이 친밀한 사람에게 주요 업무를 배정할 때, 또는 프로젝트 및 업무 모듈을 친밀도에 따라 구성할 때 여성 개발자들이 배제되는 상황들이 드러났다. 비공식적인 관계는 남성 지배적 문화를 더 공고히 하고 젠더 및 자녀 양육자에 대한 배제를 야기하고 있었다.

다만 앞에서의 젠더 관련 모순적 서술들과 같은 맥락으로, 비공식 관계에 대해서도 이 점을 명시적으로 설명하기보다는 답변 도중에 조심스럽게 자신의 모순적 인식을 인정하는 태도가 자주 보였다. 연구에 참여한 K는 팀에서의 성과 평가가 '일의 양'과 같은 공식적 기준으로 이뤄진다고 하면서도, 팀장에 따라 다르다면서 "아부하는 사람 위주"로 돌아가는 팀도 있다는 식으로 비공식 관계의 작동을 인정했다.

> **사례자 K**(여성/전통 대기업/개발자) (성과 평가는) 일의 양이나 그런 걸로 하는 게 맞고요. 근데 팀장님에 따라서는 코딩을 놓고 더 이상 공부하실 생각이 없는 분도 계시다 보니까, 제가 조금 느끼기에는 아부하는 사람 위주로 돌아가는 것 같다….

인터뷰 참여자 중에서 비교적 적극적으로 작업 조직 내의 여성 배제 현상을 설명했던 E는, 스스로 남녀를 차별하지 않는다고 여기면서도 자신의 일을 꼭 나눠야 할 때는 남성에게 주는 팀장의 사례를 전하면서 "뭔가 좀 우리가 불편하든가 아니면 못 믿거나"라고 이유를 짐작했다. 즉 남성인 팀장이 남성 직원을 상대적으로 편하게 여기는 점이 업무 배분 과정에 영향을 미치고 있는 것이다.

> **사례자 E**(여성/중견기업/개발자/기혼) 팀장님이 최대한 의식적으로 '나는 남녀차별주의자가 아니다'라는 걸 보여주고 싶어해요. 하지만 여전히 혼자 일을 다 싸매고 우리한테 주지 않아요. (…) 처음에는 우리를 배려해서 그런가 보다

191

했는데 어느 순간 보니까 남자 직원한테 주더라고요. 뭔가 좀 우리가 불편하든가 아니면 못 믿거나 그런 게 아닐까 생각이 들더라고요.

조직 위계에 따른 비공식 관계뿐 아니라, 프로젝트 및 모듈과 같은 수평적 업무 단위에서의 비공식 관계도 젠더화된 일 조직과 경력 구축에 직접적인 영향을 미친다. 친한 사람 위주로 자연스럽게 구성되는 프로젝트 또는 모듈에서 여성들이 소외되는 현상이 대표적이다. 한 연구 참여자는 '주류가 남성'이기 때문이라고 이유를 설명했다.

사례자 L(여성/전통 대기업/개발자/기혼) 한 프로젝트에 여러 모듈이 있는데, 자기랑 친한 사람을 그 모듈로 데려오려고 하더라고요. [그럼 팀 내에서 같이 하는 그룹은 주로 남성들이신가요? 아니면 성별에 상관없이?] 남성분들이신 것 같아요. 주류가 남성이고 여자분들이 한두 명씩 끼는 그런 느낌.

비공식 관계 역시 예전에 비해 증가한 비대면 근무 상황에 영향을 받고 있었다. 다만 인터뷰 참여자들의 설명은 양쪽으로 나뉘었다. 비대면 근무 환경에서 비공식 관계가 강해진다는 의견과 약해진다는 의견이 모두 나타난 것이다. 강해진다는 의견은 정보 비대칭으로 리더와의 친밀함이 더 중요해진다는 이유 때문이었다. 이는 비대면 근무 체제하에서도 리더들이 주로 출근하는 경향이 있기 때문에 사무실에 나와 있는 사람과의 친밀도가 상대적으로 높아질 수 있다는 설명, 팀원들이 모두 비대면인 상황에서는 리더가 쉽게 전화 등으로 연락할 수 있는 사람과 친밀도가 높아진다는 설명 등이 있었다.

의식적·무의식적 실천들을 넘어

이상 18명의 인터뷰를 통해서 확인한 바를 정리하면 다음과 같다. 첫째, IT 개발자의 작업 조직에 남성 지배적 문화가 존재하며 이를 강화하는 기제로서 능력주의 규범에 주목할 필요가 있다. 이 두 가지 요소가 교차됨으로써 남성에 비해 여성 개발자들이 기술 측면에서 뒤떨어지고,[34] 열정이 부족하다[35]는 젠더 스테레오타입이 재생산되고 있다. 능력주의 원칙에 기반해 작동한다고 여겨지는 인사 배치 및 보상 시스템은 남성적 규범과 젠더 스테레오타입의 상호작용 속에서 여성들을 주요 업무·좋은 평가로부터 체계적으로, 그러나 비가시적으로 소외시킴으로써 젠더 차별에 기여할 수 있게 된다.

여기서 주목할 만한 점은, 차별이 작동하는 여러 기제들을 묘사한 인터뷰 참여자들조차도 자신이 속한 조직에 남녀 차별이 없다고 강조하고 있다는 점이었다. 능력주의 규범이 강한 상황에서 소수자들이 비능력주의적 양상도 능력주의에 기반해 적극적으로 해석하게 된다는 기존 연구[36]의 결과를 여기서도 확인할 수 있었다.

둘째, IT 개발자의 작업조직에서 '비공식 관계'가 작동함으로써 젠더 관계에 영향을 미친다는 점[37]이다. 인터뷰를 통해 드러났듯, 이런 비공식 관계는 남성 개발자들이 리더 역할을 맡게 되는 남성 지배적 조직 내에서 여성들이 주요 업무를 맡거나 공정하게 평가받기 어렵게 만든다. 여성 참여자들은 그런 상황을 전하면서도 "적극성이 부족해서" 그렇다며 자신을 탓하는 모습을 보였다. 너무 적극적으로 의견을 제시하거나 성과를 어필하면 '독하다' '성격이 나쁘다'며 부정적으로 인식되는[38] 상황하에 있다는 점을 드러내기도 했다.

IT 개발자는 최근 디지털 전환 과정에서 양적·질적으로 가장 급격히 부상하는 일자리다. 세속적 성공과는 무관한 구루guru에 대한 개발자들의 인정·존경, 문제를 해결하거나 독창적 개발을 위해 외골수처럼 빠져드는 개발자에 대한 신화적 이미지·정체성은 남성을 중심으로 독특한 개발자 문화를 형성하고 재생산해왔다.

그러나 한층 복잡해지고 규모가 커지는 산업 환경, 갈수록 융합이 대세가 되는 업무 환경 속에서 기존의 개발자 정체성은 수명을 다했다. 그보다는 개발자의 일에서 '사회적' 요소가 한층 중요해지고 있다.[39] 개발자들 스스로도 개발자의 핵심 역량 중 기술적인 능력보다 의사소통과 설득 능력 등을 포함하는 소프트 스킬을 강조하고 있다. 대부분의 인터뷰 참여자들은 '기술적인' 능력은 기본이지만, 그 위에 소프트 스킬을 탑재하지 않고는 성공적인 업무 수행이 불가능하다는 것을 언급했다. 다만 주목해야 할 것은 이런 소프트 스킬을 여성적 역량으로부터 분리하려는 시도들이다. '여성적인 것'으로 생각되는 것이 조직 내에서 평가받기 어려운 문화는 지속되고 있으며, 개발자들은 기존에 여성적인 것으로 인정받던 능력에 대한 재구성을 의식적·무의식적으로 실천하고 있다. 이는 핵심 역량의 탈여성화·탈젠더화 움직임이라고 해석할 수 있다.

이 연구는 기존 젠더 질서에 의미 있는 변화를 가져올 수 있는 사회 혹은 시장 상황의 변화 속에서 젠더 관계를 유지하려는 조직 내부의 힘과 메커니즘을 구체적으로 들여다보려는 시도였다. 즉 노동자들의 조직 경험과 일의 과정에서 작동시키고 있는 규범, 그리고 규범과 행위의 역동적 변화 양상을 통해 젠더질서가 어떻게 유지되고 변화하는지를 구체적으로 살펴보았다. 이 과정에서 젠더적 성격으로 환원될 수 없는 규범인 능력주의를 통해 오히려 젠더를 강화하는 실천, 그리고 기존에 여성에게 더 높은 역량으로 인식되던 소프트 스킬을 탈젠더화함으로써 기존 질서를 강화하는 의식적·무의식적 실천을 관찰할 수 있었다. 이러한 인식과 행위성은 비단 남성에 국한되지 않고 직업 정체성을 내재함으로써 해당 커뮤니티의 일원으로 인정받고자 하는 소수자 여성에 의해서도 재현된다는 점이 특기할 만한 것이었다.

이 연구가 밝힌 내용은 업계 외부인에게는 물론, 현장에서 일하는 IT 개발자들에게도 낯설게 읽힐 수 있다. 매일 바쁘게 일하며 살아가는 개인들로서는 자신이 속한 구조와 그 영향을 명확하게 인지하기 어렵기 때문이다. 젠더 장벽을 넘으려 고군분투해온 여성들로서는 자신의 생각과 행동 또한 어느 정도 이 구조에 기여해왔다는 사실에 놀랄 수도 있겠다. 그렇지만 이것이 개인들의 책임은 아니다. 앞서 설명한 여러 연구들이 밝혔듯이, 산업 및 직업이 부상할 때마다 이를 남성화하려는 기제는 역사 이래 계속 작동해왔기 때문이다.

최근 한국의 초저 출산률에 대해 "대한민국 완전히 망했네요!"라고 언급한 일로 유명해진 미국 페미니스트 법학자 조앤 윌리엄스는 법적 차별을 다뤄온 학자임에도 지난 20여 년 동안 이공계 학문 분야와 여러 산업부문의 직장 내 성 편견이 여성의 행위와 불평등에 미치는 영향을 탐구해왔다. 차별이 발생하는 바로 그 현장, 그 안에서 작동하는 관계와 규범에 의한 차별 실태를 정확하게 알아야 제도적 대응도 가능하다는 전제에 따른 것이다.

지난 30여 년간 한국에도 성별 및 돌봄 역할에 따른 조직 내 차별을 규제하는 다양한 법과 제도, 정책이 도입되었다. 그러나 선진적 제도를 들여와도 막상 조직 내에서의 적용은 제대로 되지 않는다는 지적도 계속되어왔다. 이 연구가 고찰한 IT 산업 내 조직들은 또 다른 차원의 문제를 제기한다. 기존의 가부장적이고 위계적인 규범을 거부하고 새로운 규범을 장착한 조직들에서도 성차별과 불평등이 여전히 재현되고 있다는 점이다. 이 연구는 탈젠더적 시장주의 규범 속에 녹아든 비가시적이고 미묘한 차별에 의한 젠더 불평등이 어떻게 재생산되는지의 일면을 기술했다. 이는 다변화되고 있는 젠더 차별과 불평등을 선진적 법·제도 도입만으로, 또는 개인들의 고군분투만으로 온전히 대응할 수 없다는 점을 암시한다. 더 구체적으로 조직 내부를 탐색하는 연구들이 나와야 할 것이고, 조직 구성원들에게도 이런 기제와 현상들이 더 알려지기를 바란다.

◆ 3장 ◆

디지털 시대의
페미니스트-연구자 되기

페미니스트 연구 웹진
〈Fwd〉 활동을 중심으로

김미현

✱ 이 글은 한국여성학회 2024년 춘계 학술대회의 발표 원고인
〈여성청년페미니스트 세대의 연구자 되기와 여성주의적
지식생산〉(김미현, 《한국여성학》 40권 1호, 35~65쪽)을 수정·보완한
것이다.

지금으로부터 10여 년 전인 2015년, '김 군'이라 불린 남학생이 트위터(현 X)에 페미니스트가 싫다는 글을 남기고 테러단체 IS에 가담했다는 소식이 파다히 퍼졌다. 곧이어 문화평론가 김태훈은 "IS보다 무뇌아적 페미니즘이 더 위험해요"라는 제목의 잡지 칼럼에서 '페미니즘이 일베·김 군과 같은 문제를 만들어냈다'는 요지의 글을 게재했다. 어쩌면 페미니즘에 대한 편견을 드러내는 정도로 마무리될 수 있었던 일련의 일은, 해당 칼럼에 대한 반발에서 비롯된 #나는_페미니스트입니다 운동으로 이어지며 페미니즘 대중화의 서막을 장식하게 되었다. 그 후 변화의 움직임은 '메갈리아'라는 온라인 커뮤니티의 탄생, #○○계_내_성폭력 해시태그 운동, 2016년 강남역 여성살해 사건 이후 강남역 10번출구 앞 추모 집회, 비동의 피해촬영물 공유와 성폭력 모의 온상지였던 사이트 '소라넷' 폐지 요구, 2017년 정부의 '가임기 여성지도' 제작에 반대한 여성들의 낙태죄 폐지 시위로 이어졌다. 이듬해인 2018년, 사회 곳곳에서 '미투'가 외쳐졌고 불법촬영 반대 집회(이른바 혜화역 시위)에 누적 25만 명의 사람들이 결집했다. 페미니즘의 파도가 사회를 휩쓸었다.

이와 같은 페미니즘 대중화를 지칭하는 대표적인 표현

중 하나는 '페미니즘 리부트'이다. 손희정은 2015년 #나는_페미니스트입니다 운동과 메르스 갤러리의 등장을 목도하며, 시리즈의 기본 설정만을 남겨둔 채 새롭게 재구성한다는 의미의 용어 '리부트reboot'를 차용해 "페미니즘이 리부트 되었다"라고 진단했다.[1] 페미니즘 대중화의 여러 특징 중 하나는 바로 디지털을 통한 의제 및 실천의 확장이다. 트위터(현 X)·페이스북 등의 소셜 미디어와 여성 커뮤니티 등에서 페미니즘 의제가 생산되고 증폭되었으며, 혜화역 시위와 같이 디지털 공간에서의 네트워크가 오프라인으로 확장되어 실천을 이끌어냈다. 디지털 공간과 기술은 빠른 의제 확산과 결집, 공간적 거리감을 넘어선 네트워크와 연대를 가능케 했다.

그러나 이 글의 목적은 디지털 페미니즘을 설명하거나 예찬하는 것에 있지 않다. 오히려 이 글은 디지털 공간에서의 페미니즘 이슈 생산과 확산의 방식을 다시 비판적으로 점검하는 데 주안점을 둔다. 페미니즘은 성차에 기반한 차별의 종식과 성별화된 사회 구조의 변화를 목표로 하는 실천이자 이론이다. 이때 이론은 선언으로만 성립되지 않으며, 구체적인 근거와 지식을 필요로 한다. 페미니즘 대중화 시기에도 페미니즘 운동·이슈가 확산되며 필연적으로 대중적 차원에서 이에 대한 정보·경험들이 지식의 형태로 유통되었다. 그렇다면 페미니즘 대중화는 페미니즘 지식의 대중화로 이어졌는가? 페미니즘 대중화는 지식 생산의 관점에서 어떻게 바라볼 수 있을까?

나는 이와 같은 파도 속에서 강남역 여성살인 사건을

기점으로 페미니스트 활동가가 되었다. 현재는 대학원에서 여성학을 공부하고 여성운동 필드에서 활동하는 연구활동가이자, 온라인 공간을 기점으로 삼아 여성주의적 지식 생산을 모색하는 페미니스트 연구웹진 〈Fwd(포워드)〉의 필진이다. 〈Fwd〉는 온라인에서 페미니즘에 대한 단편적인 지식이 유통되는 것을 넘어 대안적인 공론장과 지식공동체가 형성되기를 바라며 2019년에 창간되었다. 이후 지속적으로 구성원들이 유입되며 규모가 확장했고, 현재 여성학·문화인류학·사학·문학·교육학 등을 베이스로 삼은 20~30대 청년 연구자들이 함께하고 있다. Fwd라는 특정한 집단이 여성청년페미니스트 세대의 연구자를 대표할 수 없으나, 이들이 온·오프라인을 통해 페미니스트/연구자가 된 과정과 웹진으로 대중과 만나고자 했던 시도를 돌아보면 지난 10년간 여성학의 언어·지식들이 학계 안팎에서 어떠한 파장을 만들어냈는지를 보여줄 수 있으리라 생각한다.

제도적 학문으로서의 여성학

한국에서 여성학은 1970년 중반 제도적인 학문 분야로 등장했다. 1977년 이화여자대학교에서 여성학 교과목이 학부에 개설되었고, 1987년 이후에는 총여학생회를 중심으로 한 여학생들의 요구에 힘입어 많은 대학에서 여성학이 학부의 교양과목 중 하나로 개설되었다. 1990년대에는 이화여대·계명대에 여성학 전공이 신설되었다.[2] 2000년대

부산대·서강대 등에서 여성학 석사·박사 과정이 수립되며 독립된 학문분과로서 제도의 일부로 자리매김하는 듯 보였지만, 이와 동시에 '여성학의 위기' 담론이 등장하기 시작했다.[3] 곧이어 대학이 신자유주의적 시장 질서의 일부가 되며 2000년대 후반부터 여성학 전공이 사라지고 교양과목이 감소하는 위기를 맞았다.[4]

이러한 변화는 대학을 중심으로 한 당시 페미니즘 운동이 침체된 것과 궤를 같이했다. 1990년대부터 2000년대까지 이른바 영페미니스트 운동 속에서 섹슈얼리티 담론의 폭발·성문화 운동·반反성폭력 자치규약 제정 운동 등 대학 내에서도 반성폭력 운동이 활발하게 이루어졌다. 페미니즘 대중화 시기에 확산되었던 '피해자 중심주의' '2차 가해' 등의 개념은 이미 영페미니스트 운동 시기의 대학·시민사회운동 분야에서 성폭력에 대한 공동체적 해결을 모색하며 고안하고 활용해온 언어들이다. 그러나 대학이 급속도로 탈정치화되며 대학 안팎의 영페미니스트 운동 또한 침체기를 맞았다. '페미니즘 리부트'로 표상되는 2010년대 중반 페미니즘 대중화는 바로 이러한 여성학의 위기, 여성운동의 침체기 속에서 등장했다.

손희정은 페미니즘 리부트가 "신자유주의 시대의 포스트-페미니즘이라는 판타지의 실패"라는 현실에서 탄생한 것이라고 설명한다.[5] 포스트페미니즘은 페미니즘의 정치적 목표가 이미 달성되었다는 전제하에 여성 개별의 선택을 통한 신자유주의적 성공을 추동하는 흐름이다. 예컨대 '성공한 여성들의 삶과 연애' 등을 다룬 대중소설·드라마,

'직장에 성공적으로 안착하려면 '여성성'을 관리해야 한다'고 충고했던 자기계발서가 유행한 흐름이 대표적이다. 한국에서도 2000년대 중반 이후 젊은 여성들을 대상으로 한 자기계발서가 유행하고, '알파걸'로 표상되는 고학력 여성들의 성공 서사가 부상했다.[6] 그러나 현실의 여성들은 공적 영역에서는 유리천장과 유리절벽을 마주하고 살아남기 위해 '각자도생'하는 한편, 사적 영역에서는 여성혐오를 기반으로 한 남성 중심 놀이문화·성적 폭력과 이성애 중심적인 삶의 각본 속에서 좌절하고 있었다.[7] 이미 '성평등이 달성되었다'는 믿음의 배신에서 오는 낙망, 폭력과 혐오에 대한 경험이 축적되는 데에서 오는 안전에 대한 욕구는 이후 대중화 시기에 당시 여성청년세대에게 인식론적 전환의 계기를 제공했다.

디지털 네이티브 세대의 페미니스트 되기

이때 새롭게 부상한 페미니즘의 중심적인 공론장은 디지털 네트워크였다. 사람들은 익명성에 기반한 '여성' 커뮤니티·네트워크 속에서, 해시태그를 통해 관심사와 정체성을 공유하고 성폭력 말하기speak-out를 이어나갔다. 페미니즘 이슈와 정보를 습득하는 창구들에 따라 페미니스트를 분류하는 '트페미(트위터 페미니스트)' '페페미(페이스북 페미니스트)' '메갈페미(메갈리안 페미니스트)'와 같은 용어들이 회자되기도 했다.

Fwd 구성원의 상당수는 이러한 대중화의 물결 속에서

페미니즘을 접한 이들이다. 교수 성폭력이나 '단톡방 성희롱' 사건과 같은 대학에서의 성폭력 사건을 경유하며 오프라인에서 페미니스트로서의 감각을 체화하는 한편, 메갈리아와 같은 커뮤니티와 해시태그 운동에 참여자나 적극적인 관찰자로서의 경험을 지니고 여성학 혹은 여성주의적 지식 생산의 과정을 시작했다. 여성학 연구자 오혜민은 여성 청년 페미니스트들이 강남역 여성혐오 살인 사건 등의 사회적 사건 그리고 각자 삶에서 성별 불평등을 마주하며 인식론적 전환을 모색하게 되었다고 설명한다. Fwd의 많은 구성원들이 대학원에 진학하거나 Fwd로 모이게 된 것 또한 이러한 궤적의 일부로 볼 수 있다.[8] 다만 기존에 대학원에 관심을 지니고 있었거나, 혹은 대중 강의나 대중의 장에서의 언어를 익히는 것과는 다른 무언가를 희망하여 학계에 진입하거나, 학계에 들어온 후 페미니스트로서의 '전환'을 맞이하고 동료를 찾아 나선 것이다.

"그렇기 때문에 페미니스트 연구 웹진 〈Fwd〉는 온라인 공론장에서 구체화된 문제의식을 가진 소위 '메갈 세대 페미니스트'들이 온라인 페미니즘 담론을 붙잡아 이를 의미 있는 논의 주제로 다루기 위해 2019년 4월에 시작되었다. 시작한 필진들이 넷페미니스트였던 만큼, 온라인 페미니즘 담론이 흩어져 사라져버리거나 담론이 한 측면만 부각되어 단순하게 해석되는 것에 대한 답답함을 '웹진'이라는 새로운 담론 공간을 통해 풀어나가고자 했다."[9]

2021년 제주대 학술대회에서 〈Fwd〉 필진들은 위와 같이 웹진 시작의 맥락을 밝힌다. 페미니즘 대중화를 거치며 넷페미의 정체성을 일정 부분 지니고 있었지만, 제도권에서 학문의 계보를 익히고 이어나가고 있었던 Fwd의 초기 멤버들이 온라인 페미니즘에 대한 말 걸기를 시작한 것은 당연한 수순일 수 있다.

온라인 공간에서 편향된 견해가 '지식'이 되기까지

2015년 사람들이 '#나는_페미니스트입니다'를 외치며 '페미니스트'로서의 하나 됨을 느꼈지만, 강남역 여성살인 사건을 비롯한 이후의 사건에서는 피해자로서의 여성에 대한 동일시로 조금씩 초점이 옮겨갔다. 강남역 사건의 포스트잇 중 하나였던 "(여성인 나는) 우연히 살아남았다"라는 문구는 수많은 여성폭력과 페미사이드femicide 속에서 살아남은 '여성'에 대한 동일시를 내포한다. 이는 곧 '생물학적 여성'에 대한 동일시로 환원되었고, '생물학적 여성'의 이슈를 다루는 페미니즘이냐 아니냐를 두고 팽팽하게 대립되는 구도로 굳혀졌다. 이른바 '(한국형) 래디컬 페미니즘'과 '교차페미'로 양분된 것이었다. '생물학적 여성'의 이슈만을 다뤄야 한다는 목소리가 '급진radical'의 자리를 선점했고, 그에 비판하거나 '여성'을 벗어난 페미니즘 이슈를 말하고자 하는 이들은 '교차페미'로 분류되었다.

'교차페미'에게는 '쓰까(쓰까 페미)'라는 멸칭이 붙곤 하였는데, 이러한 라벨링은 교차성intersectionality이 단순히 여러 의제를 뒤섞는 것으로 잘못 독해되었음을 보여준다. 교차성은 흑인 페미니즘 사상에 기반을 두고 있는 페미니즘의 주요한 개념틀 중 하나로서 한데 뒤섞여 이야기되는 여성의 다층적이고 복합적인 위치를 설명하는 것이기 때문에 '쓰까'에서의 맥락과 반대에 가깝다. 즉 교차성은 성별을 계급·인종과 같은 다른 사회적 범주들과 뒤섞고자 하는 것이 아니라, 하나의 기표로 뭉쳐져 있는 여성이라는 범주를 것을 분리해나가면서 여성들 간의 차이와 위계를 보기 위한 도구이다. 그러나 이러한 실제 개념과는 달리 소셜 미디어와 온라인 커뮤니티에서 교차성은 '여성 의제'에 다른 것을 '끼워팔기' 하거나 논점을 흐리기 위한 도구인 것처럼 다루어졌고, '래디컬 페미니스트'가 아닌 사람들은 '교차페미'로 분류되곤 했다.

다른 한편에서는 안티페미니스트의 설전이 벌어졌다. 나무위키의 '젠더 이퀄리즘gender equalism'에 대한 논쟁이 대표적이다. 일부 나무위키 유저들이 서구의 '페미니스트'들이 '성평등gender equality'이라는 용어를 사용하는 것을 왜곡해 '페미니즘'이 아닌 '젠더 이퀄리즘'이 최신의 정확한 용어라는 식으로 위키를 작성한 것이다. 관련 논쟁은 (2024년 현재) 나무위키에 '나무위키 성 평등주의 날조 사건'으로 정리되어 있지만, 여전히 나무위키의 '페미니즘' 항목은 "트페미들은 어떻게든 자기들의 생활을 합리화시킬려고 페미니즘을 고충 해소로 여기는 방구석 히키코모리들"과 같이 편견과 차별이 가득한 거짓된 설명으로 뒤덮여 있다. 이와 유사하게 서구의 여성학자들을 오용하여

'한국 페미니즘'을 비난한 《그 페미니즘은 틀렸다》와 같은 저서가 발간되고, 당시 팟캐스트 청취율 1순위였던 '김어준의 뉴스공장'에 저자가 초대되기도 했다. 여성학적 지식의 단절을 배경 삼아 다른 방식으로 여성주의 지식을 오염시켰던 당시의 양상을 보여주는 단면이다.

조심스럽게 말하자면 일부 '래디컬 페미니스트'들의 양태와 안티페미니스트 백래시 세력의 '한국형 페미니즘'에 대한 논리구조는 A와 A가 아닌 것(not A)으로 구분하는 이분법적 사고를 전제한다는 점에서 일맥상통한다. 앞서 설명했듯이 '래디컬 대 교차페미'라는 구분에서 '교차페미'는 교차성을 중시한 페미니즘의 갈래를 의미하지 않음에도 '래디컬'과 다른 논리를 펼치는 이들은 모두 '교차페미'로 분류되었다. 탈코르셋에 대한 논쟁이 한창일 당시에도 이들은 '탈코룩'과 '코르셋룩'을 구분하고 리스트업 하기 시작했다.[10] 마찬가지로 백래시 세력들은 '진짜' 페미니즘과 '가짜(진짜가 아닌)' 페미니즘에 대한 이분법을 잣대로 내밀었다. 이분법적 사고는 보편 인간인 남성(A)과 남성이 아닌(not A) 여성을 구분하는 방식이며, 둘 사이의 무수한 차이를 은폐하고 이분법 바깥 세계에 대한 상상력을 차단한다.

이때 디지털 공간은 유사한 정치적 지향·계급·문화·관심사를 지닌 사람들의 네트워크와 커뮤니티를 제공하고, 동질적인 장 내에서 정보를 주고받을 수 있는 기회를 제공한다. 우리는 디지털 공간에서 나와 관심사·취향이 맞는 사람들을 팔로우하고, 정치 성향과 부합하는 뉴스들을 구독하고, 비슷한 의견이 공유되는 커뮤니티에서 소식을 접하고 의견을 구한다. 이렇듯 나와 유사한 견해와 감정을 주고받으며 기존의 편향이 강화되기 쉽다. 그 안에서 확증편향이 심화되는 것이다.

이는 '가짜뉴스'가 쉽게 유통될 수 있는 배경이기도 하다. 자신의 취향과 지향에 맞는 트윗·게시글·뉴스는 별도의 반박이나 검증 과정 없이 손쉽게 '팩트'나 새로운 '지식'으로 간주되어 공유된다. 또한 디지털 공간, 특히 커뮤니티를 찾는 사람들은 주로 유희와 편안함을 추구하기 때문에 사실 여부보다 그것이 얼마나 개인적인 취향과 유머 코드, 혹은 그 커뮤니티의 문법에 부합하는지가 더 우선시되기도 한다. 나무위키에서 페미니즘에 대한 잘못된 정보나 편견으로 점철된 서술이 통용될 수 있는 것은 이미 참여자들이 편향되어 있으며 혐오에 기반한 주관적인 서술들이 그들의 문화로 굳어져 있기 때문이다.[11]

페미니스트의 도구로서의 '지식'

여성학에서 지식은 매우 중요한 위치를 차지한다. 모든 억압과 차별은 그것을 정당화하는 지식에 의해 뒷받침된다. 여성이 남성에 비해 열등하다는 문장이 당연했을 때, 그것을 뒷받침하는 것 또한 '과학적 지식'이었다. '생물학적 여성'이라는 용어가 강조하는 '생물학' 또한 실상 가부장제에서 만들어낸 학문 분야 중 하나일 뿐이다. 일례로, 여성의 평균적인 뇌의 부피와 질량이 남성에 비해 적다는 '사실'이 여성의 지적 능력의 부족이나 열등함을 나타내는 지표로 뒷받침되었다.

하지만 모든 '사실'이 '진실'을 의미하는 것은 아니다. 뇌의 크기와 무게가 지적 능력을 나타낸다면, 인간은 코끼리보다 지적으로 열등할지도 모른다. 실제로 체중에서 뇌가 차지하는 비율을 비교하였을 때에는 여성이 남성보다 신체에서 뇌가 차지하는 비율이 더 큰 것으로 나타난다.[12] 이렇듯 페미니스트들은 여성이 지식·역사·상징의 형성 과정에서 배제된 것이 가부장제의 시초였음을 밝히고 기존 지식의 객관성에 질문을 던지며 여성주의 인식론을 발전시켜왔다.[13] 페미니즘은 기존의 지식에 균열을 내고 새로운 앎을 만들어가는 과정을 실천적 도구로 활용해왔던 것이다.

그러나 페미니즘이 디지털 공간을 통해 급격하게 확산되는 과정에서 페미니즘 지식은 단편적이고 토막난 채로 유통되었다. 대표적인 것이 '젠더' 개념이 여성의 실재를 부인하고 '트랜스 젠더리즘'을 옹호하기 위해 만들어진 것이라는 주장이다. 젠더는 1960년대 성과학과 심리학 분야에서 해부학적 특성인 성$_{sex}$과 스스로 규정하는 성 정체성으로서의 성$_{gender}$을 구분하기 위해 사용한 용어였지만, 페미니즘에서 젠더는 '성 정체성'만을 의미하는 것은 아니다. 젠더는 성별 간 차이에 기반한 권력 구조를 만들어내기 위한 장치로서, 자연인 것처럼 간주되는 성별 질서를 분석하고 비판할 수 있는 가장 기초적인 틀을 제공한다.[14] 하지만 앞서 언급한 이른바 대립적 페미니즘 구도 속에서 언제부턴가 "젠더론 안 사요"와 같은 표현이 소셜미디어에서 떠돌기 시작했고, "젠더는 해롭다"라고 선언하는 책이 출판되기에 이르렀다.[*] 등장 자체도 당시 트랜스젠더에 대한 혐오에 기반한 것이었으며, 이를 뒷받침하는 책의 출판과 '반젠더론(?)'은 다시금 트랜스젠더 혐오를 부추겼고, MTF male to female 학생이 숙명여대에 입학하는 것을 거부하는 움직임으로 나타났다.

'넷페미'의 정체성을 지니고 있으면서도 이와 같은 페미니즘 지식의 오용을 우려하던 Fwd의 초기 구성원들은 온라인 공론장의 당대 화두를 녹여내 '백래시'를 첫 번째 주제로 기획했다. 당시 넷페미들의 가장 뜨거운 감자였던 '탈코르셋' 실천의 선형적 서사를 비판하고, 여성의 긴 머리가 '단백질 히잡'이라고 비난받는 것에 주목해 연장선에 놓여 있던 '베일'을 둘러싼 정치성을 복기했다. 한국의 페미니즘이 (서구와는 달리) 여성을 사회적 약자로 규정한다는 비논리적 논리에 입각한 오세라비의 책이 일부 남성 인플루언서들을 통해 정당성을 얻는 과정을 비판적으로 분석했고, 당시 가장 선명하게 드러났던 백래시 현상이었던 대학 내 총여학생회 폐지에 대해 다루기도 했다. 이후에도 Fwd는 〈'대리모'를 여성주의적으로 사유하기〉〈쉴라제프

---

[*] 2019년 8월 출판사 열다북스에서 쉴라 제프리스의 《젠더는 해롭다》라는 책이 발간되었다. 위 책에 대한 비판은 페미니스트 연구웹진 Fwd의 글 《쉴라 제프리스의 『젠더는 해롭다』 출간에 부쳐》와 《쉴라 제프리스의 『젠더는 해롭다』 출간에 부쳐: 트랜스젠더리즘은 해롭다?》를 참고하라.

리스의 젠더는 해롭다 출간에 부쳐〉〈트랜스 젠더리즘은
해롭다?〉〈동년배contemporaries의 여성서사 운동〉 등의 글
을 발간하며 넷페미들의 온라인 공론장에서의 논의에 끊
임없이 개입했다.

페미니스트 되기, 페미니스트 연구자 되기

어쩌면 페미니스트가 된다는 것과 연구자가 된다는 것은
유사한 자질을 필요로 하는 것일지도 모른다. 페미니스트
문화연구자 사라 아메드에 따르면, 페미니스트가 되는 것
은 '고집스러운 사람'이 되는 것이다.[15] 페미니스트가 되는
것은 세상에 순응하는 '착한' 여성으로 남기를 거부하고
기꺼이 불행을 자초하고 그 책임을 받아들이는 과정이다.
분위기를 깨는 사람, 이방인, '미친년'으로 분류되는 것을
선택하는 것이다. 연구자가 되는 것 또한 크게 다르지 않
다. 비판적인 학문 분과의 연구자가 된다는 것은 학부 과
정까지 자신이 배웠던 지식이 여전히 경합의 대상이라는
것을 발견하고, 자신이 정립한 논리·서사·주장을 설득하
기 위해 고집스럽게 텍스트를 읽어나가고 현장을 마주하
는 것이다.

물론 모든 페미니스트들이 연구자가 되기를 선택하는
것은 아니다. 하지만 어떤 페미니스트들은 새로운 언어를
찾기 위해, 자신의 고집을 아집으로 남기지 않고 더 풍부
한 언어를 만들어나가기 위해, 혹은 자신의 분노와 불행을
해석하기 위해 연구자가 되기를 선택한다. 그리고 여성과

젠더를 연구 분야로 삼으며 페미니스트 연구자가 되기도 한다.

그러나 직접 경험해보니, 학계에서 페미니스트 연구자가 되는 것은 페미니스트가 된다는 것과는 완전히 질적으로 다른 과정이라고 느끼기도 한다. 석사과정 당시 주변 사람들은 언어를 배우기 위해 대학원에 진학했지만 오히려 '언어가 사라지는' 것 같다고 토로하곤 했다. 참고문헌이 많아지고 언어와 담론의 힘을 접할수록 말과 활자의 날카로움을 배워나가기 때문이다. 개념을 빌려 쓰거나 빗대어 설명할 때마다 스스로를 한 번 더 점검하게 되고, 글에 대한 책임의 무게는 더욱 과중해진다.

석사과정생이 페미니스트 연구자로서 혼란할 때는 여성주의 인식론과 성찰성의 복잡함을 마주할 때이다. '제2의 성'으로서의 위치를 자각하며 느끼는 깨달음, 마치 알을 깨고 나온 듯한 그 감각은, 모든 여성은 동질적이지 않으며 젠더가 독립적으로 작동하지 않고 인종·민족·계층과 같은 다른 범주들과 복잡하게 얽혀 경합을 만들어낸다는 이 세계의 복잡성을 마주하고는 슬그머니 사라진다. 일례로 학부에서 여성철학을 배우며 '버틀러 미만 잡'을 외쳤던 Fwd의 한 구성원은 하나의 이론으로 모든 것을 설명할 수 없다는 지식의 부분성과 이론·현장·실천이 통합되어야 연구가 가능하다는 교훈을 마주하고 공중에 부유하다 '땅으로 내려왔다'.

Fwd의 구성원들이 '넷페미'의 정체성을 지니고 있으면서도 디지털 페미니즘 이슈들에 대한 비판을 전면에 내세웠던 것은 이러한 과정 속에서 스스로의 페미니즘을 성찰한 결과이기도 하다. 페미니스트 연구자 되기를 선택했다는 것이 본래부터 특정한 '진영'이나 '노선'을 가지고 있었음을 의미하지는 않지만 자신이 갖고 있던 기존의 앎을 계속해서 검토해나가는 과정에서 인식론적 전환이 일어난 것이다.

'트페미'에 가까웠던 A는 여성학과에 진학한 이후, 트위터 페미니즘과 학술적 언어 사이 간극에서 혼란의 시기를 보냈다. A는 대학 시절 학내 강간문화에 싸우면서 '래디컬'의 언어에 깊이 몰두해 있었지만, 대학원에서 수업과 세미나에 참여하며 페미니즘이 '래디컬 대 쓰까'와 같은 단순한 구도로 설명될 수 있는 것이 아니라는 것을 배웠다. 트위터에서 배워왔던 것들이 '지식'이 아닌, 비판이 필요한 '주장'이라는 것을 알아가게 되기도 했다. 여성학적 사고를 배운다는 것은 기존의 '사실' 혹은 '진실'의 구성성과 기획성을 인지하고 그 안에 내포된 복잡한 결들을 배우는 과정이기에, 우리는 Fwd 활동을 통해 트위터의 140자로 설명되는 넷페미의 논의를 비판하거나 더 깊이 있게 보기를 열망할 수밖에 없었다.

나의 경우에도 여성학적 배움이 확장되며 스스로를 되돌아보는 시간을 겪었다. 막 '리부트'를 접했을 시절에 나와 몇몇 친구들은 '보지대장부'라는 표현을 종종 사용하곤 했다. 아마도 '사내대장부'의 미러링이었을 이 표현은, 이전까지는 부끄럽고 작게 말해야 할 것 같은 여성 성기를 지칭하는 비속어를 오히려 큰 소리로 '대장부'와 덧붙여 말한다는 점에서 신나게 느껴졌다. 하지만 성적 차이는 자연적인 것이 아니라는 사실과 '생물학'처럼 몸에 대한 '지식'을 바탕으로 구성돼 차별의 밑바탕이 되어온 이론들을 접하자, '생물학적 여성'이 강조되는 것에 대한 부대낌을 겪으며 어느새 사용하지 않는, 사용할 수 없는 표현이 되었다.

'보지대장부'라는 말을 사용하곤 했던 그 시절을 완전히 부정하지는 않는다. 앎은 늘 부분적이며, 맥락적일 수밖에 없다. 페미니스트 과학철학자 도나 해러웨이는 페미니스트 인식론의 하나로 '상황적 지식situated knowledge'이라는 개념을 제시한다.[16] 상황적 지식이란 모든 지식이 인식자가 속한 역사적 맥락과 사회문화적 조건에 위치함situated을 뜻한다. 그래서 지식은 늘 인식자에 체현된embodiment 것이며 인식자의 위치성에 따라 부분성을 지니게 된다. '보지대장부'라는 말은 그때의 나와 친구들에게 '여성의 몸은 음란하다'는, 오랫동안 고착된 몸에 대한 잘못된 인식을 전환하는 데 유용한 말이었을지도 모른다. 나는 그런 말들을 주고받으며 낄낄대던 친구들과 페미니스트 액션 단체 '불꽃페미액션'을 만들었고, 여러 실천들을 통해 브래지어와 제모를 하지 않은 나의 몸을 더 사랑할 수 있었다. 하지만 미러링 어법에 따르면서 생식기로 환원되는 '대문자 여성'을 강조하는 시류에 편승·기여했던 것 또한 부정할 수 없다.

학술지와 에세이 사이에서의 페미니즘 지식 생산

Fwd의 초기 기획은 이와 같은 혼란과 얽어짐을 겪고 있는 구성원들이 안전하면서도 치열하게 사유하는 형태였다. 초기 Fwd의 글은 (글마다 저자가 있지만) 사실상 공동 집필에 가까울 정도로 구성원들이 모든 글을 함께 써 내려갔다. 주제를 선정하고, 다 같이 책을 읽고 세미나 하고, 글이 작성되면 조사와 참고문헌까지 상호 검토했다. 얽어지고 다시 쓰기를 반복하면서 서로를 점검해나가던, 학계 경계에 있던 글쓰기 모임이자 훈련의 장이었던 것이다.

이와 같은 훈련·글쓰기의 목표는 학계 바깥의 청자들을 향해 있었다. 〈Fwd〉에 대한 소개 중 하나는 "학술지와 에세이 사이"라는 것이다. 이 문구는 소셜 미디어에서 각계정주의 거주 지역을 표시하는 칸에 삽입할 말을 떠올리다 고안된 것이었지만, 동시에 Fwd의 지향을 드러내는 것이자 학계 밖에서 페미니스트가 된 후 연구자로 성장하고 있었던 구성원들의 위치를 보여주는 것이라 할 수 있다. 소셜 미디어의 문법에 맞추기 위한 장치가 웹진의 위치성과 정체성을 나타내게 된 것이다. 이러한 슬로건은 스스로 자신이 세워나가는 페미니즘의 언어가 정합성을 갖출 수 있도록 치열하게 고민하되, 누구나 쉽게 접할 수 있는 에세이에 가깝게 말하고 싶었던 열망을 담고 있다. 넷페미로서 온라인상의 논쟁과 사건을 보며 떠오른 고민과 생각들을 학술적으로 배운 지식들을 통해 풀어가고 싶었던 것이다.

창간 후 5년이 지난 2024년 현재, 이들은 모두 석사 과정을 마치고 여성학·사회과학·인문학의 저변에서 여러 경로를 밟으며 페미니스트·연구자·활동가로서의 삶을 이어나가고 있다. 일부는 국내외에서 박사 과정을 밟았거나 준비 중이며, 몇몇은 여성 관련 기관에서 일을 하거나 여성운동 활동가의 길을 걷고 있으며, 또 다른 몇몇은 여성학과 무관한 직장인으로 살면서 페미니스트 연구 활동을 병행할 방법을 고심하고 있기도 하다. 우리는 여성학이나 여성·젠더 연구에 대한 관심사로 모였지만 필드에 따라 각자 분야가 더욱 세분화되면서, 학계에 머물러 있는 이들 또한 지금은 사회학·문학·동아시아학 등 각기 다른 필드에서 배움을 이어가고 있다.

이러한 위치의 변화는 온라인 공론장에서의 말 걸기를 지향했던 Fwd에게는 곤경이 되기도 한다. 첫 번째 곤경은 초기에 전제했던 '학술지와 에세이 사이' 정체성이 조금씩 옅어진다는 것이다. 필자의 레퍼런스가 많을수록 전제하는 논의와 지식의 층이 두터워지고, 글은 점점 길고 두툼해진다. 글 한 편에 2~3페이지 분량으로 가볍게 보게 하자는 초기 의도와는 달리, 점점 더욱 많은 지적인 사고를 요하는 긴 글이 되어가고 있다. 두 번째 곤경은 각자 관심사가 다변화됨에 따라 글의 주제가 계속해서 확장된다는 것이다. 가장 최근의 기획이었던 'Vol.8 현재 없음'은 젠더화된 상속제도부터 장례문화와 동성결혼, 동물권, 저출산까지, '여성주의적' 이슈를 담고 있지만 예전과 달리 단일한 독자층을 전제하는 기획은 아니게 되었다.

구성원들의 위치와 전공이 다변화되는 것은 여성학이 실천학문이자 다학제적multidisciplinary, 간학제적interdisciplinary 학문인 것과 무관하지 않다. 여성학은 기존의 사회학·철학·역사학·생물학· 문학·정신분석학·심리학 등의 학문적 지식들을 비판적으로 검토하며, 지식과 학문체계의 성별성 그리고 분과 체계에 도전하며 발전해왔다. 여성학이 독자적인 학문 분과가 된 이후에도 여성의 삶과 성별에 기반한 사회 구조를 연구하고 대안을 모색하고 여성들이 속한 세계(법·정치·사회·문화·경제 등)를 지속적으로 탐구하는 것이 필수적이다. 여성학은 태동했을 때부터 지금까지 여러 학문들을 융합하거나 학문 간의 경계를 넘나들고 있다. 마찬가지로 '넷페미'에서 시작했던 이들이 자신의 관심사에 따라 세부적인 연구 주제를 선택하고 깊이 있게 탐구하며 페미니즘 지식의 외연을 확장시키는 것 역시 당연한 귀결일 수 있다.

다른 질문, 다음 질문을 찾아서

'학술지와 에세이 사이'에서 디지털 공론장에 다가가고자 했던 Fwd의 시도는 어떤 의미를 지닐까? 웹진은 온라인으로 발행하는 형태를 띠고 있지만, '디지털 시대'의 뉴미디어라기보다는 PC통신매체 등장 이후 계속해서 지속되어온 올드미디어에 가깝다. 바야흐로 '숏츠'와 '밈'의 시대가 아닌가. '꿀팁' 정보와 '요약'된 정보가 짧은 영상으로 편집되어 "30초 안에 알려드릴게요"라고 말하고, 대통령 후보자도 소셜 미디어에 "여성가족부 폐지" 일곱 글자를 남기고 선거에 승리했다.* 오늘날 대부분의 활자화된 디지털 콘텐츠는 모바일 환경에서 몇 번의 스크롤링으로 읽힌다. 대부분의 콘텐츠들은 이에 맞게 글은 간결해지고 많은 이미지를 동반하고 있다. 뉴닉Newneek과 같은 큐레이팅 뉴스레터의 부상은 지식이 더욱더 잘게 쪼개지고 다듬어져 쉽게 소비가 가능한 정보로 유통되는 현실을 드러낸다. 어떤 지식이든 한입에 넣을 수 있어야 '팔리는' 시대에, 길고 구구절절한 인용이 첨가된 웹진 글이 여성주의적 지식을 대중화하고 인식의 전환을 이끌어내는 데 도움이 될까?

여성학에서 중요하게 생각하는 것은 질문의 구성이다. 어떤 질문을 던지느냐에 따라 사건·현상을 바라보는 시각과 답변이 달라지기 때문이다. 짧고 간결하고 속도감 있게 지식을 정보화하고 요약해야 '팔리는' 시대에 어떻게 잘 맞춰나갈 수 있을지를 질문하는 것은, 어쩌면 그 시류와 방식에 여성주의적 지식을 끼워 넣을 수 있는 방법을 찾게 되는 것에 불과할지도 모른다.

하지만 다른 질문을 만들면 다른 답과 세계가 펼쳐진다. 굳이 디지털의 속도와 방식에 맞춰 팔려야 할까? 그것이 페미니스트적 실천을 찾아가는 방법이라고 말할 수 있을까? 그 자리에서 깊이 있게 대안을 탐구하면 어떨까? 페미니스트가 된다는 것은 새로운 앎의 세계로 걸어 들어가

* 관련해서는 Fwd의 글 〈짤방의 정치학〉(리예, Fwd, 2022, https://fwdfeminist.com/2022/04/06/vol-6-2/)을 참고하라.

는 것이며, 앎knowing의 과정은 기존의 인식 체계를 재배열하는 것이기에 필연적으로 균열을 필요로 한다. 균열은 몸에 비유하자면 상처를 내는 것이다. 질문은 그 상처를 만들어내는 정교한 칼과 같고, 지식의 습득은 낯설고 불편하며 때로는 고통스러울 수밖에 없다.

Fwd에는 그런 고통스러운 과정을 기꺼이 밟아가는 사람들이 계속해서 유입되면서 다른 방식으로 페미니즘 지식의 대중화를 모색하고 있다. 넷페미의 정체성을 지닌 구성원들로 시작했지만 점점 더 다양한 이야기들을 엮으며 페미니즘 지식의 저변을 확대해나가고 있다. 한편 Fwd에서는 같이 읽을 만한 석사학위 논문을 찾아 필자를 섭외하고 웹진의 형태에 맞게 내용의 일부 혹은 연구 후기 등을 싣는 작업에 주력하고 있는데, 이 또한 학계와 대중의 경계에서 페미니즘의 언어를 대중화하기 위한 새로운 시도이다. 석사학위 논문은 학술적 장에서는 가치가 승인되지 않기도 하고, 나의 궤적을 돌아봤을 때에도 매우 거칠고 미흡한 논의들이 뒤섞여 있기도 하다. 그럼에도 석사학위 논문은 '페미니스트 연구자'로서 첫발을 뗀 이들이 페미니스트로서 자신의 삶이나 관심사와 가장 밀접한 것들을 짚어내며 새로운 현상이나 장면들을 포착한다는 점에서 유의미하다.

거센 백래시를 거치고 난 오늘날에는 진짜인지 가짜인지를 가리지 않은 채 페미니스트 그 자체가 낙인이 되고 있다. 페미니즘 서적의 판매는 감소했고, 대립 구도로 치열하게 논쟁을 벌이던 페미니스트들도 어디론가 사라져버린 것 같아 보이기도 한다. 그러나 페미니스트 지식 생산은 멈추지 않고 저변을 확장해나가며 계속되고 있다. 〈Fwd〉는 지난해 약 3만 회의 조회 수를 기록했다. 놀랍게도 여전히 많은 사람들이 길고 복잡한 웹진의 글을 읽어나가고 있다. 유입 경로 중 가장 높은 비중을 차지하는 것은 트위터(현 X)이다. 앞서 디지털 공간에서의 페미니즘에 대한 우려와 비판들을 쏟아냈지만 그것만이 디지털 페미니즘의 유일한 양상은 아니다. 다른 질문, 페미니즘 대중화와 백래시 이후의 다음 질문을 찾아 나서는 페미니스트들에게 Fwd의 시도가 참조가 될 수 있기를 고대한다.

◆ 4장 ◆

지역 여성주의 네트워킹을 되짚다

전주시의 페미니즘 리부트 흐름

김혜경

✻ 이 글은 〈'페미니즘 리부트'와 지역 여성운동: 전주시를 중심으로〉(김혜경,《한국여성학》38권 1호, 2022년)를 수정·보완한 것이다.
✻✻ 본문에 등장하는 연구 사례들은 모두 익명화하였다. 단체의 경우 ㄱㄴㄷ 순으로, 연구 참여자의 경우 ABC 순으로 익명 처리 하였다.

한국 사회에서 2015년 즈음 격발한 페미니즘 운동은 디지털 네이티브 세대를 중심으로 해시태그와 미러링 등을 사용하며 페미니스트의 등장을 가시화하고, 여성혐오에 대한 적극적인 반격을 수행하였다. 이러한 양상이 가진 급진성과 이전 시기와 두드러지는 차별성은 '페미니즘 리부트'라는 용어로 불리며,[1] 한국 페미니즘의 새 시대를 해명하고자 하는 다수의 연구물을 생산하였다. 이들이 설명하는 페미니즘 리부트의 행동주의에는 흥미로운 지점들이 적지 않다.

디지털 네이티브 세대인 젊은 여성들은 2016년 '강남역 10번 출구'의 포스트잇 추모나 2018년 '혜화역 시위'와 같이 거리와 광장의 참여를 통해서 공감과 분노, 책임의 공동체로 거듭나게 되었는데,[2] 이들이 보인 공감과 연대의 태도는 '감정이 저항과 시민운동의 원천으로 작용한다'는 사회운동론을 증거하고 있었다.[3] 특히 윤지영은 강남역 여성살인 사건 이후 두드러졌던 '포스트잇' 애도정치는 "'대자보 문화'의 완결적 논리와는 다른 일인저자들의 복수적 글쓰기"를 통해 저항의 새 차원을 열었다고 평가했다.[4] 그리고 이러한 현상은 공감 이상인 "너와 나의 맞붙음, 포개짐을 통해 존재파동을 일으키는 통감痛感"으로,

세월호 사건을 겪으면서 사람들이 느끼고 경험한 것과 유사하다고 보았다.[5] 한편 연구자와 전문가들을 통해 페미니즘을 배우던 이전 세대와는 달리, 이들 새로운 페미니스트는 온라인상에서 페미니즘 정보와 지식을 섭렵하고, 집회에 참여하거나, 페미니즘 출판물 공부·출판에 대한 지원 활동(텀블벅)·대중 강연 참여 등을 통해 적극적인 독서 공중으로 활약하는 등 "페미니스트 독학자"로 부상하는 양상을 띠었다.[6]

그러나 페미니즘 운동의 양상과 그에 대한 해석은 역사적·문화적 상황과 실천 효과의 차이로 인해 동일한 기준으로 평가하기 어렵고,[7] 다양한 실천 양태 중 어느 하나가 당대의 페미니즘 운동을 대표한다고 보기도 어렵다.[8] 이러한 맥락을 고려해 이 글에서는 대도시와 다른 사회경제적 조건과 운동의 역사를 갖는 비서울 지역, 중규모의 도시인 전주 지역에서의 페미니즘 리부트 흐름을 톺아보고자 한다. 구체적으로 지역의 페미니즘 리부트의 발생 계기와 주체의 형성 과정, 이념적 특성, 운동 지속의 기제 및 그 한계를 살펴볼 것이다. 지역은 여성운동의 대중화와 저변 확대, 그리고 여성운동의 구체화 과정에서 중요 범주이기 때문이다.[9] 특히 비서울 호남은 페미니즘 지식 생산의 제도적 기반이 취약해 "여성학의 부재"[10]로까지 언급되는 지역이기에 더 관심을 끈다. 전주는 2024년 현재 인구 65만 명이 되지 않는 중규모의 도시이지만 전라북도의 도청소재지이자 민주화운동, 사회운동의 역사적 전통이 강한 도시이다. 또한 이곳은 필자의 직장 소재지이기도 하고 리

부트 과정을 처음부터 지켜본 현장이어서 연구 대상으로
적합했다. 분석을 위해 2018년 페미니즘 리부트 참여자들
에 대한 심층면접을 주요 방법으로 사용하였다.*

사회운동에서 지역성은 어떻게 고려해야 하는가

사회운동에 대한 연구에서 '지역'은 주변적 주제로 여겨
졌다. "특수 사례로서 과잉 개별화되거나, 보편 논리의 적
용 대상으로서 과잉 일반화되는 편향"을 보인다고 지적되
었다.[11] 혹은 유럽 내에서도 최근 낙태권 운동 연구의 경우
그것은 대도시나 서부 유럽을 중심으로 하며, 여타 소도시
지역은 운동의 부재와 낙후로 획일화되는 경향이 있다고
한다.[12] 이런 점에서 메트로폴리스의 경험을 보편화한 퀴
어의 재현을 비판한 스콧 헤링S. Herring의 "거대도시 중심

---

   *   심층면접의 연구 참여자는 총 8명이다. 전북 지역 대학 페미니즘
리부트의 대표 주자인 ㄱ대학교 페미니즘 네트워크 활동가('대학
활동가 A'), 전주 지역에서 가장 참여 인원이 많고 활발한 여성주의
독서모임 참여자('소모임 참여자 B'), 또 다른 여성주의 소모임
참여자('소모임 참여자 C'), 지역의 여성주의 문화 조직 참여자
2인('소모임 참여자 D·E'), 그리고 비교 대상으로 선정한 페미니즘
리부트 이전부터의 전북 지역 여성주의 활동가 2인('지역 활동가 F·G')
및 서울 지역 리부트 활동가('지역 활동가 H')이다. 인터뷰는 2021년
6월부터 2021년 11월까지 진행되었다. 인터뷰 자료 외에는 리부트
주요 참여자들이 운영하는 인터넷 홈페이지 기사, 지역 여성운동의
산 역사였던 전북여성단체연합의 총회 자료집·소식지 등의 문헌을
분석했으며, 필자가 지도교수로 참여한 지역 독서 소모임에 대한
조사 작업(이하은·남궁승연·박세영·천지원, 2020)과 같은 선행연구
결과를 추가 참고했다.

성metronormativity"과 같은 개념은 소수자 연구에서 대도
시 중심의 과잉 재현이 갖는 문제, 맥락적 분석의 필요성
을 적절히 환기한다.[13]

　그러나 지역은 도시사회학자 하비 몰로치H. Molotch가
언급했던 것처럼 단순히 공간적인 개념만이 아니라, 특정
지리적 위치localities에 구현된 정치적·문화적·사회적 환
경으로서 장소성을 갖는다.[14] 특히 장소places의 의미는 특
정 시기만이 아니라 장기적으로 역사의 시간 속에서 관찰
했을 때 비로소 그곳의 지역 문화와 정치 전통에 뿌리내리
고 있는 복합성·일관성과 맞물리며 발견할 수 있다. 예컨
대 미국 여성운동의 역사에서 뉴욕과 시카고처럼 대조적
이고 대표적인 두 도시의 경우 제2물결 시기동안 이들이
보인 차이**는 19세기 말 제1물결로까지 거슬러 올라갈 수
있으며, 이후 80년간 지속된 경향을 가져서, "'장소'에 기
반한 정치로직의 지속성persistent 'place-based' political logics"***

***

** 　1960년대 제2물결 초창기 뉴욕과 시카고의 여성운동은 "서사
기반의 의식화 vs. 정책 지향의 지역사회 조직화"와 같은 차이를
보이고 있었는데 이것은 당대에 발생한 것이기보다는, 그 이전의
역사적 맥락과 일관성 속에 존재한 현상이라는 것이다. 뉴욕시의
여성운동의 기록물을 보면 19세기 말 이래 여성운동의 제1물결
속에서부터 뉴욕은 아방가르드적이고 보헤미안적인 정신 속에서
개인주의적이고 추상적인 정치 목표를 추구하는 경향을 보였던 반면,
시카고는 집합적인 여성노동자 운동을 중심으로 현실적인 이슈를
발굴하거나 지역을 조직화하며 정부에 대해 구체적인 정책 요구를
제안해온 운동사적 궤적이 있었다(Nelson, 2021).
*** 　여기서 정치 로직(political logics)은 정치토론과 정치행위의
방향을 인도하는 세계관, 즉 세계의 상태를 설명하고 구성하는

을 보여준다.

한국 여성운동사에서도 지역 기반 정치 로직의 지속성을 발견할 수 있는데, 광주·전남 지역의 여성운동을 연구한 안진은 '5월 항쟁'을 거친 광주 지역에 강하게 남아 있는 민주화 운동의 헤게모니가 여성운동·여성주의의 다양한 발전을 오히려 더디게 만드는 역설적인 현상이 발생했다고 시사하였다.[15] 전북 지역 또한 여성운동의 주제와 이슈들은 경제 발전의 소외 지역이라는 점에서 부상한 "지역 발전론"의 명분에 의해서 주변화되어온 경향이 있다.[16] 혹은 소외된 지역민으로서 형성된 저항공동체가 갖는 동질적 지역 정체성은 여성운동이 다른 시민사회 운동과의 차이성과 독립성을 구축하는 데 촉진 요인이기보다는 제한 요인으로 작용했을 것으로 해석되었다.[17]

한편 사회운동 분석의 주요 프레임이었던 '자원'의 문제도 지역에 따라서 다른 해석을 필요로 한다. 최근 폴란드의 소도시에서 전개되었던 낙태권 활동*과 활동가들을

예단적인(presupposed) 관점을 의미한다(Nelson, 2021: 29). 우리나라에서도 장소, 지역 차이의 대표적 호명인 호남과 영남 지역에서의 정치적 투표행위는 거의 무의식적 수준에서 작동된다고까지 할 수 있는 지속성, 집합기억의 분화 현상을 보였다(Ma and Kim, 2015: 104).

* 2015년 선거에서 승리한 폴란드의 보수 정부와 의회는 기존의 낙태금지법을 오히려 강화하려는 개악을 시도했으며, 이에 대해 2016년 10월 3일 전국적으로 여성들 수만 명이 거리로 나가는 역사적인 시위가 발생했다. 그러나 소도시의 저항 형태는 바르샤바에서와 같은 대도시의 형태와는 다르게 진행되었다.

분석했던 한 연구는 기존의 운동론은 물적·인적 자원의 동원 가능성을 중심으로 분석하는 경향이 있어서 자원의 구조적·형식적 조건이 미비한 소도시에서의 운동 경험을 분석하기에는 적절치 않다고 보았다.[18] 예컨대 소도시의 경우 정보 통신 기술과 같은 구조적 수준의 물적 자원보다 친족 관계·이웃 간 네트워크 등과 같은 사회자본과 관계적 수준relational level의 조건들이 분석의 핵심 변수가 될 수 있다는 것이다. 이런 점에서 운동의 전략도 '익명성의 부재'라는 점을 고려해야 하는데, 왜냐하면 시위 현장 어디에서라도 지인들은 존재할 수 있기 때문이다.[19] 비서울 지역의 페미니즘 실천도 이러한 이웃 간 네트워크와 익명성의 문제를 배제할 수 없다. 그러므로 부족한 인적 자원인 여성 관련 조직의 사람들을 진보-보수, 페미니스트-비페미니스트로 전적으로 이분화하는 접근은 지역 여성운동의 실천 과정에서 적절하지 않을 수 있다.[20]

전북 지역 여성 및 여학생 운동의 전사前史 — "황무지"에 불어오는 바람

'페미니즘을 해야겠다!'라고 생각한 그 순간부터 내 주변에 얼마나 많은 페미니즘 단체가 있는지 눈여겨 보았다. 그러나 서울에는 온라인상으로만 보아도 각 대학마다 페미니즘·퀴어 단체가 적어도 하나 이상씩은 있고 활발히 운영되는데 나의 모교에서는⋯(찾을 수가 없었다). '독립군'으로서만 활동하던 나는 어느 순간 굉장히 절실해졌다. 페미니즘을 하면서 '어딘가 의지할 곳'이 필요했고, 그것은 페미니스트로서 성장하기 위한 디딤돌이자, 더 큰 활동을 도모할 정신적 아지트일 것이기 때문이다.[21]

페미니즘 리부트의 주체를 고려할 때 전주 지역에서 가장 눈에 띄는 사례는 대학에서 불어온 페미니즘의 바람이다. 크게 보아 민족민주운동의 가치 아래서 활동하였던 1990년대까지를 제외하면 이후로 전주의 대학 여학생 운동의 역사는 주목을 받을 만한 대목을 발견하기 어렵다. 그러나 2018년 미투 운동을 계기로 전북대학교 등 전주 지역에서도 청년 여성들의 운동이 급속히 확산되었고, 그것은 "황무지"에 불어오는 바람으로 불리기도 했다.*

전반적으로 볼 때 2000년대 이후 2015~2018년의 미투 운동 이전까지 전북 지역에서는 '여성단체연합' 중심의 연합운동, 성폭력·성매매·가정 폭력의 상담소 사업 등을 제외하고는 새로운 여성운동의 경향이 뚜렷이 나타나지는 않았다.** 페미니즘의 가치를 명시화하고 회원 회비로 운영되는 자발적인 시민운동 성격을 띠는 여성단체도, 여학

---

* 여기서 "황무지"라는 표현은 과학기술대 학생들의 여성주의 단체 '페미회로'가 진행한 인터뷰 프로젝트 중, 전북대 미투 운동 참여자에 대한 인터뷰 기사의 제목 "전북대라는 페미니즘 황무지를 갈다"(페미회로, 2019년 10월 12일)에 나타난 것이다.
** 예외적으로 1990년대 중반부터 2010년대 페미니즘 리부트 시기까지 매체 비평 중심의 페미니스트 문화운동을 전개한 '여성다시읽기'가 있다. 이 외에 여성주의 비혼 공동체 '비비'도 지속적으로 활동하였다.

생을 주체로 하는 대학 내 여학생 운동도 찾아보기 힘들다. 1990년대 후반~2000년대 초반의 '영페미니즘' 관련 움직임도 전주 지역에서는 두드러지지 않았다. 이러한 상황은 2017년 무렵까지 지속되었다.

역사적으로 보면 전북의 여학생 운동은 1985년 총학생회의 부활과 함께 '총여학생회'라는 독자 기구로 탄생하였으며, 전북민주여성회와 교류하면서 통일운동·빈민운동·탁아운동 등에서 일익을 담당하였다.[22] 그리고 1990년대 중후반까지도 여학생 운동은 '민민운동(민족민주운동)'으로서의 학생운동의 틀(소위 "운동권 학생회")을 크게 벗어나지 않았으며,[23] 2000년대 초반의 학생회에서도 젠더 평등에 대한 사안은 매우 소극적으로 다루어진 것으로 나타난다.[24] 그러나 공식적 운동 방향성과 여학생 운동의 정체성 사이에는 명시화되지 않은 균열도 있었다. 이미 1991년 전북대학교 총여학생회가 발행한 《여학생신문》 창간호(광주민중항쟁 11년 3월 26일)의 〈만평〉에는 '남학생은 대학 졸업 후 커리어를 추구하는 직선 코스로 나아가는 데 비해, 여학생은 나선형같이 돌고 돌아 가정(주부)을 향해 간다'는 비판적 문제의식이 나타난다. 한편 1990년대 말에서 2000년대 초까지 전북대학교 총여학생회에서는 반성폭력 운동의 일환으로 "학생자치규약" 제정을 시도하기도 했다.[25]

학내 페미니즘 리부트
— "독립군"끼리의 네트워크를 결성하다

"이미 준비된" 페미니스트들의 학내 페미니즘 네트워크

전북 지역 대학 페미니즘 리부트의 대표 주자인 ㄱ대학교에서의 페미니즘 리부트는 미투 운동으로 촉진되었다. 전북 지역의 미투 운동은 2018년 2월 전주연극협회 소속 배우 한 명이 '미투'를 한 것에서 시작되어, 그해 봄 ㄱ대학교 등에서 교강사의 성폭력과 성추행에 대한 저항·고발과 같은 대학 미투 운동으로 이어졌다.

특히 지역에서 대학 내 미투 운동의 대표 주자는 ㄱ대학교에서 만들어진 페미니즘 활동 연대체라고 할 수 있다. 여학생회도 없고, 학생회도 정치적 중립을 표방한다는 이유로 아무런 대응도 하지 않는 현실에서 2018년 봄 'ㄱ대학교 페미니즘 네트워크'는 학내 미투 운동을 담당할 주체로 급부상하였다. 이 절에서는 그들의 활동을 중점적으로 분석하는데, 먼저 결성 과정을 보면 아래와 같다.

2018년에 ㄱ대학에서도 '미투 사건'이 있었어요. 교내에 여러 여성주의 단체는 있었는데, 구심점이 없어 제대로 대응하지 못하고 있었어요. 그런데 학교 여성연구소의 한 선생님이 전북여연(전북여성단체연합)을 통해 연락처를 받아서 페미니즘 활동을 하는 단체와 개인을 모아 집담회를 열었어요. 그 자리에서 이름도 정했고, '이 자리가 귀한 자리이니, 앞으로도 계속 필요하면 이런 연대체로 공동대

응하자' 하는 의견이 나와 'ㄱ대학교 페미니즘 네트워크'를 결성했습니다.[26]

학생들의 자발적인 연결이 아닌 대학 내 교강사가 연대 활동의 주요 계기가 되어준 점이 눈길을 끄나, 이미 2016~2017년 사이 대학 안팎에서 새로이 등장하고 있던 여성주의 동아리나 성소수자 모임 등이 없었다면 이러한 연대체가 단시일 내에 결성되고 활동을 시작하기는 어려웠을 것이다. ㄱ대학교 페미니즘 네트워크라는 단체명이 확정된 이후 가장 먼저 전개한 활동은 온라인 활동이다. 이들은 먼저 페이스북 페이지를 개설하였으며, 이후 네트워크에 참가한 동아리들이 인스타·트위터(현 X)·페이스북을 나누어 관리했다. 대학 활동가 A와의 인터뷰 내용을 토대로 ㄱ대학교 페미니즘 네트워크의 활동이 집중적으로 전개되었던 2018년 1학기의 주요 활동 내용을 타임라인별로 살펴보면, 우선 오프라인 활동은 사회대에서 먼저 시작했는데 사회대에 위치한 여성연구소 공간을 활용하여 대자보 제작에 착수했다. 주요 회원 7~8명이 대자보 활동을 분담했으며, 정문 근처에서는 "성폭력 없는 학교"를 주제로 자유 발언 행사 및 부스 활동을 전개하였다.

시작은 미투 운동이었으나 활동의 내용은 단기적인 행사에 그치지 않는 지속성과 방향성을 가지고 진행되었다. 주요 활동 중 하나는 학내 올바른 성평등한 성문화 정착을 위한 서명 운동이었다. "교수 평가항목에 젠더감수성 항목을 포함하는 것, 성평등 전담 독립기구를 만드는 것, 여성학 강의를 필수교양으로 지정하는 것"을 골자로 하였으며, 설문조사를 통해 약 1300명의 서명을 받아 이를 토대로 학교 인권센터·총장과의 면담을 진행하였다.

한편 주체의 성격을 보면 초창기 리부트의 참여자들로 구성되었던 ㄱ대학교 페미니즘 네트워크의 주체들은 온라인에서 먼저 페미니즘을 접하고 대면 활동에 참여한 사람들이 많았다. 특히 '메갈리아'를 둘러싼 인터넷상의 논란을 통해 페미니즘을 만나는 경우가 적지 않았고, 이후 독자적인 학습 과정을 거치며 아래처럼 스스로를 "이미 준비된" 페미니스트 혹은 "활동가"로 정체화하기도 했다.

대학 활동가 A (이론적인) 그런 건 저희가 '이미 페미니스트로서 자신을 정체화한 상태에서 만난 사람들'이었기 때문에 그런 학습의 과정이 별로 필요하지 않았던 것 같아요. 2017~2018년부터 SNS에서 페미니즘 이슈가 크게 논의되기 시작했었잖아요. 거기에 계정을 만들어서 활동을 하거나 개인 트위터나 페이스북 등으로 (…) 다들 SNS에 친숙하니까 기사가 올라오는 것을 보면서 글을 적고 다른 사람과 댓글로 이야기를 한다거나 그렇게 시작한 사람이 많다고 생각해요.

이러한 초기 연대체 활동 주체의 특징은 이후 서술할 독서 중심 소모임·동아리 참여자들의 참여 동기나 '주체화의 과정'에서의 특징과 차이를 보이는 지점이었다.

2018년의 빛나는 활동에도 불구하고 연대체 활동가들은 1여 년 만에 급속한 소진 현상을 겪게 된다. 이들의 실천은 매일매일의 백래시를 직면했으며, 게시된 현수막은 하루가 멀다 하고 실종되어 재부착하는 일이 빈발하였다. 특히 '학생회'는 '중립'을 표방한 기계적 평등의 다수결 방식으로 여성주의 의제를 배제시키는 등 탈정치화된 모습을 보였다.[27] '대학 본부' 역시 젠더감수성이 없는 것은 물론, 학내 인권센터는 유명무실한 기구로, 학생처 산하의 조직인데다 홈페이지도 없던 상황이라 존재 여부조차 알기 어려운 상태였다. 반면 학생들의 학내 최대 커뮤니티인 '에브리타임(에타)'의 익명 게시판에서는 젠더 사안에 관련한 공격적이고 여성혐오적인 발언이 증가하는 데다, 페미니스트 여학생들의 반론이나 의견 개진 자체를 불가능하게 막는 벌점 구조가 존재하였다.[28] 총체적으로 대학 가부장제는 '반여성주의 레짐'이라고 할 만한 조건을 갖추고 있었다.

그러나 이러한 반여성주의 레짐의 대학문화 외에도 여러 가지 이유들이 있었다. "총괄을 어떻게 맡을 것인가, 어떻게 조직을 할 것인가에 대해 많은 논의가 있어서 (활동이) 제자리걸음"을 하거나, 일 경험이 있는 소수에게 일이 집중되면서 겪는 문제도 있었다. 학생운동의 역사와 경험이 사라진 상황에서 이들의 연대체 활동은 무에서 유를 창조하는 지난한 작업이었다. 사실 '선배'의 부재라는 대학 학생운동의 조건은 경험의 부족을 만들고 활동에 제약을 가져와, 그 결과 활동에 대한 의무감이 발생하고 거기에 지쳐 활동을 그만두는 악순환의 고리를 만들어낸다는 지적이 있다.[29]

그러나 리부트 시대에 이들 활동가들이 겪었던 어려움 중에 이념적 차이라는 문제를 제외하기는 어렵다. 소위 '사상과 스탠스의 문제'라는 점이 그것이다. ㄱ대학교 페미니즘 네트워크의 경우, 단톡방에서 남성 성기 비하의 단어를 사용한 것이 지적되면서 스탠스에 대해 논란이 커지자, 그 발언 자체가 문제 있는 것으로 생각하지 않던 사람들이 줄줄이 나가는 사태가 발생했다.

> **대학 활동가 A** 아무래도 남은 구성원들 중에서는 '이런 방향으로 하자'라고, '교차성으로 간다'라고 말을 분명히 한 것은 아니지만, '누군가를 존중해야 한다' '소수자는 존중해야 하고, 우리가 래디컬 쪽으로 가지는 않겠다'는 사상들을 개인적으로 다들 가지고 있어서 큰 논의 없이 수월하게 논의된 것 같아요. '교차성'이란 말을 공적으로 논의한 적은 없어요. 사람들이 대거로 나간 이후에 논의가 나왔을 때, 사람들의 사상이 교차성 틀 안에 있다고 해도 모두가 같을 수는 없으니까 그것에 대해 '너무 편을 가르지 말자'는 얘기도 나왔던 것 같아요.

입장 차이를 확인하는 어려운 과정 속에서 이들은 "래디컬 쪽으로는 가지 않겠다"라고 하면서도, "너무 편을 가르지 말자"라고 정리한다. 이후 내규를 정하는 작업을 하였고, 거기서 "누군가를 혐오하거나 차별하는 발언을 하지 않도록 하는" 방향이 결정되었다. 입장을 달리 하는 여러 개의 페미니즘 단체가 존재하지 않은 지역의 운동 상황에서 어느 입장이든지 간에 입장 차이가 명시화되면 개인의 차원에서는 그것은 향후 페미니즘으로 활동할 공간이 협소해짐을 의미하지만, 동시에 그러한 상황은 조직 차원의 지속성에도 부정적인 영향을 미친다.[*] 한편 2020년 이래의 코로나 위기로 인해 아예 학교에 학생들이 오지 않는 비대면 수업의 상황이 지속되고, 신입 회원 모집이 거의 불가능해지면서 활동은 위축되었다. 코로나 위기 상황이 아니어도 방학 중 학내 유동 인구가 있는 서울권 대학과는 달리, 구직 활동 등을 위한 사회적 인프라가 취약한 지역 대학에서는 알바·직장일이 아니라면 자취방을 빼 '본가'로 이동하는 학생들이 많아져 학내 분위기는 가라앉는 모습을 보인다. 더욱이 코로나 위기 상황이 되자 집이 전주인 학생들조차 부모들의 압력 속에서 학교에 나오기가 힘들어진 경우도 많았다. 운동의 역사와 기반이 취약했던 학내 페미니즘 운동에서 이와 같은 코로나 위기 상황의 효과는 서울 등지의 대학에서보다 더욱 부정적으로 작용했다고 할 수 있다.

[*] 2021년 현재 운영위원회만 남아 있고 활동은 중단된 상태이나, 독서모임 같은 소모임은 진행하고 있어서 활동가 정체성까지는 아니더라도 회원의식은 남아 있는 것으로 보인다.

전북 지역 미투가 본격화하기 이전인 2016년 즈음부터
ㄱ대학교 학내에는 페미니즘을 명시한 학내 동아리들이
생겼다. 사회학과 학생들, 혹은 여성학 수업을 수강했던
학생들이 중심이 되어 만든 여성주의 동아리·독서활동 모
임들이 그들이다.

  이 중 ㄱ대학교의 여성주의 동아리는 강남역 여성살인
사건이 발생한 꼭 한 달 뒤인 2016년 6월 17일을 창립일로
기록하고 있으며, "사회학적으로 젠더와 성을 바라본다"
라는 취지를 가지고 네 명의 여학생들이 중심이 되어 시작
했다. 창립 멤버 모두가 그런 것은 아니지만 인터뷰 연구
에서도 "'세월호'로 고등학교 때 같이 모였던 친구들이 만
들었던 모임"('소모임 참여자 B')이라고 언급된다. 2017년
기존의 명칭에 성소수자 주제를 결합시켜 동아리의 이름
을 변경하는 과정을 거쳤으나 2024년 현재까지도 ㄱ대학
교 동아리 중 페미니즘을 주목적으로 하는 유일한 등록 동
아리이다. 학과 교수들이 지도교수를 맡으며 관심과 격려
를 놓치지 않은 점도 동아리 활동 지속에 도움이 되었을
것으로 보인다. 이들은 여성학 교재 《젠더와 사회》를 "바
이블처럼" 꼼꼼하게 읽는 것* 외에도, 강남역 살인 사건
추모행사나 3·8 여성대회 집회, 퀴어 퍼레이드 축제 등 타

---

  * 《이갈리아의 딸들》《우리에겐 언어가 필요하다》등의
  페미니즘 출판물은 물론, 《LGBT+ 첫걸음》《오롯한 당신》등
  성소수자·트랜스젠더에 대한 책도 읽고, 독서 이외에 영화도 교재로
  이용하였다.

지역에서 진행되는 전국 단위 행사에도 참여하는 경험을 하기도 했다. 2020년부터의 코로나 팬데믹 상황에도 인스타그램에 독서 목록과 토론 내용 등을 계속 올리며 온라인 기반으로 활동을 지속했다. 한편 2018년도에는 그해 여성학 강좌를 수강했던 학생들이 주축이 되어 다양한 실천 활동을 하는 모임('ㄴ 동아리')이 결성되었다. 페미니즘 독서·인스타그램 활동은 물론, 반성매매 브이로그 제작과 월간 잡지 및 출판물의 발간(《찰랑이는 물결》, 2019년) 같은 다양한 방식의 기록 작업을 통해 페미니즘 활동을 시작하고자 하는 사람들에게 정보를 공유했다. 이들은 2018년 결성 이래 2020년까지 활발히 활동하였으며, 인스타그램의 기록은 2022년까지 올라와 있다.

척박한 대학 여성운동의 지역사 속에서도 이들 소수의 동아리나마 활동할 수 있었던 외적 계기는 직접적으로는 페미니즘 리부트라는 시대적 상황 자체이겠으나, 그것을 제외하고 본다면 페미니즘 지식 유통의 주요한 터전이었던 여성학 강좌 개설, 여성연구소의 지원 노력, 그리고 일부 학과에 제한되긴 했으나 페미니즘에 우호적인 교수들이 조성하는 환경 등도 유의미한 자원이 될 수 있었다. 그리고 ㄴ 동아리의 경우 출판물 발간과 같은 사업은 지역의 거버넌스 기구인 전주시사회혁신센터의 지원으로 진행되어, 문재인 정부 임기 중의 2016~2020년 사이 전북지역 페미니즘 리부트에서 국가는 협력과 후원의 파트너로 역할하고 있었음을 알 수 있다. 이러한 점들은 청년 세대의 독자적 행위성이 두드러졌던 서울권의 리부트 상황과는 차이를 보인다.

대학 밖의 페미니즘 리부트
— 독서모임의 결성

"뭐라도 더 읽고 얘기하기 위하여"

전주에서 페미니즘 독서모임 형태로 가장 널리 알려졌으며 가장 많은 참여자들이 모였던 곳은 '여성주의 독서모임 ㄷ'이다. 이 모임은 2016년 여름에 만들어졌으며, 가을부터 본격적인 학습을 시작했다. 애초 "큰 부담 없이 여러 사람들이 자유롭게 왔다 갔다 할 수 있는 공간"*을 계획하던 여성주의 독서모임 ㄷ에는 ㄱ대학교를 포함한 전주 지역 대학생들·직장인들·다양한 성별의 시민들이 참여하였다. 페이스북 홈페이지에 "전주에서 여성주의를 고민하는 20대들이 운영하는 독서모임"으로 소개되어 있어서, 연령적으로는 20대 젊은 층이 다수를 차지한다고 보인다. 이들이 모이게 된 배경에는 강남역 사건에 대한 공분, 책임감이 중요하게 작용했다고 보인다.

> **소모임 참여자 B** 2016년 강남역 살인사건이 있고나서, 그 이전부터 공부를 조금씩 해오고, 책 읽고 싶어 하던 사람들이 '우리 뭐라도 해야 되지 않을까, 뭐라도 더 읽고 뭐라도 얘기하고, 뭐라도 활동을 해야 되지 않을까' 하는 얘기

---

* 여기에는 전주 지역의 여러 대학의 학생들, 졸업생, 취업자 등 다양한 참여자들이 포함되나, 다수가 대학생이며 특정 대학의 학생들이 많은 것으로 보인다. (참고: 박경은,〈여성주의를 만나 다시 태어나다〉,《전북여성》29호, 2017.)

를 하면서 (만들어졌어요).

주로 페미니즘·젠더 문제, 성소수자 등과 관련된 책을 읽고 일주일에 한 번씩 모여서 이야기를 나눈다. 이들의 세미나 방식은 마치 대학의 학기제 운영과 유사할 정도로 매우 충실히 구조화된 것이었다. 먼저 세미나는 봄 학기와 가을 학기로 나누어 진행되었으며 방학 중에도 따로 세미나를 운영했다. 그리고 이민경 등 페미니즘 강연자를 초빙해 지역의 많은 사람들과 페미니즘 콘텐츠를 나누는 활동 방식도 사용하였다.

주요 참여 활동으로는 3·8여성대회, 강남역 추모 집회, 퀴어 퍼레이드, '미투 운동 전북시민행동'과의 연대 활동 등이 있으며, 페이스북 페이지에는 2016년 12월 이래 2019년 11월까지 꾸준히 활동 기록이 올라와 있다. 그 외에도 송년회나 봄 소풍, 여름 엠티 등 매우 적극적인 회원 활동을 보인다. 2016년에는 여성혐오나 성폭력에 대한 서적·영화·여성학 교재 등을 세미나 자료로 선택했으며, 2017년에는 퀴어·알바 노동자·성노동자 등 다양한 소수자의 이슈를 페미니즘과 함께 공부했다.** 대학을 넘어 전

** 독서모임 ㄷ의 페이스북에 따르면, 2016년에는 《여성혐오를 혐오한다》《젠더와 사회》 등을 읽었으나, 2017년 이후로는 《이갈리아의 딸들》《대한민국 넷-페미사》《우리에게도 계보가 있다》처럼 당시 신간 페미니즘 서적뿐 아니라, 《섹슈얼리티와 퀴어》, 장애·이주민 차별을 다룬 《그건 혐오예요》, 알바 노동자를 다룬 영화 《가현이들》을 함께 다루고 성매매산업과 성매매여성 주제를 공부하는 등 관심사와 주제를 확장해나갔다. 2018년에는 《더 나은

주 지역을 포괄하는 독서모임 ㄷ이 상대적으로 긴 기간 동안, 수십 명의 참여자들이 들락거릴 수 있었던 배경 중에는 안정적으로 모일 수 있는 공간, 그리고 전주시의 청년 지원정책이 포함된다. 독서모임 ㄷ은 당시 사회운동단체가 사용하던 공간을 무료로 이용할 수 있었으며, 시의 예산으로 도서 구입비 형태의 독서모임 지원을 받았다. 야당 도시로서의 사회운동의 전통, 그리고 정치적 기회구조의 확장*과 같은 우발성 등이 겹치면서 지역 페미니즘 리부트의 활동성이 제고되었다고 할 수 있다.

활동 인력 부족의 문제를 마주하다

이러한 가운데 2018년을 넘어가면서부터 독서모임 ㄷ은 축소적 변화를 보이는데, 꼽을 수 있는 어려움 중 하나는 활동 인력의 부족 문제였다. 제한된 인원에게 활동이 집중되면서 불만이 발생하고, 그것이 공론화되면서 일부가 모임에서 나가는 일이 발생한 것이다. 그러나 이외에도 활동성의 약화는 소위 교차성 페미니즘에 대한 논란과도 연결된 것이었다. 이전부터도 '랟펨'의 참여자들이 "여성들의, 여성들만의 연대를 만들어야 한다"라는 생각으로 모임에

논쟁을 할 권리》《여성의 남성성》《잠깐 애덤 스미스씨, 저녁은 누가 차려줬나요?》 등을 읽었다.

* 더불어민주당 당적의 젊은 시장 김승수는 2014년부터 2022년까지 재임하면서 사회적 경제, 도시 재생, 청년 사회주택, 풀뿌리 민주주의 등 개혁적 정책에 많은 관심을 보였다. 또한 여성운동단체의 파트너로서 성매매집결지 선미촌의 개선사업에 동반 참여하였다.

서 나가는 경우가 있기는 했으나, 이 모임은 퀴어 단체들과도 연대를 하는 등 '교차성 페미니즘'이라는 입장을 견고하게 유지하는 편이었다. 그러나 2018~2019년을 넘어가면서부터는 교차성 페미니즘 범주로 참여할 수 있는 사람들이 줄어드는 경향을 보였다(소모임 참여자 B). '래디컬 페미니즘'과 '교차성 페미니즘'과의 이론적 분화나 충돌은 지역의 차이를 넘어서 나타나는 한국 페미니즘 리부트의 강력한 특징이라고 할 수 있으나, 지역에서 그 효과는 더욱 클 수밖에 없다. 특히 코로나 시국이 전개되면서 수도권 본가로 귀환한 회원이 중요한 역할을 맡았던 경우 그 영향력은 적지 않았다.

이런 상황에서 여성주의 독서모임 ㄷ은 2018년에는 모임의 안정적인 운영을 위한 내규를 만들기 위한 노력을 진행하였다. 구체적으로 "혐오 표현 금지, 패싱 성별로 상대를 판단하지 않기, 성 정체성 존중, 불필요한 신체 접촉 피하기, 성별·장애·나이·경제적 차이를 넘어선 존중과 경청의 문화" 속에서 여성주의를 만들어갈 것을 약속하였으며, 그 내용은 페이스북 페이지에도 게재하였다. 그러나 2018년 가을 이후의 세미나 활동은 진행되지 않은 것으로 보이며, 페이스북 페이지의 관련 기록도 그러하다.

독서공동체의 페미니스트 '되기' 수행과
'젠더 거버넌스'의 역할

앞서 언급한 'ㄱ대학교 페미니즘 네트워크'나 '여성주의 독서모임 ㄷ'처럼 지명도가 높거나 규모가 큰 모임보다 전

주 지역 페미니즘 리부트의 성격을 더 잘 보여주고 있는
현상은 소위 "소모임"이라는 여성주의 조직의 확산이다.
두세 명부터 대여섯 명 남짓의 작은 소모임 참여자들 가운
데는 모임 참여 전까지는 페미니즘을 몰랐던 사람들이 많
았다. 그러나 독서모임 형태의 이러한 소모임은 페미니스
트가 모이는 게 아니라, 모여서 페미니스트가 되는, 즉 '함
께 읽기'의 수행을 보여준다. 전주시 페미니즘 소모임을
조사한 연구에 의하면 "원래는 페미니스트가 전혀 아니거
나, 반반인 상태"에서 친구의 권유로 시작했더라도, 함께
읽기를 지속하면서 공감에 이르거나, 그동안 불편했던 것
에 대한 자신의 논리를 찾는다고 한다. 그리고 "집단 안에
서 지지받는 경험들을 하면서 말하는 게 신나고, 그러면서
(⋯) '나 페미니스트야'라고 얘기"할 수 있게 되었다는 것
이다.[30]

　이들이 모여서 독서 공동체를 꾸릴 수 있었던 배경에는
행정안전부와 지방정부의 지원으로 운영되는 전주시사회
혁신센터의 민관협치 기구인 '성평등전주'가 존재한다. 성
평등전주는 2019년부터 매년 청년 여성들이 주체가 된 성
평등 분야의 연구를 공모하고(〈성평등생활연구〉), 독서 소
모임 같은 성평등 커뮤니티의 지원 사업을 운영했다. 이것
이 플랫폼이 되어 페미니즘에 공감하는 청년 여성들은 대
면으로 만나고 네트워킹하는 경험을 갖게 되었다.[31] 그리
고 전북 지역 페미니즘 리부트 과정에서 이처럼 국가가 결
합할 수 있었던 배경에는 여성운동의 오랜 경력을 가진 전
문가가 센터 대표로 취임한 것도 한 원인이 되었다.

디지털 페미니즘은 지역의 장소적 특성과 어떻게 결합했는가

지역에서 페미니즘 하기는 '감각의 격차'의 문제로 그 어려움이 지적되거나, 혹은 '경험치의 차이'라는 말로 표현되기도 한다. 인터뷰에 의하면 일부 여성들은 소위 서울로의 '상경 투쟁'을 하기도 했으나, 대다수의 지역 여성들은 강남역 살인사건 이후 포스트잇 애도 활동이나 수십만의 동원력을 보여주었던 혜화역 시위 현장에서의 분노·자매애를 직접 경험하기 쉽지 않다. 또한 다수의 이론적 전문가의 존재를 바탕으로 한 지식 생산의 인프라도 부족했다. 그러나 페미니즘 리부트의 생성을 촉진했던 디지털 페미니즘의 확산은 중규모 도시나 민주화운동의 긴 역사를 가진 전주 지역에서도 일정한 영향을 미쳤다.

첫째, 발생의 계기와 관련해 보자면 전주 지역에서의 페미니즘 리부트의 발생은 한국 페미니즘 리부트의 보편적 이야기(메갈리아를 둘러싼 온라인 논쟁 이후 페미니즘과의 만남, 강남역 살인사건에 대한 분노의 정동, 이름 붙힐 수 없었던 막연한 차별을 설명할 수 있는 언어의 발견 등)와 크게 다르지 않았다. 특히 지역 내 '미투' 사건을 계기로 일군의 '훈련된 디지털 페미니스트'들이 대학 여학생 운동의 전사로 나서는 사건(ㄱ대학교 페미니즘 네트워크)이 발생한 것이다. 단체명이 확정된 이후 이들은 가장 먼저 페이스북 페이지를 개설하고 각종 소셜 미디어 계정을 관리하는 등 온라인 활동에 주력을 다했다. 동시에 대자보 게시·

서명운동 등의 오프라인 활동을 통해 성폭력을 비판하고 페미니즘 이슈를 전면화하였다. 그러나 여학생 운동의 전통이 거의 전무했던 전북 지역의 역사 속에서 페미니즘 운동이란 전수받을 선배의 경험도, 조직화의 전략도 없이 맨몸으로 부딪혀야 하는 험난한 과정이었다. 더욱이 일 경험이 있는 인적 자원의 부족에 더해, 2020년부터는 코로나 상황으로 비대면 수업이 이어지자 활동가 회원조차 학교에 나오지를 못하거나, 신입 회원 모집이 불가능해지면서 리부트 활동이 급격히 위축되었다.

둘째, 소모임 활동, 특히 독서모임의 형식은 전주 지역 페미니즘 리부트의 대표적 양상이었다. 디지털 페미니즘의 확산 환경 속에서도 지역의 소모임 참여자들은 상대적으로 페미니즘에 대해 익숙지 않은 경우가 많았는데, 지역 기반의 독서 소모임 활동에 참여하면서 페미니스트가 되는 주체화의 과정을 밟은 것으로 나타난다. 소모임의 '함께 읽기'의 독서 방식은 모임을 단순한 독서나 지식 획득의 장에 머무르지 않고 혐오로부터 안전한 공간, 위로의 공동체가 되도록 만들었다. 이를 통해 독서모임은 페미니스트 '되기'의 수행 과정으로 자리 잡았다. 독서모임은 참여의 벽이 낮았던 장점 외에도, 격화되는 백래시로부터 상대적으로 안전한 토론과 공감의 공동체였기 때문이다. 전주와 같은 중규모 도시가 갖는 익명성 부족이란 점도 거리 시위 대신 독서모임을 활성화한 배경이 되었다고 보인다. 서울 지역에서 불꽃페미액션 등이 구사한 것과 같은 과감한 거리 시위와 직접 행동을 전주 지역에서 벌이기는 쉽지 않기 때문이다. 우연인지는 몰라도 리부트 시기 활발한 활동을 보였던 일부 여학생들을 보면 출신 지역이 수도권은 아니어도 전주가 고향이 아닌 경우를 발견할 수 있었다.

한편 독서모임 구조는 '성평등전주' 같은 젠더 거버넌스의 효율적 작동으로 확산됐다는 점도 주목할 만한 특징이다. '전주시사회혁신센터'와 산하의 '성평등전주' 두 곳의 대표는 모두 전북 지역의 진보적 여성단체에서 활약하던 인물들로, 이들이 거버넌스 기구의 책임자가 될 수 있었던 것은 오랜 기간 전북 지역 반성매매운동 속에서 구축된 이들의 정책 파트너로서의 역량은 물론, 성평등주의적 정부가 수립되었던 2017~2021년의 정치적 기회 구조를 배경으로 한다.

셋째, 전주라는 지역의 역사성·사회경제적 조건과 관련된 특성이다. 전주·전북 지역은 경제발전에서 소외된 지역이라는 인식이 뿌리 깊으며, 이러한 속에서 민족민주운동과 시민사회단체의 오랜 저항의 전통이 존재했고, 여성운동도 다양한 연대 활동의 주요 구성원으로 참여해온 교차성운동의 특성이 강하다. 특히 전주는 20년간 지속해온 전주국제영화제와 같은 문화적 환경 속에서 성소수자에 대한 지식과 수용성이 일정 정도 구축된 공간이다.[32] 이러한 사회운동적 환경이 바탕이 되어 전주 지역 페미니즘 리부트가 보인 주요 경향 중 하나가 교차성 페미니즘이며, 이들은 퀴어운동과의 연대성을 강하게 보여주었다. 그리고 '랟펨'과 '교차성' 사이의 이론적 차이들이 존재하기는 했으나, 그러한 지점들은 공론화되기보다는 '비가시화'되는 경향을 보이곤 했다.

넷째, 위의 세 번째와 관련된 것인데, 인적 자원, 특히 (활동할) 사람 자체가 부족한 지역 상황은 분리주의보다는 연대주의의 운동방식을 발생시켰다고 보인다. 그리고 이러한 점에서 페미니즘 리부트를 이전 시기와의 차별성과 단절성을 중심으로 이해하던 방식에는 수정이 필요할 수 있을 것이다. 소위 '영페미니즘'보다 더 이후의 젊은 여성들이라는 의미에서 '영영페미니즘'으로 불리기까지 했던 리부트 참여자들은 전북여성단체연합과 같은 기성의 (올드) 페미니즘과 단절되기보다는 서로 의지하고 활용하는 양상을 보였다. 리부트 운동은 페미니즘의 새로운 관심 주제들을 확산시켰으며, 기존의 조직운동은 오프라인 연대활동 속에서 인적·물적 자원을 공유하였다. 즉 전주지역의 페미니즘 리부트는 젊은 여성들의 온라인 운동만이 아니라, 세대적으로 연결된 운동이었다고 할 수 있다.

마지막으로 이 연구의 한계를 보면, 전라북도 지역의 도청 소재지이자 거점 도시인 전주의 경험을 중심으로 분석함으로써 전북의 다른 중소도시의 경험을 드러내지 못했다는 점이며, 향후 더 다양한 지역 연구로 발전되어야 할 것이라고 생각한다.

3부
—

차별과 맞물리는
신자유주의적
현실을 보다

능력주의는 어떻게
구조적 성차별과 공모하는가

'공정' 담론부터
포스트페미니즘까지

엄혜진

✱ 이 글은 〈성차별은 어떻게 '공정'이 되는가: 페미니즘의 능력주의 비판 기획〉(엄혜진, 《경제와 사회》 132호, 2021)을 수정·보완한 것이다.

능력주의는 대개 긍정적인 개념으로 쓰여왔다. 특히나 가
파른 근대화 과정에서도 정실주의와 연고주의가 줄기찼
던 한국 사회에서, 능력주의는 '개천에서 용 난다'는 믿음
의 개념적 대들보였다. 이론적으로는 근친 관계에 있는
학력주의와 학벌주의를 비판하는 데 활용될 정도였다. 신
조어로 처음 등장했을 때의 취지처럼, 능력주의가 비판
논의로 크게 부상한 것은 비교적 최근이다. 사회 전반적
으로 불평등은 물론, 무참하게도 이에 대한 지지가 함께
증대한 원동력으로 능력주의가 주목받게 된다. 2010년대
후반, 이른바 '최순실 사태' '조국 사태' '인국공(인천국제
공항공사) 사태' 등을 거치며 형성된 공정 논란이 대표적
인 징후로 포착됐다. 학술장은 '엄마 찬스' '아빠 찬스'에
대한 분노가 불평등 개선을 촉구하는 방향이 아니라, 순
도 높은 경쟁 요구로 나아가는 경향을 분석하고 싶어 했
고, 능력주의가 바로 그 비판 대상이자 개념 자원으로 호
명된 것이다.

한국만의 고유한 경로나 관심은 아니다. 그 즈음 '능력
주의는 모두에게 같은 기회를 제공하는가'라는 부제를 달
고 소개된 마이클 샌델의 저서 《공정하다는 착각》도 불평
등으로 고통받는 저소득층이 인종주의와 외국인 혐오를

선동한 트럼프에 열광했던 포퓰리즘의 발흥 동력으로 능력주의를 해부한다. 능력주의로 탄생한 엘리트 집단의 오만과 패자들의 굴욕감이 사회적 연대 감각과 시민적 덕성을 파괴시킨 결과라는 것이다.

그런데 돌이켜보면 공정 논란은 훨씬 이전부터, 무엇보다 젠더와 관련해 벌어져왔다. 다시 말해 2000년대 이후 한국 사회의 주요 갈등 의제는 젠더였고, 그 핵심에는 공정을 둘러싼 이전투구가 있었다. 이러한 갈등은, 군가산점 제도 위헌 판결을 시비 삼기 시작해 성평등 제도·기구들을 불공정한 것으로 간주하는 담론과 세력에 의해 주도되었다. '한국 사회에서 성차별은 사라졌으며 여성에게 유리한 제도가 과잉되어 남성의 권리를 침해하고 공정 질서를 훼손한다'는 주장이 공격적으로 펼쳐져왔다. 페미니즘은 이런 공세를 여성혐오나 백래시로 부르며 대항해왔지만 고전하고 있는 게 사실이다. "구조적 성차별은 없다"라며 여성가족부 폐지를 공약으로 내건 정부가 들어설 만큼 그 공세가 꽤 성공적이었기 때문이다.

그렇다면 능력주의 비판은 이 난세를 다룰 수 있는 새롭고도 혁신적인 기획이 될 수 있을까? 이 글은 그렇지는 않다는 관점에 서 있다. 두 가지 이유에서다. 첫째, 페미니즘은 이미 능력주의를 비판 의제로 삼아온 주도적 사상 중 하나이기 때문이다. 따라서 오늘날 페미니즘의 능력주의 비판은 새롭게 제안될 것이 아니라, 점검과 갱신의 과제를 안고 있다는 게 두 번째 이유이다. 이 글이 궁극적으로 기여하고자 하는 바는 후자지만 이를 위해서라도 전자, 즉 능력주의에 관한 페미니즘의 논의를 새삼 면밀하게 복기해볼 필요가 있을 것이다. 우선은 자주 오해를 사온 능력주의의 까다로운 의미부터 확인해보자.

능력주의, 지배의 새로운 양식

능력주의를 마냥 긍정적으로 인식해온 데에는 사전적 정의도 기여한 것 같다. 표준국어대사전은 능력주의를 "학벌, 연고 따위와 관계없이 본인의 능력만을 기준으로 평가하는 태도"로 풀이해놓았다. 이 단순명료한 의미만을 고집한다면, 능력주의는 보편적이고 역사적으로 유구하다. 효율적일 뿐 아니라 동등한 기회 제공이라는 상식적 정의감을 따른다는 측면에서 광범한 문화적 호소력을 갖고 있기 때문이다.[1] 가령 조선의 과거제도도 귀족 권력을 견제한 대표적인 능력주의 제도로 일컬어진다.

　그러나 오늘날 능력주의 비판은 대체로 이 개념을 발명한 영국의 사회학자 마이클 영M. Young의 두터운 정의를 따른다. 그는 '능력주의meritocracy'를 능력merit(실력, 업적, 공적)에 따른 지배cracy를 정당화하는 분배 원리이자 사회 시스템으로 규정한다. 출생이 아니라 업적으로 계급을 할당받을 수 있게 된 사회가 바로 능력주의 사회라는 것이다. 따라서 조선의 과거제도가 능력주의적 장치로 일부 기능했다 할지라도, 주된 보상과 분배가 세습 지위를 기반으로 이뤄진 조선을 능력주의 사회라 할 수는 없다. 영이 의도한 바, 능력주의는 근대 정신과 자본주의 간 타협의 산물로 탄생한 것이다. 모든 인간은 평등하다는 근대 이념으로부터 도출되었지만, 또한 경쟁을 통한 보상과 소유를 승인하는 자본주의 사회에서 고유하게 생성되는 불평등 기제가 바로 능력주의라는 것이다.

분배 정의론에 대입하면 이 같은 능력주의의 이중적 속성이 분명해진다. 분배 정의론에서 능력주의는 '응분의 몫에 따른 분배'에 해당하는데, '평등한 분배' '필요에 따른 분배' 등 다른 분배 원리를 통해 보완되어야 하는 것으로 간주된다. 능력주의가 균등한 기회 제공에는 기능적이지만, 결과적 공정성을 훼방하기 때문이다. 이후 자세히 살펴볼 것처럼 이는 능력주의의 불완전성에서 기인한다. 능력의 개념, 능력의 형성 과정, 능력의 평가 등 모든 측면에서 능력주의가 스스로 표방하는 객관성과 공정성을 확보하지 못하면서 오히려 불평등을 낳는 데 기여한다는 것이다. 혹여 능력주의가 완전해진다 해도 문제는 크게 남는다. 아이부터 성인까지, 건강한 사람부터 질병을 앓고 있는 사람까지, 돈이 없는 사람부터 있는 사람까지 모든 인간은 인간으로서 누려야 할 기본적인 필수 욕구와 권리를 가지고 있으며, 이를 존중하며 발전해온 문명사회가 능력이나 기여에 따른 분배만으로 지탱되기는 어렵다는 점이다.

능력주의의 이러한 한계를 바라보는 깊이에 따라 비판 담론은 크게 두 갈래로 나뉜다. 다른 분배 원리를 강화하고 능력주의 제도도 최대한 합리화하자는 입장이 있는가 하면, 능력주의 쇄신의 불가능성을 주장하며 자본주의적 분배 규범을 발본적으로 넘어서는 상상력이 필요하다는 견해도 있다. 어느 쪽이든 능력주의가 보정되기는커녕, 다른 분배 원리를 잠식할 만큼 압도하고 있는 현실에 대해서는 많은 연구자들이 우려스럽게 공감하고 있다.

영은 능력주의가 중심적인 분배 원리로 각광받는 근미래의 도래를 어렴풋이 예견하면서, 그 사회가 얼마나 슬프고 허약할 수 있는지를 보여주고자 했다. 그래서였는지 그는 능력주의라는 신조어를 1958년 《능력주의》라는 디스토피아적 풍자소설로 소개했다. 철저히 능력주의로 작동하는 소설 세계에서 능력 있는 자는 겸손할 이유가 없고, 능력 없는 자는 노골적으로 경멸되어 저항할 힘조차 상실한 모습으로 그려진다. 능력주의는 성공과 실패 모두를 오로지 개인의 능력에 따른 결과로 보기 때문이다.

여기서 능력은 곧 지능이다. 영은 '능력=지능I.Q.+노력effort'이라는 수학적 도식을 제시하면서도, 능력이 사실상 지능으로 귀속되는 것이 능력주의의 본질임을 보여준다. 노력의 측정도 과학화되지만, 시간은 누구에게나 똑같이 주어지는 만큼 노력의 절대량은 한계가 있을 수밖에 없다. 반면 계량화가 용이하고 편향이 적은 지능이야말로 점점 더 정의를 실현하는 공정한 수단으로 간주된다는 것이다. 유치원부터 지능 점수별로 우열반이 만들어지고, 직장에서도 지능으로 업무 능력을 평가하므로 모든 사람들이 높은 지능 점수를 얻기 위해 매달리지만, 계급 간 이동은 어려워지고 불평등은 심화된다. 사교육과 유전자 조작 기술을 동원하고, 자기들끼리의 동질혼을 통해 지능 높은 자식을 재생산하는 상류층과 그럴 수 없는 계급 간의 간극이 커지고 고착되기 때문이다. 그리하여 봉건 귀족주의가 그 랬던 것처럼 능력주의 사회에서도 계급은 세습된다.

소설적 허구라기엔, 드라마〈SKY 캐슬〉이 우리에게 그 랬듯이 압축적 현실감을 전달한다. 차이가 있다면 현실에 서는 '시험' 점수를, 소설에서는 '지능' 점수를 능력의 척도 로 삼는다는 것뿐이다. 그런데 사실 소설에서도 처음에는 시험으로 능력을 측정했다가, 더 중립적이고 과학적이며, 따라서 더 공정한 것으로 여겨진 지능으로 대체된 것이었 다. 대학 입시 제도를 두고 정성 평가를 배제한 정시가 수 시보다 공정하다고 믿는 사람들이 늘어나고 있다니, 이마 저 현실화될지 모를 일이다.

《능력주의》에는 또 다른 복선이 있다. 능력주의에 저항 하는 반체제 집단이 있는데, 그 지도부가 여성이라는 점이 다. '계급 없는 사회'를 목표로 봉기를 예고한 이 투쟁에 여 성이 선봉에 서리라는 소설의 개연성은 다음 대목에서 시 사된다.

머리 좋은 여자아이들은 능력주의 사회에 진출할 남자 후 보생하고 똑같은 교육을 받는다. 그런데 교육을 받은 다 음에는 어떻게 될까? 여자는 결혼하기 전까지만 자기가 훈련받은 자리를 차지한다. 결혼하는 순간부터 여자는 어 쨌든 몇 년 동안 아이를 키우는 데 전념하리라는 기대를 받는다. 단조롭고 고된 집안일은 하인 제도가 부활하고 남편이 도와준 덕에 많이 줄었다. 그렇지만 심리학의 가 르침에 조금이라도 관심을 기울이는 여자라면 지능이 낮은 사람에게 자녀를 완전히 맡길 수는 없다.

— 마이클 영, 《능력주의》, 이매진, 272쪽

'하인 제도'를 '외국인 가사도우미 수입 제도'로만 바꾼
다면, 독박 육아와 경력 단절로 고통받고 있는 오늘날 한
국 여성의 삶, 그대로다. 통계상으로도 2023년 현재 성인
여성 10명 가운데 4명이 임신·출산·돌봄을 이유로 경력
단절을 경험하고 있다. '경단녀(경력단절여성)' 비율 이외
에도 한국은 기록적인 지표를 하나 더 가지고 있다. 1996
년 가입 이래 OECD 국가 중 성별 임금 격차 부문에서 부
동의 1위를 차지하고 있다는 점이다. 물론 여성의 임금
이 남성의 70퍼센트 수준이라는 지표만으로 성차별의 구
조를 상세하게 파악하기는 어렵다. 그러나 2007년 이래
OECD 1위를 차지하고 있는 고등교육 이수율에 있어서는
남녀 격차가 없을 뿐 아니라 심지어 여성이 앞서기도 한다
는 지표를 추가할 경우, 적어도 한 가지는 분명해진다. 소
설에서처럼 여성은 똑같이 교육받아도 남성보다 적은 몫
을 받는다는 점이다. 다시 말해 능력주의는 남성과 여성에
게 동일하게 작동하지 않는다.

능력주의 사회에서도 성차별은 집요하게 지속되며, 여
기에는 돌봄을 둘러싼 성별 분업이 여전히 관여하게 될 것
이라 내다본 사회학자의 예견은 분명 날카로웠다. 그러나
영은 지능과 교육이 직업과 권력을 결정한다는 능력주의
사회에서도 어떻게 성별 분업이 지속되며 정당화될 수 있
는지에 대한 분석으로까지 나아가지는 않는다. 다만 모성

과 양육에 관한 심리학적 요인을 시사할 뿐이다. 《능력주의》가 출간된 1950년대는 성 역할에 대한 학술적 관심이 뜨거웠던 시대였다. 성 역할을 자연이 부여한 운명으로 바라본 생물학과 더불어 심리학과 사회학이 이론적 유행을 주도했다. 심리학은 인간의 발달과 성장 과정에서 성별로 명확하게 나누어 갖는 성 역할과 성 정체성이 정신 건강에 필수적이라고 보았고, 이에 맞장구치듯 사회학은 상호보완성·효율성이라는 기능주의적 관점에서 성별 분업을 정당화하고 있었다.[2]

이런 사고는 1960년대 말, 젠더 개념을 정립하며 등장한 페미니즘에 의해 도전되었다. 페미니스트들은 성 역할이 생물학적 본질이 아니며, 이분법적 성 역할은 남녀 모두의 심리적 역량을 오히려 축소시킬 뿐만 아니라, 여성의 종속을 정당화해온 물적 토대이자 이데올로기라고 주장했다. 나아가 능력주의에 대한 분석과 비판도 젠더 관점에서 고도화될 수 있었다. 페미니스트 정치철학자들의 언어를 통해 그 차별적인 분석의 출발점을 표현하자면, 능력주의가 근대적 평등 이념과 자본주의 간 타협의 산물일 뿐만 아니라, 불공정한 성적 계약의 산물이라는 것이다.

여성 배제적 분배 패러다임

성차별은 그것을 공정한 것으로 정당화하는 이데올로기와 언제나 함께해왔다. "같은 것은 같게, 다른 것은 다르게"라는 아리스토텔레스의 유명한 경구도 실은 생물학과 전체론을 결합시켜 여성의 종속을 공정하고 정의로운 것으로 정당화하는 데 사용됐던 것이다.[3] 아리스토텔레스는 철학자이자 정치학자이며 《동물발생론》을 쓴 생물학자이기도 했는데, 이 글에서 그는 여성을 생물학적으로 '불완전한 남성'이라고 썼다. 인간은 오직 정액으로만 결정되며, 발생 과정에서 온전한 인간이 되지 못한 결과가 여성이라는 것이다. 따라서 여성은 남성과 '다르게', 즉 차별 대우를 받는 게 당연하다고 보았다. 이러한 인식은 사회를 하나의 유기체로 바라보는 전체론, 그리고 만물을 우등한 존재와 열등한 존재로 구분했던 위계론과 결합해 있었다. 최고의 선을 실현하는 장으로서, 인간이라면 누구나 참여해야 한다고 보았던 고대 그리스의 정치공동체 폴리스에서 여성을 배제한 발상이기도 했다.

반면 모든 인간은 인간이라는 이유만으로 자유롭고 평등하다는 믿음 속에서 탄생한 근대사회에서 여성을 배제하는 것은 논리적으로 불가능하다. 그런데 흥미롭게도 고대와 마찬가지로 여성에게는 참정권이 부여되지 않았고, 여성은 이를 쟁취하기 위해 150년 이상 싸워야 했다. 정치철학자 캐럴 페이트먼c. Pateman은 이것이 근대 사회계약 이면에 놓인 '은폐된 성적 계약'에 의해 가능했다고 분석한다. 근대 시민사회는 왕권과 부권을 정점으로 하는 세습 권력을 무너뜨렸지만, 가부장제를 대체한 것은 아니었다. 자유롭고 평등한 계약의 담지자인 시민을 오로지 남성으로 형상화함으로써, 아버지에서 형제로 권력이 이양되었을 뿐, 혼인 계약으로 맺어진 여성과 가족에 대한 남성의 정치적 권리는 보존되었던 것이다.

　여기에는 성적 차이를 정치적 차이로 만드는 기획이 작용했다. 계약 이론가들은 남성의 자연적 자유를 여성의 자연적 종속과 대립시키면서 임신과 출산 기능에 주목된 여성의 몸은 사적인 것을 대표하며, 남성과 동등한 정치적 지위를 누리지 못하는 요소로 간주했다. 이는 여성을 시민적 삶이나 공적 질서에서 완전히 배제하는 것이 아니라, 남성과 다른 방식으로 통합시키는 것을 의미했다. 남성에게는 '개인', 여성에게는 '아내'와 '어머니'라는 지위를 부여하여, 남성은 '인간'으로, 여성은 '여성'으로 포섭한 것이 바로 근대의 성적 계약이다. 이로써 남성은 표준적 노동자로 여성은 그 의존자로 바라보는 가족 임금이 제도화되고, 돌봄의 주체는 여성이라는 문화적 관습이 저변화되었다.

　능력주의는 근대 평등 이념의 적자인 동시에, 이렇게 성적 차이를 시민의 자질과 연동시켜 여성을 배제적으로 포함시킨 불공정한 성적 계약의 공모자이기도 하다. 능력주의는 개인을 주체로 호명하지만, 그 개인이 여성에 대한 권리를 가진 남성만을 의미한다는 점을 교정하기보다는 문제없이 승인하며 작동해왔기 때문이다. 또 다른 페미니스트 정치철학자 아이리스 영I. M. Young은 이를 능력주의를 포함한 분배 패러다임의 본질이자 치명적 약점이라고 지적했다. 분배 패러다임이란 사회정의를 공적 영역으로 한정해 재화와 부의 공정한 분배를 통해 실현하려는 틀을 말한다. 분배 패러다임은 경제적·물질적 분배에 주력하기 때문에 불평등의 구조를 의문시하기보다 당연한 전제로 삼게 된다. 젠더·계급·인종 등을 따라 현실적으로 존재하는 차별은 비분배적 요소를 포함하지만 이를 정의의 대상으로 간주하지 않게 되는 것이다. 페미니즘이 직장 내 성희롱과 같은 성차별 문제에 천착해온 이유다. 여성에 대한 성적 대상화라는 비분배적 요소를 다루지 않는다면 여성이 직장에서 남성과 동등한 보상을 받기는커녕, 직업적 생존 자체를 불가능하게 할 수도 있기 때문이다.

사실 분패 패러다임의 한계는 페미니스트뿐만 아니라, 존 롤스와 같은 도덕 철학자에 의해서도 적극적으로 인식돼왔다. 롤스는 개인의 능력이 임의적인 만큼, 공동 자산의 성격을 갖는다고 주장했다. 마이클 조던의 농구 실력도 농구 산업·문화가 발달한 미국 사회가 아니었다면 그만큼의 대가를 받기 어려웠을 거라는 얘기다. 그래서 그는 공정한 절차와 기회 속에서도 불평등이 발생할 수밖에 없는 사회계약의 도덕적 한계를 인정해야 한다고 보고, 사회의 최소 수혜자에게 최대 이익이 되어야지만 그 불평등을 정당화될 수 있다고 주장했다. 이것이 바로 롤스가 제안한 '차등의 원칙'이자, 누진세와 복지제도가 마련된 논리였다.

그런데 이렇게 보완된 분배 패러다임을 적용했던 복지국가에서도 능력주의는 여성에게 제대로 기능하지 않았다. 롤스가 공정한 절차와 기회의 전제로 삼은 '원초적으로 자유롭고 평등한 인간'이 개인이 아니라 가족의 대표자를 의미했으며, 가족은 정의가 실현돼야 하는 영역에서 배제되어 있었기 때문이다. 이는 크게 두 가지 방식으로 불공정과 성차별을 만들어왔다. 첫째, 가족 안에서 여성이 남성과 동일한 이해와 경험을 가지고 있다고 전제하고, 여성의 무보수 노동이 남성의 능력과 이익으로 이전되는 불평등한 분배 문제를 은폐해왔다. 둘째, 여성을 남성의 의존자나 복지 수혜자라는 지위로 분배 제도에 포함시킴으로써 여성에 대한 부당한 사회적 낙인을 강화해왔다. 싱글맘 정책과 이에 대한 공격은 이 두 가지가 작용한 대표적 사례다. 분배 패러다임은 어째서 '싱글대디'가 아니라 '싱글맘'이 더 많고, 더 가난한지에 관해 질문하지 않는다. 가족과 일터의 남성 중심적 제도화나 돌봄노동의 사회적 가치절하와 같이 분배 제도 이면에 놓인 불평등한 젠더 구조를 포착하지 않기 때문이다. 그리하여 싱글맘이 '무위도식하며 세금이나 갉아 먹는 무능한 복지 수급자'로 공격받는 상황을 개방시키면서도 이에 대해 책임은 지지 않는다.

이러한 현실을 반추해 물질적 재화만이 아니라 권리·권력·기회·자유 등의 가치도 분배 요소로 확장하자는 롤스의 수정된 제안 역시 문제를 해결하기보다 증폭시킬 수 있다. 우선은, 아이리스 영이 적절하게 지적했던 것처럼 권리를 소유물로 파악하는 것은 무의미하다. 권리는 사회적 관계이지 누군가 더 많이 소유하는 것이 정당화되거나, 재분배를 꾀할 수 있는 사물이 아니기 때문이다. 여성의 참정권이 남성의 권리 중 일부를 마치 재화처럼 내어 받아가지게 된 게 아니라는 뜻이다. 무엇보다 이렇게 시민의 권리와 의무마저 자원 할당이나 분배 문제로 접근하면 정의를 단순한 공정이나 불편부당성으로 사고하기 쉽게 만들 수 있다. 이를 잘 보여주는 사례가 한국의 징병제도와

군가산점제도를 둘러싼 불공정 논란이라 할 수 있다.

역사적으로 시민은 외부의 위험으로부터 공동체를 수호하는 '병사 시민'이나 부의 창출에 기여하는 '노동자 시민'으로 형상화되었고, 여성이 지닌 몸의 차이는 이러한 시민적·정치적 역량에 미치지 못하는 열등성의 지표로 간주됐다.[4] 그렇다고 여성이 군대나 징병제도와 무관하게 살아왔다는 의미는 아니다. 군사주의 연구자이자 정치학자인 신시아 인로C. Enloe가 지적했듯이 여성은 남성과 다른 관계를 맺으며 분투해야 했다. 남성이 병역법에 의거해 '진정한 남성' '진정한 인간'으로 인정받아 군인이 되어야 했다면, 여성은 아들을 낳아야 하는 어머니, 전시든 평화시든 군인을 성적으로 위무하는 기지촌 성매매 여성, 군인에게 위문 편지를 쓰는 여학생으로 살아야 했다.

공동체에 책무를 다한 시민에게 상징적·물질적 보상이 주어지는 것은 바람직하다. 그런데 군가산점제도*는 이런 젠더 역할에 따른 공적 지위와 보상이 남성에게만 주어졌을 뿐만 아니라, 헌법재판소가 적절하게 판단했듯이, 여성·장애인·병역법을 통과하지 못한 남성 등 다른 시민의 권리(직업 선택권과 공무 담임권)를 침해하는 방식으로 조직되어왔음을 드러낸 대표적인 제도라 할 수 있다. 그럼에도 불구하고 이 제도의 폐지가 마치 남성의 권리를 앗아간 것으로 도치시키는 것은 징병제도가 남성 중심적 시민 모

---

* 군가산점제도는 7급과 9급 공무원 채용에만 적용되는 제도로, 이 시험의 합격점이 매우 높아 미필자의 진입을 사실상 가로막아왔고, 1999년 헌법재판소는 이를 차별이라고 판단한 바 있다.

형을 기반으로 구성되었다는 점은 논의에서 배제한 채, 단순히 권리를 제로섬zero-sum의 물질적 분배 의제로 치환하는 인식에서 비롯된 것이라 할 수 있다.

여러 이유에서 징병제도의 개선이 필요하다는 의견들이 개진되어왔고, 사회적 토론이 도모되어야 할 시기임에는 틀림없다. 필수 불가결하게도, 그 토론은 여성의 불안전한 시민권이 빚어낸 과정과 결과를 성찰하는 것으로부터 시작되어야 하며, 공동체에 대한 책무와 보상이 젠더 정의와 상충되지 않는 길을 모색하는 방향으로 나아가야 할 것이다. 낸시 프레이저N. Fraser는 그 논의 비전을 제안한 정치학자 중 한 명이다. 그녀는 아이리스 영과 마찬가지로 분배 패러다임이 시민들이 지닌 차이를 간과하는 효과를 낳았다고 보고, 성적 차이를 정치적·윤리적 공존의 전제로 바라보는 인정의 정치가 필요하다고 말한다. 성평등이라는 젠더 정의를 실현하기 위해서는 분배와 인정이라는 서로 환원할 수 없는 두 차원의 정의가 동시에 추구되어야 한다는 것이다. 다시 말해 임신·출산할 수 있는 몸을 가진 여성의 차이가 남성과 동등한 권리의 자질로 다뤄지는 것, 그리고 이를 기반으로 사회적 자원과 재화를 남성과 여성이 함께 향유할 수 있도록 분배 패러다임을 재조직하는 것, 그것이 바로 젠더 정의라 할 수 있다.

능력주의는 정말 객관적으로 기능하는가

페미니즘은 능력주의의 순기능이 강조될 때, 여성이 그 수

혜를 입는다는 점을 부인하지 않는다. 부인할 수 없는 유명한 사례가 있다. 미국 5대 오케스트라의 여성 단원 비율이 1970년대에는 10퍼센트에도 미치지 못하다가 블라인드 오디션을 도입하면서 늘어나기 시작해, 1990년대에 이르면 신입 단원의 50퍼센트를 차지하게 되었다는 사실이다. 유사한 사례는 국내에도 있다. 공공기관 및 지방 공기업에 블라인드 채용이 도입된 지 2년 만인 2019년, 신규 채용자 중 여성 비율이 34퍼센트에서 39퍼센트로 늘어나는 고무적인 현상이 나타났다. 같은 해, 가장 중립적인 평가 시스템이라 여겨지는 공무원 시험의 여성 합격자 비율은 9급과 7급에서 각각 57.4퍼센트와 42.7퍼센트를 차지해 역대 최고치를 기록한 바 있다. 사회 이동의 가능성 그 자체가 평등을 의미하지는 않을지라도 이러한 성과는 능력주의의 진보적 동인을 무시하지 못하게 한다.

그런데 위에서 언급한 사례들의 이면에서는 다른 풍경이 펼쳐진다. 2017년 공공기관 채용 과정 중 1차 서류전형에 합격한 비율은 남성을 기준으로 여성이 근소하게 높지만(남성의 100.9퍼센트), 면접심사를 거친 여성 합격자 비율은 큰 폭으로 낮아졌다(68.6퍼센트). 블라인드 심사에서 높은 점수를 얻었던 여성들이 주관이 개입되는 심사 과정에서 대거 탈락한 것이다. 2019년 공무원 합격자 비율에 있어 성별 격차는 거의 없지만, 중앙부처 여성 관리직 비율은 17.8퍼센트에 불과하다는 사실도 같은 점을 시사한다. 능력주의가 모든 과정과 영역에서 일관되게 반영되지 않는다는 점이다. 여성 한 개인의 생애 과정에서도 마찬가지라는 점은 앞서 '경단녀' 통계로 이미 확인한 바 있다. 이에 대한 즉자적인 해법 중 하나는 소설 《능력주의》에서처럼 더 철저하게 능력주의를 구현하자는 것일 게다. 그러나 페미니즘은 그런 시도 역시 왜 필연적으로 실패할 수밖에 없는지 구체적으로 분석해왔다.

논리적으로 능력주의는 지위와 보상이 객관적인 평가 시스템을 따라 분배되어야 하며, 이 과정이 모두에게 공정하고 투명하게 작동할 것이라는 기대를 통해 유지된다. 마이클 영은 1870년대를 능력주의가 작동하기 시작한 현대의 시초로 바라보는데, 파리 코뮌이 아닌 모든 아동의 교육을 의무화한 초등교육법의 도입을 그 계기로 삼는다. 보통교육의 제도화는 동등한 기회 제공이라는 능력주의의 이념을 실현하는 동시에, 평가 시스템을 구축하고 능력 측정에 관여하는 주요 장치이다. 이 때문에 능력주의가 학력주의나 학벌주의로 발현되기도 한다. 실제로 표준화된 시험 체계와 계량화된 능력 측정 도구가 개발되자 능력주의는 비약적 도약을 맞이한다. 특히 20세기 초 정신 능력 측정검사 기법의 발달은 대중 교육의 능력주의적 기능을 고도화하는 발판이었다.[5] 영이 소설 속에서 그려낸 바와 같이 어느 누구도 객관성을 완전히 무시할 수 없는 지능 검사야말로 사회정의를 실현하는 수단으로 간주되었기 때문이다.

그런데 가장 과학적인 척도처럼 보이는 지능검사조차 남성을 표본으로 개발되었다는 사실을 아는 사람들은 많지 않다. 지능검사의 초기 개발 과정에서 여성이 남성보다 우월한 테스트 결과가 나왔을 경우, 테스트의 무효 지표로 간주되었고 결과가 바뀔 때까지 수정되었다.[6] 이는 능력의 개념과 측정 척도들이 문화 종속적인 만큼, 본질적으로 젠더 편향적일 수밖에 없음을 상징적으로 보여준 사건이라 할 수 있다. 편향성을 배제한다 해도 기술적 문제가 남는다. 능력이나 성과를 측정하는 일은 대부분 지능을 측정하는 것보다 훨씬 복잡하고 다면적이어서, 정량화나 평가 시스템의 개선에는 한계가 따를 수밖에 없는 것이다.

무엇보다 능력은 개인의 노력만으로 형성되는 게 아니라는 점에서 능력주의를 전적으로 신뢰하는 것은 매우 위험하다. 개인의 능력과 성취에는 가족 배경·경제 시스템·사회적 차별 등 비능력적 요인이 압도적 영향을 미치며, 개인이 통제할 수 없는 사회적 우연성과 운luck의 요소가 광범하게 작용한다. 법철학자 로널드 드워킨R. Dwarkin이 선택choice과 운을 구별해서 분배 체계에 반영해야 한다고 본 까닭이다. 그에 따르면, 선택에 대해서는 개인이 책임을 지되, 불운에 대해서는 제도적 보상이 주어져야 한다. 가령 주식에 투자한 손실은 본인이 해결할 문제이지만, 산재로 직장을 잃은 경우에는 세금을 통해 보상해주는 방식으로 분배 제도에 보험 원리를 적용하자는 제안이다.

그런데 불운은 모호한 개념이기도 하다. 부정의injustice와 불운misfortune을 구분하는 감각을 논의한 정치철학자 주디스 슈클라J. Shkla는 이런 의미심장한 질문을 던진 바 있다. "여성이 된다는 것은 불운인가, 부정의인가?" 성별은 개인이 선택권을 자유롭게 갖지 못한다는 점에서 우연적 요소지만, 이 범주를 불운으로 작동하게 하는 것은 사회 제도와 규범을 통해 만들어진다. 다시 말해 여성이 된다는 것은 산재사고를 당하는 것과는 너무나 이질적인 불운일 뿐만 아니라, 간단히 불운으로 치부될 수 있는 사안도 아니다. 이러한 맥락에서 슈클라는 이렇게 자답한다. "여성이 된다는 것이 과거에는 불운이었지만, 이제는 부정의가 되었다. 우리가 우리의 유산을 바꾸길 원했기 때문이다."

여성의 '이중 구속'

페미니즘이 능력주의의 이런 다면적 문제를 짚어온 논의 개념 중 하나가 유리천장이다. 유리천장은 승진 기회의 보이지 않는 장벽으로서 여성이 노동시장 내의 지위와 보상 과정에서 체계적으로, 누적적으로 저평가받는 현상을 말한다. 모든 관련 연구가 한 목소리로 지적해왔듯이, 유리천장은 육아의 기회비용을 여성에게 전가하는 동시에, 이를 여성이 남성만큼 개인의 역량에 이르지 못하는 근거로 평가하는 남성 중심적 조직 질서와 문화 속에서 발생한다. 즉 돌봄에 대해 아무런 보상도 하지 않으면서, 돌봄을 수행한다는 이유로 남성에 비해 낮은 평가를 감행한 결과가 유리천장이라는 것이다.

유리벽glass wall과 핑크컬러 게토pink-collar ghetto는 이런 능력주의 시스템의 젠더화된 특성을 보완적으로, 또한 분명하게 설명해준다. 유리천장이 수직 이동의 장벽을 나타낸다면, 유리벽은 수평 이동의 장벽을 말한다. 여성이 행정 지원 서비스와 같은 전통적인 여성적 업무에 배치되거나 조직 내 중심적인 부문에서 배제되는 현상이다. 그리고 유리벽이 직군으로 표현된 것을 핑크컬러 게토라 한다. 남성 집중 직군인 블루칼라와 대비해 여성의 직종이 저임금의 대인 서비스, 돌봄노동에 주로 많이 분포되어 고착화되는 경향을 일컫는다.

이와 같은 노동시장의 젠더 양상은 여성이 능력주의 시스템에서 단순히 저평가되는 것이 아니라, '여성적' 지위로 평가되고 보상받는다는 점을 보여준다. 소설 《능력주의》에서 여성은 "지능보다는 개인적 특질로, 세속적 성공보다는 따뜻한 마음씨와 발랄한 성격, 매력으로 평가받았다"라고 표현했던 바, 여성은 무엇을 하는지가 아니라 어떤 존재인지에 따라서 평가받는 것, 이것이 바로 능력주의가 작동하는 젠더 시스템의 요체라 할 수 있다. 즉 능력주의는 이상적인 개인과 표준적인 노동자를 남성으로 상정한 노동시장 구조를 경제적으로 비가시화한 채 여성을 개인으로 호명하는(작동) 한편, 여성의 능력을 개인이 아니라 여성 집단의 특징으로 정형화하는(오작동) 이중적인 체계이다. 돌봄을 둘러싼 여성과 남성의 불균등 지위를 활용하고 또한 재생산한다는 점에서 이러한 (오)작동 체계는 성차별과 공모한다.

능력주의의 (오)작동이 여성의 삶에서 경험되는 감각은 이중 구속double bind이다. 대학의 여성 교수자가 남성 교수자보다 학생들에게 낮은 강의평가를 받는 원인을 여성에 대한 젠더 기대로 진단한 맥널과 동료들의 연구가 이를 잘 보여준다.[7] 여성 교수자는 덜 능숙하며 덜 전문적이라는 편견이 작동하는 한편, 여성은 양육적이고 지지적이라는 젠더 기대에 따라 상호작용적 특징을 기대하는 경향이 있어, 지적으로 권위적인 여성 교수자는 이 기대를 위반함으로써 학생들의 반감을 사게 된다는 것이다. 따라서 여성 교수자는 학생들에게 더 개방적이면서도, 높은 수준의 전문성과 객관성을 동시에 유지해야 하는 이중 구속에 놓이게 되고, 만약 이런 높은 기대를 충족시키지 못할 경우 남성 교수자에 비해 저평가된다고 분석한다. 남자와 같다고 증명해야 하는 한편, 그렇다고 남성과 똑같아서도 안 되는 이중의 과업이 여성에게 부여되는 것이다.

페미니즘은 능력주의 (오)작동의 체계의 구조적 개선 방향을 여성의 과소 대표성 극복에 두고, 이를 위한 제도적 장치로 적극적 조치affirmative action를 제안해왔다. 한국에서는 1990년대 이후 공무원 양성평등 채용목표제, 국공립대학교 여교수 채용목표제, 여성 과학기술인력 채용목표제, 비례대표 여성할당제 등 주로 공공 영역에 도입해왔다. 1970년대 이후 교육기관·공공기관·사기업 등에 전면적으로 시행돼온 서구에 비해 비교적 협소한 규모로 진행되어왔음에도, 여성을 '우대하는' 조치로 간주되어 젠더 관련 공정 논란의 집중 대상이 되어왔다. 물론 적극적 조치가 공정성을 해치고 남성을 역차별한다는 주장은 왜곡에 기반해 있다. 예를 들어 공무원 양성평등 채용목표제는 한쪽 성별이 70퍼센트를 넘지 않도록 하고 성비 목표가 달성되지 못한 경우 다른 성별을 초과 선발해 보충하는 제도로, 남성을 탈락시키는 구조와는 무관할 뿐아니라 남성 역시 이 제도로 혜택을 입어왔다.* 또한 적극적 조치가 능력 있는 남성의 자리를 능력 없는 여성이 대체할 것이라는 일반적인 가정과 달리, 능력주의적 평가 기준에서도 기존 남성 인력보다 우수한 여성이 선발되는 경우가 많아, 능력주의와 갈등하지 않는다는 연구도 제시되어왔다.[8]

그렇지만 적극적 조치에 대한 사회적 합의를 어떤 관점과 각도 속에서 마련할 것인지는 중요한 숙제이다. 대체로 차별금지조치가 고용 기회의 평등과 공정함을 추구한다면, 적극적 조치는 여성과 소수집단의 채용과 참여를 확대하여 과거의 차별을 보상하는 방식으로 분배 및 결과의 공정성을 중시하는 정책으로 이해되어왔다.[9] 여성학자이자 철학자인 허라금은 이러한 접근을 성찰할 필요가 있다고 지적한다. 과거 차별에 대한 보상을 목표로 할 경우, 차별로 인한 피해를 입증하는 문제가 정치적 과정이라는 점을 간과하게 되며, 그동안 배제되었던 그룹에게 예상되는 부족함을 보완해주는 시혜적 성격의 정책으로 간주될 가능성이 크다는 것이다. 무엇보다 결과적 평등으로 접근하여 권력과 특권을 분배하는 문제로 접근하게 되면, 최근 우리 사회에서 나타나는 것처럼 기회 평등의 원칙을 위배한다는 논쟁이 필연적으로 등장해서 허구적인 경합 구도를 만들어낼 수 있다. 허라금과 유사한 맥락에서 아이리스 영

---

* 인사혁신처에 따르면 2003년부터 2021년까지 공무원 양성평등 채용목표제로 추가 합격한 인원은 여성이 1825명, 남성이 2655명이다.

역시 적극적 조치의 정당성은 그동안 주류에서 배제되었던 관점을 적극적으로 승인함으로써 현행 제도와 의사결정자가 가진 젠더 편견의 영향력을 완화하기 위한 것으로 이해되어야 한다고 말한다.

보다 근본적으로는 적극적 조치처럼 능력주의를 개선하거나 보완하는 데 주안점을 둔 시도들이 지닌 한계도 지적돼왔다. 페미니즘은 여러 갈래이지만, 여성해방을 '사적 영역과의 연결성을 끊어내고 공적 영역으로 진입하는 능력'과 관련해 개념화한 것은 공통적으로 주요한 전략이었다. 이를 통해 더 많은 여성이 경제적 자율성을 획득하고 공적 성취의 주체가 된 것은 부인할 수 없는 성과지만, 해방이 아니라 이중의 과업을 수행해야 하는 덫에 빠져 있는 것도 분명한 현실이다. 여기에는 돌봄을 시민적 삶과 공적 의제에서 배제해온 문제가 놓여 있으며, 이는 능력주의가 (오)작동하며 성차별을 지속시킨 원동력이기도 하다. 능력주의가 기초한 원자화된 개인 관념을 넘어 상호의존성을 개인과 공동체의 삶의 조건이자 역량으로 다루는 전환적 기획이 필요한 시점이라 할 수 있다.

신자유주의적 능력주의와 포스트페미니즘

지금껏 한국에서 능력주의는 대체로 '과소'가 문제시되었을 뿐, 최근에서야 그 '과잉'이 사회적 문제로 포착되기 시작했다.[10] 고성장 시대가 지나가고, 계층 이동에 대한 기대가 사라진 시점과 맞물렸다. 그런 의미에서 능력주의의

'과잉'이 아니라, '위기'로 진단되기도 한다. 능력주의는 사회 이동에 대한 가능성을 기반으로 유지될 수 있기 때문이다. 그러나 "부모를 잘 둔 것도 능력"이라는 능력주의에 대한 새로운 이야기들이 사회적 담론으로 확장되어온 현상을 고려할 때,[11] '과잉' 혹은 '위기'라는 대립적 구분으로 단정할 수 없는, 능력주의의 새로운 양식에 주목하는 게 합리적일 것이다.

능력주의 비판이 두루 지적해왔듯이, 오늘날의 능력주의는 자수성가·출세주의를 격려하는 수준을 넘어 승자독식과 패자에 대한 무자비한 모욕을 정당화하는 차원에 들어서고 있다. 능력주의와 불평등의 결탁을 문제로 바라보는 것이 아니라, 오히려 적극적으로 지지하는 형국인 것이다. 불평등을 합리화하는 이데올로기는 역사적으로 존재해왔지만, 불평등을 자연적 질서처럼 바라보고 평등을 위한 어떤 형태의 노력도 부정하는 시각은 신자유주의의 등장과 더불어 확산되었다고 할 수 있다.[12]

능력주의가 신자유주의와 결합하는 구조를 이해하기 위해서는 '제도화된 신자유주의'와 '체화된 신자유주의'를 구분하는 논의를 살펴볼 필요가 있다. '제도화된 신자유주의'가 자원 배분을 시장에 배타적으로 부여하는 정책적 기조나 거시-경제적 독트린을 가리킨다면, '체화된 신자유주의'는 경제-도덕적 가치관 혹은 푸코적 통치성의 한 양식으로 파악되는 사회적 에토스를 말한다.[13] 이렇게 볼 때 능력주의는 '제도화된 신자유주의'이자 '체화된 신자유주의'로서, 이 둘의 상호작용을 통해 불평등과 그에 대한 정당화를 증폭시키는 기제라 할 수 있다.

신자유주의는 노동의 유연화·탈규제·민영화 등을 앞세워 일터와 사회 보호 체계를 개조했다. 연공과 서열에 따른 보상 대신, 수평적인 노동 조직을 내세우면서 능력·업적에 따른 성과급제를 확산시켰다. 또 공공서비스를 축소하는 한편, 노동 연계 복지 등 복지정책에도 시장 질서와 경영 원칙을 도입했다. 능력주의 시스템의 기능과 위상이 신자유주의적으로 조정되어 가장 효율적일 뿐 아니라, 규범적으로도 가장 정당한 분배 원리로 확장·제도화된 것이다. 또한 능력주의는 정의 감각과 관련해 상당한 동의를 얻어 실행되고 있는 이데올로기로서 사람들의 마음과 행위에 관철되는 신자유주의 통치성의 일부이다.[14]

신자유주의 통치성의 핵심은 경제적 효율성과 경쟁 규준에 입각하여 선택과 자기 책임하에 개인의 모든 삶의 영역을 스스로 최적화하도록 독려한다는 데 있다. 산업 자본주의 사회에서 노동하는 주체는 능력으로부터의 졸업을 통해 일의 세계에 진입할 수 있었지만, 신자유주의 시대 노동자는 능력으로부터 졸업할 수 없으며, 끊임없이 자신을 능력화해야 한다.[15] 이러한 시효 없는 자기계발의 성과는 경쟁에서의 성공과 실패를 통해 확인되며, 이를 오로지 자신만의 능력으로 얻어낸 당연한 보상이라는 에토스를 만들어낸다. 바우만z. Bauman이 말한 바와 같이, 과거에는 '개인의 재능과 능력은 자연적으로 불평등하다'는 믿음이 부정의를 탐지하고 측정하는 기준을 제공해 사회적 불평등에 대한 공적 논의와 집합적 타협의 과정을 이끌어내기도 했다면, 이제 자연스러움이라는 가면조차 불필요하게 된 것이다. 이와 같이 시장 경쟁 규준에 따른 자기계발의 보상 체계를 사회의 가장 규범적인 분배 원리로 적용하여, 차별과 불평등을 개인화하는 제도적 발상 및 심성의 구조를 우리는 신자유주의적 능력주의라 부를 수 있을 것이다.

신자유주의적 능력주의는 포스트페미니즘 현상의 가장 유력한 구조라 할 수 있다. 포스트페미니즘은 제2 물결 페미니즘 이후의 전환을 지칭하는 개념으로 여성의 권리는 충분히 강화되었기 때문에, 페미니즘의 역사적 시효는 완료됐다는 시대 인식적 사조를 표현한다.[16] 이러한 흐름은 글로벌한 경향으로, 대개 성평등 제도 및 정책에 대한 파괴적 비난 그리고 여성과 페미니즘에 대한 공격으로 나타난다. 한국 사회에서도 2000년대 이후 온라인 남초 커뮤니티를 중심으로 여성혐오 발화와 안티페미니즘 실천이 등장해 확산돼왔으며, 최근에는 '젠더갈등' '젠더 전쟁' 등의 담론화를 통해 젠더 불평등을 남녀 간 이해 충돌 문제로 환원하는 정치적 정당화 과정을 거치고 있다.

포스트페미니즘에서 특징적인 점은 성평등을 완강히 거부하는 것이 아니라, 신자유주의적 능력주의에 조응하는 개념으로 탈바꿈시킨다는 데 있다. 모든 개인은 자신의 경쟁력과 능력을 스스로 입증해야 한다는 점에서 이미 동등한 주체로 간주되며, 성차별과 불평등은 사회구조적 문제가 아니라 경쟁장의 형식적이고 피상적인 규칙의 조정의제로 한정된다. 이에 따라 성적 차이와 그 경험은 젠더화된 특성이 아니라, 위험 혹은 자원이 될 수 있는 개개인의 기질이자 속성으로 이해되고, 개인의 능동적 자기 관리의 대상으로 치환된다.[17] 개인을 성별화하는 성 역할 고정관념의 해체는 옹호되지만, 임신·출산·돌봄 등을 둘러싸고 여성의 삶이 차별적으로 구성되는 현실에 주목하자는 제안은 거부된다. 여성이 성적 차이를 드러내는 것은 경쟁 질서에 대한 위반이며, 남성들에게는 벗어나라 요구하면서 여성 스스로는 전통적인 성역할에 의존하는 이율배반적 모습으로 간주되기 때문이다. 이렇게 여성 집합적인 의제를 개인의 문제로 바라보는 성평등 담론의 창출을 통해, 그리고 성불평등의 초점을 형식주의적·행정주의적 논리에 가두는 탈정치화 과정을 통해 능력주의는 '성평등'과 조화롭게 결합하게 된다.[18]

주목해야 할 점은 포스트페미니즘이 페미니즘을 무력화하고 공격하는 양식뿐만 아니라, 페미니즘의 언어와 가치를 전유하면서 신자유주의적으로 통합하는 과정으로도 나타난다는 점이다. 그동안 능력주의의 잔여적 존재였던 여성이 분배 정의의 당사자로 등장하면서 보다 복잡한 양상을 보이고 있다. 가령 페미니즘에서 여성의 역량 강화empowerment는 경제적 삶의 질 향상만이 아니라, 자유와 평등의 궁극적인 증진 과정으로 제안되고 해석되어왔지만,[19] 포스트페미니즘의 버전에서 이는 구매력과 동일시된다. 여성의 권리와 해방을 소비자의 지위로 실현할 것을 독려하는 것이다. 페미니즘의 대중화 속에서 부상한 '돈이 되는 페미니즘' '페미 화력' 등의 담론이나 '야망보지 힘주기 프로젝트' 등의 정치 기획은 소비문화의 자장 속에서 경험한 자율성의 활력을 페미니즘적 역량 확대로 동일시하고 활용하는 특징을 잘 보여준다. 일상적인 소비에서부터, 자기계발, 생활 관리 등에 관한 정보를 공유하는 실천들이 소셜 미디어를 중심으로 확산되면서, 부의 축적과 능력 계발에 투자하여 계층의 사다리를 올라가 많은 여성이 '정상에서 만나는 것'이 페미니스트로서의 정치적 실천이자 성평등의 실현이라고 제시되는 것이다.[20]

아이러니한 점은 2010년대 중반 이후 여성혐오에 대항하며 등장한 새로운 페미니스트 주체와 여성들의 집합 행동이 신자유주의적 능력주의의 신화와 실패를 폭로하면서 나타났다는 점이다. 능력주의적 경쟁의 고도화가 남성 생계부양자 모델의 잠식과 더불어 진행되면서 남녀 모두 삶의 불안정성이 증대하고, 이를 젠더 관계의 변화를 통해 경험하고 있지만, 이를 오로지 남성의 피해로 동일시하며 여성과 페미니즘을 적대시하는 여성혐오가 확산돼왔다. 한국 여성을 단지 여자라는 이유로 사회의 진보를 일방적으로 누리기만 하는 파렴치한 존재('김치녀')로 낙인찍으며 공격하는 현상에 대해 우리 사회는 그동안 적절한 대처를 해오지 못했다.[21] 2016년 강남역 살인사건과 2018년 이후 미투 운동은 여성들로 하여금 이에 문제를 제기하는 계기로 작용했다. 여성의 취약한 존재 지위를 가시화하고, 고용 차별·성별 임금 격차·유리천장·경력 단절 등 제도적·문화적 형식으로 유지되는 불평등한 분배 구조를 젠더 부정의로 고발했다. 여성은 각자도생의 생존 불안을 남성과 다르게 경험하고 있으며, 신자유주의적 능력주의가 전제하고 있는 불편부당한 경쟁장은 신화라는 점을 문제화한 것이다. 이는 페미니즘의 대중화를 이끌어낸 동력이었으며, 분배 패러다임의 전환과 젠더 정의를 결합할 수 있는 역사적 분기점을 마련했다.

이 분기가 어떤 가능성으로 확장해나갈지는 아직 확정되지 않았다. 능력주의적 공정성 인식이 여성 주체의 욕망과도 맞닿아 있으며, 남성이 광폭하게 점유하고 있는 피해자의 위치를 되찾는 데만 골몰하는 정체성의 정치로 나아가고 있는 경향을 부인할 수 없기 때문이다. 그러나 신자유주의적 능력주의에 비판적으로 대응할 수 있는 해방적이고 능동적인 자원으로서 페미니즘이 제안해온 기획 역시여전히 살아 있다. 프레이저는 분배와 인정이라는 두 가지의 동시적 과제를 가지고 페미니즘 정치가 부침을 거듭해왔다고 지적한다.[22] 다만 인정의 정치가 정체성의 정치로 귀결되기보다는 사회의 완전한 구성권을 통해 남성과 대등한 여성의 지위를 확립하고, 억압과 종속을 극복하는 정치로 나아가야 한다고 주장한다. 분배와 인정의 이항 대립을 넘어서는 것은 페미니즘이 제기해온 사회정의의 대안적 프레임이자, 페미니즘 정치의 과제이기도 한 것이다.

2034년 총파업은 성공할 것인가

오늘날 젠더 관계가 긴장된 전환기를 맞이하고 있는 것은 사실이다. 남성 생계부양자 모델이 잠식되고, 표준적인 생애와 가족 전망이 균열하고 있다. 여기에 고도 경쟁의 압박과 삶의 불안정성이 증대하면서 일상과 일터에서 여성과 남성의 접촉 및 소통 경험이 달라지고 있다. 그만큼 젠더가 필수적인 삶의 지식이자 자원이 되었다는 의미가 된다. 그러나 이에 대한 우리 사회의 정책적·정치적 대처는 미흡했을 뿐만 아니라, 심지어 부정의했다. '양성평등' 정책은 남성과 여성의 수적 편파성을 제어하는 담론이 점차 지배해왔다. 비용과 효율성의 논리에도 적극 포섭됐다. 가령 저출생 대응 정책은 구조화된 사회적 차별의 억제와 평등의 증진보다는 혼인 장려, 여성인력 활용 등 개인의 능력에 따른 자유와 생산성에 바탕을 둔 신자유주의적 접근방식이 강조되었다.[23] 기계적 균형이 공정한 젠더 관계로, 경제적 효율성이 성평등의 의미와 가치를 구성해온 것이다. 한편 정치세력은 젠더 관계의 긴장 국면을 성평등한 사회전환의 기회가 아니라, 권력 창출의 계기로 삼았다. 여성가족부 폐지·여성 징병제 도입·여성할당제 폐지 등 남초 커뮤니티의 안티페미니즘 이슈를 받아쓰기하면서 성평등 의제를 남성과 여성 간 이해 충돌의 문제로 형해화해왔다.

페미니즘의 능력주의 비판은 이와 같은 현실을 비판적으로 분석하고 대안을 모색하는 데 개입한다. 능력주의는 여성을 배제적으로 포함시킨 근대 사회계약론에 기초한 분배 패러다임의 일부로서, 젠더 중립적 시스템이 아니라 성차별의 구조를 지탱시키는 한편, 합리화·정당화하는 기제로 작동하고 있다. 이러한 능력주의의 성차별 구조는 사회 정의를 경제주의적으로 정의定義하여 재화와 물질의 분배로 한정하는 분배 패러다임 틀 속에서 구획되었다. 여성의 성적 차이를 동등한 권리의 자질이 아니라, 특수한 결핍으로 간주하는 제도적·문화적 실천을 정의justice 영역 외부의 의제로 유지시킴으로써, 성차별을 '공정한' 것으로 만드는 데 관여하고 있는 것이다. 극단적 경쟁 원리를 중심적인 분배 규범으로 구성한 신자유주의적 제도화와 에토스는 이를 드러내기보다 더욱 비가시화하는 데 기여하고 있다. 귀속 지위가 아니라 성취 지위를 약속했던 능력주의 사회에서 여성들이 불평등한 분배와 지위를 경험하면서도, 오히려 공정한 경쟁 질서를 위반하는 존재로 간주되는 구조가 여기에 있다.

1950년대에 한 사회학자가 상상한 디스토피아가 현실의 일부가 되었다면, 유토피아를 그려보는 것도 그리 허무맹랑한 일은 아닐 것이다. 《능력주의》에서 소설 속 현재 시점은 2034년으로, 반체제 집단의 총파업 예고를 앞두고 이것이 제2의 프랑스 혁명이 될 것인지를 긴장하며 지켜보는 정치 비평으로 시작한다. 반체제 집단이 '능력주의의 자만과 능력주의자들의 오만으로 가득한 세상'에 도전하면서 내건 "계급 없는 사회"의 비전은 다음과 같다.

"출세할 기회가 아니라 풍요로운 삶을 위해 자기만의 특별한 역량을 발전시킬 기회를 균등하게 누리는 사회."

능력주의를 비판해온 페미니즘의 사회 메시지도 이와 크게 다르지 않을 것이다. 그리고 도래할 2034년, 우리에게 주어진 10년이 향할 하나의 이정표로서도 손색이 없을 것이다.

◆ 2장 ◆

젠더 이후의
젠더 정치학

'젠더 없음'과 '젠더 반대'와
'젠더 박살' 사이에서

김보명

페미니즘 리부트 이후의 한국 사회에서는 안티페미니즘과 백래시의 물결이 자리하고 있다. '20대 남성'과 보수 우파 정치인들은 페미니즘을 남성에 대한 역차별이나 시장질서를 침해하는 '불공정' 행위로 규정하며, 능력주의에 기반한 경쟁과 '이퀄리즘'을 페미니즘의 대안으로 제시하고 있다.

한편 퀴어문화축제와 차별금지법 제정운동에 반대하면서 본격적으로 조직된 보수 개신교 반동성애 운동의 흐름 속에서도 안티페미니즘이 등장하고 있는데, 2015년의 성평등 개헌 국면을 기점으로 하여 가시화되기 시작한 보수 개신교 여성들의 '양성평등' 요구와 '젠더 이데올로기'에 대한 저항이 그 대표적인 사례가 될 수 있을 것이다. 이들은 성평등과 페미니즘, 그리고 그 이론적·실천적 프레임으로 작용하는 '젠더' 관점과 이론을 가족 해체·성적 혼란의 원인이자 사회와 민족의 미래를 파괴하는 위험한 '이데올로기'로 정의했다. 보수 개신교 반동성애운동의 '양성평등' 정치학은 '두 개의 생물학적 성two biological sex'에 기반한 '양성평등'을 여성정책의 근간이자 페미니즘의 대안으로 정립하고자 한다. '성평등 NO, 양성평등 YES'라는 구호로 요약되는 보수 개신교 반동성애운동의 안티페미니

즘은 이성애규범적 가족질서의 보호를 여성정책과 여성
운동의 역할이나 목표로 제시하고, 나아가 이를 '여성'의
이해관계나 요구와 등치시키면서 페미니즘과 '여성'을 대
립적 관계로 배치하고 있다.

다른 한편 페미니즘 리부트의 흐름 속에서 등장했지만
안티페미니즘과 유사한 방식으로 '생물학적 성'에 기반한
여성운동을 요구하는 '랟펨' 혹은 트랜스 배제적 급진페미
니즘의 부상 또한 오늘날 한국 사회 '젠더' 정치학을 담론
적 지형을 규정하는 새롭고도 중요한 요인으로 나타나고
있다. 디지털 연결성을 기반으로 하여 대중적 저항의 문
법과 전략을 활용하면서 강남역 여성살해·임신중지 합법
화·불법촬영 처벌 등의 의제를 중심으로 '여성 시위' 등을
전개해온 '랟펨'* 혹은 트랜스 배제적 급진페미니즘은 앞
서 언급된 두 종류의 안티페미니즘(신자유주의적 안티페
미니즘과 보수 개신교 반동성애적 안티페미니즘)과는 구별
되는 방식으로 '젠더'에 반대하여 '생물학적 여성'을 여성
운동의 토대와 이유로 재확인하고자 한다. 이들은 트랜스
젠더, 특히 트랜스여성에 대한 배제와 혐오를 페미니즘의
이름으로 정당화하면서 논란의 대상이 되었다. 이들이 내
세우는 '젠더 박살'의 구호에서 나타나듯 '랟펨'이 만들어
내는 저항의 문법은 성차별적 사회구조와 규범으로서의
'젠더'뿐만 아니라 이러한 구조와 규범 속에서 출현하는

* '랟펨'은 온라인 공간에서의 한국의 래디컬 페미니즘 내지는
래디컬 페미니스트를 칭하는 용어이다. 이 글 안에서 학문적으로
정의되는 여성학 흐름인 '래디컬 페미니즘'과 구분해 사용하고자 한다.

정체성과 체현의 영역으로서의 '젠더' 또한 폐지의 대상으로 포함한다. 즉 페미니즘의 이름으로 트랜스젠더의 존재와 삶의 가능성을 지우는 모순에 이르는 것이다.

이처럼 최근 수년간 한국 사회에서 성평등과 페미니즘을 둘러싸고 일어난 '젠더'의 담론적 풍경은 다채롭고 혼란스럽게 전개되고 있다. '20대 남성'들과 보수 우파 정치인들의 신자유주의적 안티페미니즘과 보수 개신교 반동성애 운동의 가족주의적 안티페미니즘, 그리고 '랟펨'의 트랜스 배제적 급진페미니즘은 각각의 맥락과 방식으로 기존의 성평등·페미니즘을 반대할 뿐아니라 이를 교정하고 대안을 제시하면서 기존의 '젠더' 정치학의 지형에 균열과 변화를 초래하고 있다. 안티페미니즘과 백래시, 그리고 '급진적 페미니즘'에 이르기까지 다양한 종류의 담론과 실천이 성평등과 페미니즘을 논쟁과 경합의 영역으로 만들어가고 있는 오늘날 한국 사회의 현실은 성평등의 제도화와 디지털 연결성에 기반한 대중적 페미니즘 실천을 배경으로 등장하고 있는 새로운 '젠더' 정치학의 지형에 대한 고찰의 필요성을 제기한다.

서구 안티페미니즘과 백래시, 그 사례와 계보

안티페미니즘은 백래시 정치학과 구별되면서도 중복되며, 동시에 백래시 정치학의 한 유형이나 사례를 구성한다. '반발' '반격' '반동' 등으로 번역되기도 하는 '백래시'는 주로 흑인민권운동, 페미니즘·성소수자 인권운동 등과 같은 소수자들의 권리 증진과 진보적 사회변혁에 대한 부정적 감정과 실천을 포괄적으로 지칭한다. 이때 개인적 차원의 반발뿐 아니라, 문화적 차원의 저항과 제도적·정치적 차원의 대응을 모두 포괄한다.[1] 흔히 진보적 사회 변화에 대한 부정적 반응이나 반발로 서술·정의되는 '백래시'의 등장이나 확산 배경으로는 진보적 사회 변화에 따른 지위 강등이나 권력 상실을 경험하는 기득권 집단의 분노·상실감·피해의식·위기감 등이 지목된다. 페미니즘, 흑인민권운동, 다문화주의, LGBTQ 운동이 만들어내는 '진보적' 사회변혁에 반발하는 백래시 정치학은 성평등·인종평등·성소수자 인권 등이 '지나친too far' 수준에 이르렀으며 남성·백인·선주민·이성애자들을 '역차별'의 '피해자'로 구성한다.

역사적으로 볼 때 페미니즘과 페미니스트에 대한 반발과 공격은 새로운 현상도, 그렇다고 페미니즘 리부트 이후의 특별한 사건도 아니다. 서구 사회와 한국 사회 모두에서 페미니즘과 성평등 정책은 끊임없는 반발과 대립 속에서 출현하고 가시화되었으며, '성평등'과 '젠더' 정치학은 언제나 논쟁과 경합의 영역으로 존재해왔다. 안티페미니즘과 백래시, 보수주의는 페미니즘과 역사적으로 공존하면서 페미니즘에 대한 대중적 담론과 인식을 형성해왔던 것이다.[2] 예를 들어 19세기 후반에서 20세기 초반 사이, 여성 참정권 운동이 시작되면서 보다 조직화된 집합적 차원의 안티페미니즘 담론과 실천 또한 확산되었다. 이 시기의 안티페미니즘은 젠더 관계뿐만 아니라 계층·인종·

종교 등 다양한 범주들을 통과하며 구성되었다. 중산층 백인들과 식민지 초기에 정착하여 자리 잡은 '선주민native-born' 미국인들은 산업화·이민·여성 교육 등과 같은 당대의 사회적 변화를 자신들의 지위에 대한 도전으로 받아들이면서 여성참정권 반대 운동을 전개하였다.[3] 여성참정권 반대 운동가들에게 있어서 여성의 정치적 주권은 신과 자연이 만든 성적 차이의 섭리와 그에 기반한 문명의 질서를 파괴하는 위험한 반사회적 상상력으로 간주되었다. 참정권 반대 운동은 또한 남성뿐만 아니라 여성들의 지지와 참여를 동반하였다. 안티페미니즘·여성참정권 반대 운동의 주요 지도자와 지지층은 중산층 개신교 배경의 여성들과 지역 유력 인사들의 아내들로 구성되었다. 이들은 참정권과 성평등이 가부장제 사회에서 (백인 중산층) 여성들이 '어머니'이자 '아내'로서 누려온 도덕적·성적·경제적 보호와 특권을 박탈하고, 나아가 여성의 사회적 지위를 하락시킬 것을 염려하였다. 다른 한편으로 지역 소상공업자들과 보수 백인 정치인들은 여성권리 운동의 한 흐름으로 등장한 금주운동temperance movement에 대한 반발과 여성 참정권이 흑인 인권 신장에 미칠 긍정적 영향의 예방을 위해 여성참정권 반대운동을 조직하거나 재정적으로 후원하면서 자본주의 시장 질서에 기반한 안티페미니즘의 만남을 보여주었다.[4]

1960년에 재등장한 제2물결 페미니즘 또한 그 대중적 지지와 확산에 상응하는 문화적 반발과 저항을 경험했으며 이는 종종 여성운동에 대한 언론 보도 및 대중매체를 통해 구성되었다.[5] 예를 들어 미인대회 반대 시위에 대한 언론 보도에서 등장한 '브래지어를 태우는' 페미니스트들의 이미지는 실제로 일어난 일과 별개로 여성해방운동에 대한 대중적 기억의 핵심적 장면이 되었다. 당시 시위 참가자들은 화장품이나 속옷과 같은 여성성을 상징하는 물품들을 쓰레기통에 던지는 퍼포먼스를 수행했지만 소방법상의 규제로 이를 불태우지는 못했다. '브래지어를 태우는' 페미니스트 이미지는《뉴욕 포스트》리포터였던 린지 반 겔더Lindsy Van Gelder가 작성한 기사를 통해 시작되었다. 겔더는 미인대회 반대 시위의 급진성을 당대 반전 운동에 비견되는 것으로 평가하면서 징집 카드나 미국 국기를 태우는 행위를 연상시키고자 기사 제목에 "브래지어를 태우는" 이라는 표현을 사용하였다. 여성해방운동의 정치적·사회적 중요성을 질문하고자 했던 겔더의 취지나 기사 맥락과 반대로 '브래지어를 태우는' 페미니스트들의 이미지는 대중들에게 여성해방운동을 '사소한' 문제에 집착하는 소수의 극단적 여성들의 선택이라는 인상을 심거나 페미니즘과 '여성' 정체성을 대립적 관계로 인식하게 하였다.

1980년대의 들어 필리스 슐래플리Phyllis Schlafly 같은 보수 우파 여성 활동가들이 주도했던 평등권 수정 반대 운동 STOP ERA에서 나타나듯, '보수적 여성'이나 '평범한 여성'의 목소리와 실천이 조직되고 재현되면서 페미니즘과 '여성' 사이의 균열을 만들어냈다. 슐래플리는 페미니스트들의 평등권 수정 운동이 여성들의 권리를 신장하기보다는 오히려 여성의 특권을 박탈하고 원치 않는 성평등을 강요하

면서 여성들의 자유를 침해하게 될 것이라고 주장하면서
중산층 여성들의 안티페미니즘 정서를 조장하였다.[6] 여
성과 남성은 엄연히 '다르며', 미국 사회에서 여성들은 이
미 충분한 '보호'를 받고 있을 뿐 아니라 여성들 스스로 이
를 선택하거나 선호하고 있으며, 따라서 남성과 같은 삶을
누리는 것은 여성들이 원하는 것도, 여성들에게 좋은 것도
아니라는 주장이었다. 그는 또한 평등권 수정안이 노동·
고용·산업에 대한 국가의 개입과 관리를 강화하면서 자본
주의의 성장과 기업의 자유를 침해할 것이라 주장하면서
평등권 수정안을 반시장적·반미국적인 것으로 의미화했
다. 달리 말해 슐래플리는 평등권 수정을 단지 제도적 개
혁의 문제가 아닌 문화적 문제이자 삶의 양식의 문제로 만
들면서 페미니즘을 보수 우파 정치학이 주도하는 문화전
쟁culture war의 영역으로 끌어들였다.

1970년대 당시 평등권 수정 운동의 활동가이기도 했
던 페미니스트 정치학자 제인 맨브리지Jane Mansbridge는
1986년 저서《우리는 왜 평등권 수정 운동에서 졌나Why
We Lost the ERA》에서 평등권 수정 운동이 제도적·정치적 논
쟁이 아닌 대중적 문화 전쟁으로 구도화된 원인과 배경을
당시의 사회적 상황과 페미니스트 활동가들의 전략적 선
택으로부터 찾았다. 맨스브리지에 따르면 1964년에 제정
된 민권법The Civil Rights Act을 통해 노동시장에서의 성차별
에 대한 규제가 이미 도입된 상황에서 평등권 수정안의 입
법이 여성들에게 줄 수 있는 실질적 혜택이나 제도적 변화
의 정도·효과는 다소 불투명했다. 이러한 상황 속에서 페

미니스트들은 평등권 수정 운동은 정치적 동력을 '성평등'이란 원칙에 대한 옹호와 그 원칙의 제도화를 통한 미국 사회의 전반적 변혁 가능성에서 찾게 되었다. 결과적으로 페미니스트들은 평등권 수정안의 입법이 초래할 사회적·제도적 변화에 대해 다소 이상적이거나 급진적인 비전을 제시하면서 예상치 못한 대중의 불안과 반발을 초래하였으며, 이 과정에서 평등권 수정 운동은 의회나 법원에서의 제도적·법률적 논쟁을 넘어 미디어와 거리에서의 문화 전쟁으로 전환되었다. 이러한 과정 속에서 안티페미니즘 실천은 그간 상대적으로 풀뿌리 지역운동 차원에 집중했던 보수적인 여성들과 남성들, 그리고 교회를 비롯한 종교기관들이 보다 적극적으로 제도 정치의 장에 참여하면서 자신들의 목소리를 내는 계기가 되기도 하였다.[7]

페미니즘 백래시가 젠더로 향하다

1990년대 들어 페미니즘에 대한 반발은 보다 다양한 담론적 양상으로 전개되기 시작하였다. 먼저 로마교황청을 비롯한 종교계에서는 급진 페미니즘과 '젠더' 정치학을 반사회적·반도덕적·반교회적 이데올로기로 규정하면서 '폐지'와 경계의 대상으로 선포했다. 대표적으로 카톨릭 저널리스트 데일 오리어리Dale O'Leary는 "젠더: 여성의 파괴 Gender; the Deconstruction of Women"라는 제목의 에세이에서 '젠더'를 평범한 여성들의 삶과 괴리되거나 나아가 이들의 정체성과 행복의 근간으로 간주되는 이성애적 가족 질서를 해체하고 파괴하는 위험한 '이데올로기'로 명명했다. 이는 오늘날 글로벌 차원으로 확산되고 있는 젠더 반대 운동anti-gender movement이나 아래에서 살펴본 한국 보수 개신교 여성들의 '양성평등' 운동에서도 이어지는 보수적 여성 운동의 담론적 레퍼토리를 구성했다.[8] 오리어리는 '젠더' 정치학을 대학과 국제인권기구를 장악한 엘리트 페미니스트 여성들이 만들어낸 '교조적' 사상이자 '반여성적' 이데올로기로 묘사하면서 '여성'과 '젠더'를 대립적 관계로 배치했으며, 이러한 수사적 배치를 통해 '보통'의 여성들을 안티페미니즘의 적극적인 지지자로 호명하였다.

1990년대 이후 보수 우파의 안티페미니즘 담론은 또한 페미니즘과 성평등을 여성들의 불행이나 고통의 원인으로 비난하는 대중미디어의 안티페미니즘 담론과 여성 해방의 도래를 앞당겨 축하하면서 페미니즘의 필요성을 부정하는 포스트페미니즘의 문법으로 나타났다.[9] 1980년대 이후 미국의 안티페미니즘 담론은 페미니즘을 여성의 장시간 노동과 외로움의 원인으로 비난하면서 '성평등'의 위험을 경고했다.[10] 그러나 페미니스트 저널리스트 수전 팔루디Susan Faludi가 짚어내듯, 이러한 진단과 주장은 실제로 노동시장에서 지속되는 성별 임금 격차와 성적 괴롭힘, 여성에게 전가되는 돌봄노동의 부담, 재생산 권리의 제약, 대중문화·광고 속 여성혐오 등과 같은 성차별적 사회 구조로 인해 초래되는 여성들의 부담이나 고통을 간과하고, 이를 오히려 여성운동·성평등의 성공에 따른 문제로 왜곡하며 대중의 분노를 성차별이 아닌 페미니즘으로 향하게 만들었다.

페미니즘의 대중화와 성평등 정책 제도화 이후의 서구 사회에서 등장한 포스트페미니즘 담론은, 성평등의 가치를 부정하는 것이 아니라 반대로 성평등의 도래를 앞당겨 축하하고 인정하는 긍정적 문법 속에서 집합적 저항 운동으로서의 페미니즘의 역사적 종말을 선언하였다. 구조적 성차별의 현실을 부인하고 개인의 진취성과 책임감, 그리고 회복력을 강조하면서 소녀들과 여성들을 자본주의 노동시장의 적극적 행위자로 호명하는 포스트페미니즘의 문법은 여성의 성취와 성공을 강조하는 신자유주의적 페미니즘neoliberal feminism의 등장으로 이어졌다.[11]

1990년대 중반 로마 교황청을 중심으로 시작된 '젠더 이데올로기'에 대한 경계와 비판은 최근 수년간 글로벌 차원의 젠더 반대 운동으로 확산되면서 극우 정치와 안티페미니즘 및 반동성애 운동의 정치적·대중적·담론적 만남을 보여주었다. 여성과 남성의 생물학적 차이에 기반한 이성애적 가족 질서와 성별 이분법의 회복을 요구하는 젠더 반대 운동은 지난 10년간 헝가리·폴란드·프랑스·독일·이탈리아·멕시코·스페인·브라질 등 세계 전역에서 다양한 방식으로 확산되며 반다문화주의, 보수 기독교의 반동성애 운동, 극우 포퓰리즘의 반지성주의 등과 만나 융화되면서 다양한 극우 보수주의 운동의 상징적 접착제symbolic glue 역할을 담당하고 있다.[12] 이들은 성주류화 정책, 포괄적 성교육, LGBTQ 인권, 재생산 권리, 트랜스젠더 권리, 여성학 교육 등에 반대하고 세계화와 신자유주의에 따른 사회적 불안의 원인을 '젠더 이데올로기gender ideology' '젠더 이론gender theory' '젠더리즘genderism'의 확산으로부터 찾으면서 '젠더'를 위험하고 오염된 담론으로 문제화한다.

한국 사회 안티페미니즘 혹은 유사 페미니즘

한국 사회의 여성운동과 여성정책 또한 보수 정치나 남성들의 반발과 저항 속에서 전개되었다. 해방 이후 여성계에 의해 시작된 가족법 개정 운동에 대해 호주제 폐지를 '패륜'이나 '친북' 행위로 비난하며 반대 운동을 전개했던 보수 유림 집단이나 1990년대 당시 군가산점제 위헌결정을 맞아 성평등 정책을 남성에 대한 역차별이나 '박탈'로 인식하고 여성운동을 비난하고 공격했던 예비역 남성들이 그 대표적 사례라 할 수 있다.[13] 이 두 사례는 또한 한국 사회 안티페미니즘의 두 가지 흐름, 즉 전통적 가족 질서에 기반한 보수적 안티페미니즘과 노동시장에서의 취업 경쟁과 분배를 둘러싸고 일어나는 시장적 안티페미니즘의 시작을 보여준다.[14] 두 흐름의 안티페미니즘은 보다 최근에는 각각 보수 개신교 반동성애 운동의 맥락에서 함께 등장한 보수적 여성들의 '양성평등' 요구 그리고 '20대 남성'들과 보수 우파 정치인들의 여성가족부 폐지론이나 넥슨 등의 기업에서 일어나는 페미니스트 노동자에 대한 해고 및 페미니즘 콘텐츠에 대한 검열과 같은 양상으로 나타나고 있다.

보수 개신교 반동성애 운동의 '양성평등'

먼저 2000년대 이후 시작된 보수 개신교 반동성애 운동의 맥락에서 출현한 보수적 여성들의 '양성평등' 운동은 성을 사회문화적 구성이자 관계로 보는 관점을 담고 있는 '성평등' '젠더' '페미니즘' 등과 같은 용어·관점에 반대하고 생물학적으로 정의되는 두 개의 성, 즉 남자와 여자를 여성 정책과 여성운동의 근간으로 삼는 '양성평등' 프레임을 대안으로 제시·요구하고 있다.[15] 2015년 당시의 성평등 개헌 정국을 배경으로 하여 본격적으로 시작된 보수 개신교 여성들의 '양성평등' 운동은, 학생인권조례나 중고등 교과서는 물론 대학 인권센터 규정이나 지자체 조례 등에서도 '젠더'나 '성평등' 문구를 삭제할 것을 요구하고 지자체 도서관에서 관련 도서들을 퇴출할 것을 요구하는 활동으로 전개되고 있다.

보수 개신교 여성들의 '양성평등' 운동에서 페미니즘과 성평등은 생물학적 성차나 이에 기반한 가족 질서와 성 규범을 해체함으로써 여성과 아동의 안전은 물론 정상적 가족 질서와 국가의 안전을 위협하는 불순한 사상으로 간주된다. 또한 성에 대한 사회문화적 구성주의적 관점을 담고 있는 '젠더'는 검열과 삭제, 그리고 폐지의 대상으로 선언된다. 이들은 생물학적 성과 구별되는 사회문화적 구성으로서의 '젠더'를 전제로 하는 '성평등' 정책이 젠더갈등과 저출생을 초래하고 있으며 나아가 아동과 여성을 성적 위험에 빠뜨리고 가족과 민족의 미래를 위협할 것이라 걱정한다. 보수 우파 개신교 반동성애 담론에서 '젠더'는 또한 서구 68세대로부터 시작된 좌파 성혁명을 위한 프로파간다이자 교회를 파괴하기 위한 공산주의자·페미니스트·성소수자들의 '이데올로기'로 재현되고 있다.[16]

보수 우파 개신교 반동성애 운동의 맥락에서 등장한 안티페미니즘과 '양성평등' 운동은 교회와 여성들을 중심으로 하여 전개되면서 여성들이 사회문화적으로 담당하는 양육자의 역할을 강조하며 중고등 교과서나 학생인권조례에서 성소수자 인권과 페미니즘 교육을 배제할 것을 '학부모'의 이름으로 요구하고 있다. 예를 들어 2018년에 시작된 '바른여성인권연합'이나 보다 최근에 등장한 '찐眞여성주권연합' 등이 주도하는 보수 개신교 여성들의 '양성평등' 운동은 주로 민원 접수·공청회·시위 등과 같은 직접행동을 통해 전개되고 있다.

보수 개신교 반동성애 운동은 단지 페미니즘을 반대하는 데 그치지 않는다. 이들은 '젠더 이데올로기'에 경도된 (반가족적·반여성적·반사회적 '좌파'로 간주되는) 주류 여성운동가들과 '엘리트' 페미니스트들의 가족 파괴에 맞서 '보통의 여성들'의 목소리와 이해관계를 대변하는 대안적 여성운동의 역할을 자처하면서 대항 운동counter movement으로서의 면모 또한 보여주고 있다.[17] 과거 반공주의 사상을 중심으로 하여 조직되었던 한국 사회 보수 개신교의 우파 정치학은 냉전 이후의 한국 사회에서 페미니즘과 퀴어 정치학을 새로운 '적'으로 발견하면서 안티페미니즘과 반동성애 운동을 통한 대중적 지지 기반 확장을 시도하고 있다. 일견 생소하게 들렸던, 가족법 개정운동과 차별금지법

제정 운동의 국면에서 등장했던 '종북 페미'나 '종북 게이' 와 같은 용어들은 가족법 개정과 호주제 폐지, 그리고 성소수자 인권운동이 초래할 수 있는 이성애규범적 가족 질서에서의 성평등한 변화를 좌파 성혁명을 통한 가족해체로 인식하는 보수 개신교 우파의 두려움을 반영하는 한편, 한국 사회 반공주의 담론에서 가족과 재생산 질서가 갖는 중요성을 다시 한번 상기시켜준다. 보다 최근이라 할 수 있는 '양성평등' 운동 또한 한국 사회의 보수 우파 정치학의 '안보' 정치학의 중심에 이성애규범적 가족 질서의 수호가 자리하고 있음을 보여준다.

'20대 남성'들의 '이퀄리즘'

다른 한편, '20대 남성'들과 이들을 정치적 지지 기반으로 조직하고자 하는 보수 우파 정치인들은 페미니즘을 남성에 대한 역차별이자 시장의 '공정'한 경쟁을 위반하는 행위로 비난하면서 페미니즘에 대한 보이콧을 조직하거나 여성정책기구 폐지를 시도하고 있다. 이들의 안티페미니즘은 시장질서와 그에 기반한 공정한 경쟁으로부터 그 정당성을 찾는 한편, 친페미니즘적 콘텐츠에 대한 보이콧·페미니스트 노동자에 대한 해고 요구 등을 시도한다는 점에서 이성애적 가족 질서나 성규범의 보호를 목적으로 삼는 보수 개신교 여성들의 전통적 안티페미니즘과 그 담론과 실천의 측면 모두에서 구별되는 특징을 보인다. 시장적 안티페미니즘 담론에서 성평등 정책과 페미니즘의 정당성을 부정하는 근거는 시장 경쟁과 공정성으로 나타나며,

시장적 안티페미니즘의 실천 양상은 안티페미니즘의 상품화나 페미니즘 콘텐츠에 대한 보이콧과 같은 시장적 방식으로 나타나기 때문이다. 예를 들어 '신남성연대'와 같은 안티페미니즘 남성 단체는 유튜브 등을 통해 안티페미니즘 콘텐츠를 생산하는 한편, 이를 통해 지지와 후원을 호소하는 등 안티페미니즘을 통해 정치경제적 이익을 추구하며, 또한 페미니스트 친화적인 여성 연예인이나 그런 것으로 의심되는 기업에 대해 사이버불링과 보이콧을 조직함으로서 남성 소비자들의 위력을 과시하는 등 그 실천의 방식에서도 신자유주의적 양상을 보여준다.

시장적 안티페미니즘의 담론에서 성평등 정책과 페미니즘은 시장에 대한 국가의 부당한 간섭이자 더 이상 구조적 차별이란 없는 것으로 상상되는 오늘날 한국 사회에서 여성들, 특히 과거와 달리 상대적으로 동등한 교육 및 노동의 기회를 누리면서 성장한 '20대 여성'들에게만 부여되는 일종의 '특권'으로 간주된다. 여성의 개별적 능력과 성공을 강조함으로써 집합적 저항 운동이자 사회구조적 변혁을 위한 과정으로서의 페미니즘의 필요성을 부인하는 포스트페미니즘의 서사, 적극적 자기계발과 유연한 자아관리를 삶의 전략이자 윤리로 고양하는 신자유주의적 페미니즘의 문법은 오늘날 한국 사회의 시장적 안티페미니즘에서도 발견된다. 미디어와 대중 담론에서 순환하는 뛰어난 여성들의 성공담이나 '소녀 산업'이 투영하는 재능 넘치는 소녀들의 성장 서사는 사회적 변화가 아닌 개인적 재능과 노력만이 좋은 삶을 성취하는 정당한 방법이라 역설하며, 소수의 성공담 뒤에 가려진 구조적 착취와 경쟁에서 탈락한 다수가 치러야 하는 비용에 대해서는 침묵한다.[18]

페미니즘을 시대에 뒤떨어지는 '불공정'한 요구로 간주하는 시장적 안티페미니즘 담론에서 여성들은 성차화된 신체로 인해 남성보다 '열등'한 동시에 '운 좋은' 집단으로 간주된다.[19] 여성정책이나 성평등 정책은 사회구조적으로 구성되는 성별 간 불평등을 시정하는 제도가 아니라, 이미 남성들과 대등한 삶의 기회를 누리는 여성들이 자신의 노력이 아닌 '태어난 성'이라는 '운'에 의해 능력에 넘치는 기회나 보상을 받게 되는 불공정한 제도이자 신자유주의적 시장 질서에 대한 침해로 이해되기 때문이다. 예를 들어 여성 경찰에 대한 남초 커뮤니티의 혐오와 비난은 이들이 성별분리 채용 과정을 통해 여성의 신체적 능력에 넘치는 남자들의 일자리를 뺏어갔다는 피해의식으로부터 비롯된다. 이러한 관점에서 여성과 남성 간의 신체적 차이는 극복될 수 없는 절대적·본질적·자연적 차이로 규정되며 여성의 신체는 여성을 '무능한 경찰'로 규정하는 근거로 작용한다. 또한 여기에서 성평등 채용 과정에서 고려되는 지원자의 성별gender 지위는 성차별적 사회질서 속에서 구성되는 사회문화적 차이가 아닌 개인의 노력과 무관하게 부여되는 타고난 신체 자체로 규정되면서 '섹스'는 '젠더'를 대체하게 된다. 여성정책 혹은 성평등 정책은 사회구조적으로 구성된 불평등한 관계나 지위로써의 성별, 즉 '젠더'를 변혁의 영역으로 삼고 있지만 '능력주의' 담론으로 무장한 시장적 안티페미니즘의 관점에서 볼 때 이는 사회문화적으로 조건 지어지는 삶의 가능성들과 무관하게 생물학적·법적으로 구획되는 성별 범주, 즉 '섹스'를 그 적용의 기준과 대상으로 삼는 '불공정' 행위로 독해되고 있는 것이다. 이같은 시장적 안티페미니즘 담론에서 여성의 신체는 또한 이미 그 자체로 극복 불가능한 열등성을 지시하게 되는 동시에 운 좋게 타고나는 행운으로 취급되는 모순적 상황에 놓이게 된다. 여성은 한편으로는 성차를 초월하여 탈젠더화된 개인으로 경쟁할 것을 요구받지만 다른 한편으로는 언제나 성차화된 존재이자 따라서 부족하거나 열등한 노동자로 강등되는 딜레마 속에서 노동자이자 시민으로서 자신의 가치를 입증해야 하는 과제를 부여받는다.

'랟펨'의 젠더 정치학

오늘날 한국 사회에서 나타나는 '젠더'를 둘러싼 논쟁과 경합이 만들어내는 담론적 풍경의 중심에는 또한 트랜스 배제적 급진페미니즘 혹은 '랟펨'과 이들이 보여주는 트랜스젠더 배제 및 혐오의 정치학이 자리하고 있다. 이성애규범적 가족 질서의 보호에 초점을 두는 전통적 안티페미니즘과 신자유주의적 능력주의 담론에 기반을 두는 시장적 안티페미니즘이 모두 페미니즘을 반대하고 폐지하고자 한다면 '랟펨'은 이름 그대로 페미니즘을, 나아가 '래디컬 페미니즘'을 그 정치적 입장으로 표방한다는 점에서 '안티페미니즘'과 확연히 구별된다.

그러나 아이러니하게도 '랟펨'이 보여주는 '젠더' 정치학은 '생물학적 여성'을 페미니즘과 여성 운동의 근간으로 내세우고 트랜스젠더, 특히 트랜스젠더 여성들을 시스젠더 여성들의 권리와 안전을 해치는 존재로 묘사하는 지점에서 보수 개신교 반동성애 운동의 안티페미니즘과 유사한 담론적·실천적 양상을 보여주고 있다. 보수 개신교 여성들이 '양성평등'을 헌법의 원칙으로 기입함으로써 성소수자들의 가족구성권과 삶의 가능성을 제한하고자 한다면, 트랜스 배제적 급진페미니즘은 '성에 기반한 권리sex-based rights'의 제도화를 요구하면서 트랜스젠더 시민권에 제약을 가하고자 한다. 다른 한편으로 트랜스 배제적 급진페미니즘은 여성운동의 목적과 지향을 포괄적 사회변혁이나 정의의 증진보다는 다른 소수자들을 배제하더라도 여성의 권리와 안전을 보장받고 나아가 남성과 대등한 정치적 권력을 획득하는 데에서 찾는다는 점에서 오늘날 한국 사회에 만연한 신자유주의적 경쟁과 생존주의의 정서 또한 투영하고 있다.

시장주의적 안티페미니즘이 구조적 차별의 기제로서의 '젠더'의 실재를 부정하고 보수 개신교 반동성애 운동이 반사회적 이데올로기로서 규정된 '젠더'에 반대한다면, '랟펨' 혹은 트랜스 배제적 급진페미니즘은 반대로 구조적 차별의 기제이자 그로부터 출현하는 성차별적 규범으로서의 '젠더'에 반대하고 이를 폐지와 해체의 대상으로 선언한다. 앞서 살펴봤듯, 신자유주의적 안티페미니즘은 젠더 불평등의 해소를 앞당겨 선언하는 포스트페미니즘의 문법과 개인의 노력과 성공을 강조하는 신자유주의적 페미니즘의 문법을, 그리고 보수 개신교 반동성애운동의 가족주의적 안티페미니즘은 '보통' 여성들의 삶과 정치적 '이데올로기'로서의 젠더와 페미니즘을 대립적으로 배치하는 전통적 보수주의적 문법을 통해 '젠더' 정치학의 보수화를 시도했다. 이와 비교해 트랜스 배제적 급진페미니즘은 반대로 여성에 대한 차별과 폭력의 기원으로서의 '젠더'를 완전히 해체하고자 하는 '급진적' 지향과 시도 속에서 오히려 '젠더' 정치학을 보수화하는 역설적 결과에 도달하고 있다.

'여성'이라는 동질적 범주가 구성되다

디지털 연결성에 기반한 새로운 페미니스트 실천의 가능성으로부터 출현한 '랩펨'은 그 시작에서부터 '미러링'과 같은 직관적이고 대중적인 저항의 문법을 지향했다. 성평등 정책의 제도화 이후 성장한 메갈리안 세대의 여성들에게 페미니즘은 난해하지도 불가능하지도 않은 당연한 상식이자 일상적으로 실천 가능한 생존의 전략으로 수용되었다. 이들은 또한 디지털 공간과 대중문화에서 발견되는 여성혐오나 강남역 사건·임신중지 처벌·불법촬영 및 디지털 성범죄의 현실을 통해 드러나는 젠더 기반 폭력의 현실에 주목하면서 비웨이브 시위·혜화역 시위와 같은 단일 의제 중심의 '여성 시위'를 조직하고 나아가 '여성의당'을 창당하면서 대중적 여성운동의 가능성을 실험했다. '한 명의 여성' 혹은 '익명의 여성'이라는 이름으로 여성살해와 디지털 성범죄의 현실에 저항하며 거리에 나선 여성들은 서로의 차이보다는 공통성에 주목했으며 페미니즘의 폭넓은 의제들과 그 안의 다양한 정치적 차이들을 탐색하기보다는 '임신중지 합법화'와 같은 단일의제를 통해 결집하고 '동일범죄 동일처벌'과 같은 최소한의 평등을 합의점으로 삼았다. 이처럼 현실에 대항하는 여성들의 목소리를 모으고 '화력'을 키우기 위해서는 '여성'들 사이의 차이와 갈등을 드러내거나 페미니즘 정치학의 다양한 가능성을 다루기보다는 '생물학적 여성'으로 명명된 공통된 정체성과 삶의 조건에 호소하는 전략을 선택한 것이다.

디지털 연결성이 가능하게 한 개인화된 저항은 '여성'이라는 공통의 정체성과 만나면서 대중운동의 가능성을 발견하였으며, 거리와 광장에서의 여성 시위를 조직하기 위해 이루어진 '생물학적 여성' 범주의 소환은 페미니스트 정치학의 범주로서의 '여성'을 질문이나 논쟁의 여지없는 본질적 실체로 정박하면서 '여성 대중'을 동질적 범주로 구성하였다. 잘 알려진 것처럼 이러한 '여성 시위'의 조직 과정에서 트랜스젠더, 특히 트랜스여성은 '여성'의 안전과 권리를 위협하는 존재로 재현되면서 배제와 혐오, 그리고 신체적·문화적 검열의 대상으로 구획되었다.

'생물학적 여성'들의 '젠더 박살' 프로젝트

다른 한편 디지털 공간과 현실의 삶을 가로질러 전개된 탈코르셋 실천이나 4B운동의 확산에서 나타나듯 '랟펨'의 페미니스트 정치학은 일상적 삶의 젠더화된 경험과 그 중심에 놓인 '여성'이라는 정체성에 대한 급진적 거부와 해체를 지향했다. 이러한 '여성' 정체성에 대한 거부와 해체는 앞서 살펴본 '여성 시위'에서 나타나는 '여성'에 대한 본질주의적 정의와 배치되는 듯 보이지만 꼭 그렇지만은 않다. 사회문화적으로 부여되는 규범으로서의 '젠더' 혹은 '코르셋'으로부터 벗어나고자 하는 탈코르셋과 4B운동의 정치학은 이러한 규범 너머, 혹은 그 이전에 존재하는 자연적 본질로서의 '여성'을 부인하기보다는 오히려 전제하거나 나아가 지향하기 때문이다. 사회문화적으로 부여되는 '젠더' 규범의 제약으로부터 '탈'출하여 본연의 자연스럽고 해방된 자아를 회복하고자 하는 '랟펨'의 정치학은 '젠더 박살'과 같은 구호로 나타난다. 화장이나 긴 머리, 여성적 말투와 태도, 임신·출산과 같은 여성의 성 역할을 거부하고 탈젠더화된 주체로서의 삶을 지향하는 '랟펨'의 정치학은 '젠더'의 사회문화적 기원을 분명히 인식하는 동시에 사회문화적 구성으로서의 '젠더'와 그 이전에 오는 것으로 상상되는 '생물학적 여성'을 분리하고 대립적 관계에 위치 짓는다.

이러한 담론적 배치에서 '생물학적 여성'은 구조와 규범으로서의 '젠더'에 의해 포획당하고 억압당하는 몸들이자 동시에 그 구조와 규범의 해체를 기획하고 욕망하는 급진적 저항의 가능성을 담지하는 몸들로 호명된다. 여성들의 섹스화된 몸들은 성차별의 기원이 되는 동시에 여성 대중의 저항운동으로서의 페미니즘을 가능하게 하는 조건으로 상상되고 서사화되며, 이러한 상상과 서사에 균열을 가하는 트랜스젠더의 정체성과 체현된 몸은 인식 불가능의 영역으로 배치되면서 페미니즘의 경계를 구획하는 문턱이 되었다. 특히 트랜스여성들의 젠더 정체성과 젠더 표현은 '코르셋'을 재생산하는 시도나 규범적 여성성에 대한 부족한 모방 행위로 치부됐다.

이와 같은 '랟펨' 혹은 트랜스 배제적 급진페미니즘의 담론은 구조와 규범으로서의 '젠더'를 인식하는 동시에 비판과 해체의 대상으로 규정하지만, 이러한 구조와 규범과의 관계 속에서 출현하는 정체성과 체현의 영역으로서의 '젠더'의 수행과 그에 내포된 전복적 저항의 가능성은 보지 못하거나 거부한다. 구조 및 규범으로서의 '젠더'를 전면적으로 거부하고 해체하고자 하는 '급진적' 페미니즘의 '여성해방'의 서사는 구조 및 규범과 주체가 맺는 상호구성적 관계 또한 억압이나 종속과 동일시하면서 구조 및 규범의 해체 '이후에' 도래할 해방된 주체를 열망한다. 그러나 이러한 '급진적' 해방의 서사 속에서 억압의 대상이자 저항의 주체로 규정되는 '여성'의 행위성은 어디로부터 어떻게 출현하는지에 대한 질문은 침묵되면서 오직 '생물학적 여성'이 페미니즘의 자격요건이자 이유로 자리하게된다.

정책 용어에서의 젠더 사용

이 글에서 살펴본 한국 사회의 안티페미니즘은 '시장'과 '가족'을 페미니즘과 대립적으로 배치하면서 '여성'을 탈젠더화된 개인이나 생물학적 차이의 문제로 환원하였다. 안티페미니즘의 '젠더' 담론에서 구조적 성차별에 대한 비판적 분석을 가능하게 하는 렌즈이자 이를 통과하며 생성되는 저항적 실천 영역으로의 '젠더' 정치학은 그 가능성이 부정되거나 반대의 대상이 된다. 그렇게 한국 사회의 정치 담론과 문화적 상상력으로부터 '젠더'를 삭제된다. 다른 한편 디지털 공간과 대중문화에서의 여성혐오에 대항하여 등장한 '랟펨'은 탈코르셋·4B운동·여성 시위 등을 통해 성차별의 구조이자 규범으로서의 '젠더'로부터 벗어나고자 하는 저항과 해방의 정치학을 지향했지만, 이 과정에서 정체성과 체현성의 영역으로의 '젠더'와 이에 내포된 전복적 저항의 가능성을 간과하거나 삭제하면서 '생물학적 여성'을 페미니즘의 이유와 자격으로 재소환했다. 신자유주의적 능력주의에 기반한 '20대 남성'들의 안티페미니즘과 이성애규범적 가족 질서를 수호하고자 하는 보수 개신교 반동성애 운동의 안티페미니즘은 물론 급진적 페미니즘을 지향하는 '랟펨'의 정치학은 각각의 방식으로 '젠더' 정치학을 재구성하면서 페미니즘과 성평등 정책의 폐지나 보수화를 추동하고 있는 현실이다.

1990년대 이후 한국 사회 여성운동과 여성정책, 그리고 젠더 거버넌스의 형성에 있어서 '여성'은 자연적 범주나 생물학적 범주가 아닌 사회문화적 범주이자 정치적 범주로 정의되고 구성되었다. '젠더' 역시 여성과 남성의 불평등한 관계를 구성하는 사회문화적 구조·제도의 적극적 변혁과 해소를 모색하는 이론적 관점이자 방법론적 과정으로 소개되었다.[20] 1990년대 당시 '세계화'를 정책 기조로 강조하던 김영삼 정부는 제4차 세계여성대회에 정부 관계자 및 비정부기구 여성단체의 참여를 적극적으로 지원했으며, 이후 베이징 선언과 행동강령 또한 큰 저항이나 갈등의 여지 없이 승인하면서 '젠더' 용어의 정책적 수용 계기를 마련하였다.[21] 성평등 정책의 제도화는 그간 '요보호' 여성들에 대한 관리와 통제 중심으로 하던 '부녀자' 정책이나 소외계층 여성들에 대한 복지 지원으로부터 정치·경제·법률·문화 등 사회 전반의 모든 영역에서 여성의 평등한 참여를 추구하는 '성평등'과 '성주류화'의 흐름으로 이행하는 전환점이 되었다.

그러나 이러한 정책적 이행은 순행적·직선적 과정이라기보다는 '성평등'의 의미·목표·과정·방법을 둘러싼 갈등과 경합의 연속으로 나타났으며, 특히 '여성발전' '성평등' '남녀평등' '양성평등' 등 다양한 정책 용어의 선택을 둘러싼 논쟁과 갈등의 과정으로 나타났다. 예를 들어 '성주류화'는 소외계층 여성들에 대한 복지 지원을 의미하는 '여성' 정책과 구별되는 보다 적극적인 의미의 '평등' 정책이나, 여성뿐만 아니라 남성도 그 적용의 대상이 되는 '양성평등' 정책으로 인식되었다. 또한 '젠더정책'은 '여성'(만)을 그 직접적 수혜의 대상으로 하는 '여성' 정책보다 더 포괄적이거나 성중립적인 정책으로 이해되었다.[22] '편협한' 범주로 간주되는 '여성'보다는 남성들의 반발이나 역차별 피해를 방지할 수 있는 '남녀평등'이나 '양성평등'을 사용할 것을 요구하는 반발이 나타났으며, 이러한 요구는

1996년부터 시작된 공공부문에서의 여성에 대한 적극적 고용조치를 2003년부터 '양성평등채용목표제'로 수정하고 남성을 성평등 정책의 적극적 대상으로 포함하게 되는 배경이 되었다.[23] 1990년대 중반에서 2000년대 중반 사이 일어난 성평등 정책의 도입과 정착 과정에서 나타나는 정책 용어를 둘러싼 이러한 논쟁과 갈등은 '젠더' '성평등 gender equality' '성주류화gender mainstreaming' '성인지감수성 gender sensitivity' 등과 같은 새로운 정책 용어들이나 번역어에 대한 정책 입안자들 사이에서의 개념적 합의의 부재나 혼란 및 오해에서 비롯되는 현상이자, 동시에 페미니즘의 이론적 자원에 대한 왜곡을 통해 이루어지는 안티페미니즘 백래시 전략의 출현으로 진단된다.[24]

젠더가 해석의 렌즈이자 저항의 방법으로 기능하기 위하여

서구 사회와 한국 사회 모두에서 여성운동과 성평등 정책은 이미 그 시작에서부터 '가족 파괴'나 남성에 대한 '역차별'이라는 혐의를 받으면서 보수 우파 정치학과 남성들의 반발과 공격을 받아왔다. 한편 성평등 정책의 제도화와 동시적으로 시작된 신자유주의적 사회 재편의 흐름은 교육 및 노동시장 영역에서 경쟁을 심화하고 친밀성과 돌봄의 영역에서 위기를 초래하면서 오늘날 '젠더갈등'으로 명명되는 정치적 현상을 추동하였다. 교육과 노동은 물론 친밀성과 돌봄의 영역에서 일어나는 '20대 여성'과 '20대 남성'

사이의 경합과 갈등, 그리고 새로운 협상의 과정이자 이를 둘러싼 정치적 실천의 양상으로 전개되는 '젠더갈등' 현상은 신자유주의적 사회 재편의 과정 속에서 높아진 삶의 비용과 불평등의 심화, 그리고 그에 따른 경쟁의 심화를 배경으로 한다. 달리 말해 '젠더갈등'은 여성과 남성의 관계를 매개하고 구조화하는 사회적 과정이자 실천의 영역으로서의 '젠더'를 정치적 문제로 가시화한다. 또한 보수 개신교 반동성애 운동의 성장과 '랟펨'의 트랜스 배제적 급진페미니즘의 등장은 오늘날 한국 사회에서 일어나는 '젠더' 정치학이 단지 여성과 남성 사이의 평등과 정의 뿐만 아니라 이성애규범적 사회질서와 성소수자 시민권 사이의 갈등과 경합을 포함하는 문제임을 보여준다. 성에 대한 구성주의적 관점을 견지하는 '젠더'를 반사회적 이데올로기로 규탄하면서 '두 개의 생물학적 성'을 여성정책의 원칙으로 제도화하고자 하는 보수 개신교 반동성애 운동의 '양성평등' 운동과 페미니즘을 '생물학적 여성'에 기반한 운동으로 재정의하고자 하는 트랜스 배제적 급진페미니즘의 여성 대중의 정치학은 서로 구별되지만 또 겹치는 방식으로 페미니즘의 보수화를 초래하고 있다. 이성애규범적 질서를 만들어내는 구조와 규범으로서의 '젠더'를 자연화하고 비가시화하기 위해 '젠더 반대'를 외치는 보수 개신교 반동성애운동과, 이러한 구조와 규범으로서의 '젠더'로부터 벗어나고자 하지만 그 과정에서 정체성과 체현의 가능성으로서의 '젠더' 또한 삭제하는 '랟펨'의 트랜스 배제적 급진페미니즘은 공통적으로 '여성'을 본질화하고 '생물학적 여성'을 페미니즘과 성평등 정책의 이유이자 자격으로 제도화하고자 하기 때문이다.

1960년대 후반 성과학과 정신분석 담론에서 고안되어 페미니즘의 이론적·실천적 프레임으로 수용된 '젠더'는 생물학적 본질로서의 '섹스'와 구별되는 사회문화적으로 구성되고 구조화되는 성별 정체성과 성 역할을 지칭하는 한편, 이러한 구성과 구조화의 과정에서 작용하는 불평등과 차별의 기제를 비판적으로 읽어내고 분석하는 비판적 분석의 렌즈로 활용되었다. 달리 말해 '젠더'는 개인의 정체성과 수행은 물론, 이를 구성하고 구조화하는 사회문화적 과정과 기제를 지시하는 용어이자 나아가 이러한 수행과 구성 및 구조화의 과정을 읽어내고 변혁하는 인식론적 도구이자 실천적 윤리를 포함하는 정치적 개념이다. 신자유주의적 한국 사회를 배경으로 전개되고 있는 '젠더 갈등'과 보수 우파 정치학의 '안티페미니즘'으로의 선회, 그리고 페미니즘의 이름으로 일어나는 성소수자 혐오 등 오늘날 한국 사회에서 발견되는 복잡다단한 '젠더' 정치학의 풍경은 페미니스트 이론과 실천의 범주로서 '젠더'가 그 효용성을 잃어가는 것이 아니라 역으로 이러한 복잡하고 치열한 현실 속에서 더욱 정교하게 벼려져야 할 해석의 렌즈이자 저항의 방법론임을 보여준다.

3장

돈 되지 않는 몸을 가진
남성-피해자들

자산 불공정 감각과
여성-불로소득자 담론

김주희

✱ 이 글은 〈능력주의와 젠더갈등: 자산 불공정 감각과 '여성-불로소득자' 담론을 중심으로〉(김주희, 《여성학연구》 33권 1호, 2023, 35~74쪽)를 수정한 것이다.

한국에서 '젠더갈등'은 2021년부터 본격적인 사회문제로 부상했다.* 이제 젠더갈등은 이념, 세대 갈등과 함께 동시대 한국에서 가장 심각한 사회갈등으로 분류되곤 한다. 물론 젠더갈등으로 보이는 현실이 그간 성별 갈등, 성 대결이라는 용어를 통해 분석되어왔기 때문에 신조어 자체가 새로운 현상을 가리킨다고 볼 수는 없다. 다만 젠더갈등 담론을 통해 우리 사회의 일면을 변화된 시각으로 포착하려고 하는 세력과 관점이 등장했다고 해석할 수 있다.

젠더갈등이라는 단어가 언론에서 처음 목격되었던 2007년은 온라인 세계에서 "여성가족부가 모든 문제의 근원"이라는 언설이 공고해진 때다.[1] 또한 잘 알려졌다시피 작금의 젠더갈등 담론은 "20대 남성을 향한 정치권의

---

* 젠더갈등이라는 단어는 2007년 처음 언론에 등장하여 2021년부터 비로소 대중적으로 사용되었다. 한국언론진흥재단에서 운영하는 뉴스 빅데이터 분석시스템인 '빅카인즈' 검색 결과 '젠더갈등'이라는 단어는 2007년 이유진 기자가 작성한 《한겨레》 기사 〈재편되는 성 질서에 틀어진 남성들〉에서 처음 등장한 것으로 보인다. 이후 '젠더갈등'을 언급한 기사는 2017년 10건, 2018년 109건, 2019년 545건, 2020년 175건으로 집계됐다. 2021년 1989건, 2022년 1953건의 기사와 함께 '젠더갈등'이라는 용어는 언론에 흔하게 등장하는 용어가 되었다.

구애"와 무관하지 않다.[2] 2023년 1월까지 언론에 등장한 "젠더갈등"에 관한 연관 키워드 1위는 '여가부', 2위는 '청년들', 3위는 '이준석'이라는 점에서 이 같은 사실을 다시 확인할 수 있다. 그러므로 현재 통용되는 젠더갈등 담론은 대중화된 페미니즘에 대한 반응과 맞물린다. 예컨대 남성 피해자 담론을 포착한 것이거나, 혹은 그것에 의미를 부여하면서 페미니즘 운동과 실천을 사회 위기·갈등 담론으로 전환하고자 한 정치권 주도의 선전을 포함한다.

특히 2021년 '국민의힘' 당 대표로 선출된 이준석의 등장 이래 젠더갈등이라는 진단 자체가 함의하는 안티페미니즘의 의도는 공공연하다. 이준석은 스스로를 청년 세대 젠더갈등 문제 해결사로 자천하며 정치인으로서의 행보를 대중에게 각인시켰다. 2019년 출간된 그의 인터뷰집 제목은 "공정한 경쟁: 대한민국 보수의 가치와 미래를 묻다"이며, 이 책에서 이준석은 공정의 기준을 바로 세움으로써 젠더갈등을 비롯한 사회의 다양한 갈등 문제가 해결될 수 있다고 보았다. 그는 스스로를 '역차별'의 희생자라 여기는 남성들에게 높이 평가되었으며, 이로써 제20대 대통령 선거에서 윤석열의 대통령 당선에 큰 공을 세웠다고 평가받았다.

이준석은 앞서 언급한 그의 책에서 젠더에 관한 질문에 대해 "젠더는 차이를 말하는 것이죠"라고 답변하며, 한국 페미니즘은 (미국의 페미니즘과 달리) 남녀 차이가 존재한다는 것인지 존재하지 않는다는 것인지 분명히 하지 않는다는 점에서 문제라고 지적하였다.[3] 또한 당시 대선 후보였던 윤석열은 페이스북에 "여성가족부 폐지"라는 일곱 글자를 올리면서 이슈 몰이를 하였고, 한 신문사와의 인터뷰에서 "구조적인 성차별은 없다. 차별은 개인적 문제"라고 말했다. 이준석은 젠더 관계를 '타고난' 차이, 다시 말해 생물학적 구분의 문제로 정의하며, 윤석열은 성차별은 구조적 차원에서 작동하는 것이 아니라 개인적 (불)운의 문제로 취급한다. 이 둘은 모두 젠더 관계를 '타고난' 운명·차이로 인식하며 사회적으로 표식화된 차이와 불평등 문제를 개인화·본질화한다.

결과적으로 이들은 성별에 따른 차등적 현실을 옹호한다. 공정 담론의 옹호자들은 여성들에게 능력을 결정하는 '타고난 차이'를 겸허히 인정하라고 요청한다. 이준석은 한 신문사 인터뷰에서 "(여성)할당제의 가장 큰 문제는 자연비율을 한참 초과하는 비율로 그걸 보정하자고 하기 때문"이라고 덧붙였다.[4] 여기서 "자연비율"이 함의하듯 그는 여성과 남성의 '타고난' 자연적 능력에 문재인 정부로 대표되는 친親페미니즘 정부가 인위적으로 개입한 결과 남성 피해자가 양산된다고 바라본다. 나아가 타고난 차이를 인정하고 자신의 위치에서 노력한다면 '자연비율'의 여성도, 장애인도, 운이 없는 사람도 진정한 승리자가 될 수 있다고 호도한다. 하지만 주지하다시피 이러한 차이가 '누구'의 '어떤' 기준을 중심으로 포착되고 줄 세워지는지 골몰하지 않는 한, 이것은 어디까지나 공허한 메시지이자 이데올로기적 선동이 될 뿐이다.

이 글은 최근의 젠더갈등을 문제 삼고 견인하는 공정 담론에서 '타고난 차이'라는 범주가 주목되는 현실에 집중한다. 이를 위해 '타고난 차이'라는, 얼핏 생물학적 한계·구분을 능력의 범주로 계산하도록 만드는 경제적 가상을 드러내고자 한다. 정말 남성은 '약자'이고 '피해자'인가? 여성은 '타고난 조건'으로 불공정하게 수혜를 받고 있는가?

능력주의 테제에서 '타고남'이라는 변수

한국에서 보통 '능력주의'로 번역되곤 하는 메리토크라시 meritocracy라는 단어는 영국의 사회학자 마이클 영이 1957년 출간한 책에 처음 등장하였다.* 저자는 책을 통해 "태생에 따른 귀족주의 정치나 부를 바탕으로 한 금권정치가 아니라 재능에 따른 진정한 능력주의 정치를 시행"한다고 믿는 20세기와 미래 사회를 디스토피아적으로 그리고 있다.[5] 이 글은 기존의 능력주의 담론 혹은 공정 담론에 관한 논의에서 종종 경시되었던 '우연적 타고남'이라는 범주가 동시대 젠더갈등을 견인하는 최전선에 있다고 본다. 이때 '타고남'이라는 범주는 마이클 영이 능력을 구성하는 한 축으로 본 '지능'의 다른 말이며, 이는 '생물학' '자연' '우연' '운', 나아가 '유전' '대물림된' '물려받은' 등등의 단어로 교체될 수 있다. '물려받은'이라는 단어에서 알 수 있

---

* 능력주의는 개인의 능력에 기반한 보상과 인정이 '공정'하다는 집단과 사회의 믿음을 의미하는 것이기에 이 글은 능력주의 담론과 공정 담론이 의미상으로나 용례상으로 차이가 나지 않는다고 판단한다.

듯, 귀족주의적 특권과 세습을 배제하고 오직 개인은 능력만으로 공정하게 평가받아야 한다고 믿는 능력주의의 신화는 역설적으로 대물림·세습의 범주를 이미 포함하고 있다. (우리가 이미 알고 있듯이) 결국 모든 개인이 동일선상에서 출발한다고 가정하면서 능력을 공정하게 측정하는 것은 불가능할 뿐 아니라, 능력주의는 대체로 차별적 현실을 능력에 따른 공정한 결과로 합리화하는 자유주의 이데올로기로 작동하기 때문이다.

능력주의에 대한 비판과 관련해 전 세계적으로 가장 널리 읽힌 책 중의 하나인 《공정하다는 착각》에서 마이클 샌델은 "사회가 우리 재능에 준 보상은 우리의 행운 덕이지 우리 업적 덕이 아님을 찾아내는 것이 필요"하다는 결론을 내렸다.[6] 개인은 자신의 성취에서 행운을 인정하라는 것이다. 이에 더해 이 글은 현실의 능력주의 담론에서 사람들이 행운의 가능성을 인식하지 못하는 것이 문제가 아니라, 상대의 운·타고남의 영역이 나에게 불이익을 가져다준다는 계산과 이에 대한 반발이 작금의 젠더갈등이라는 사회적 진단을 촉발한다고 분석한다. 공정 담론은 '왜 너에게만 그런 행운이?'라는 질문과 함께 등장한다.

한국의 사례를 한번 살펴보기로 하자. 언론에 노출된 '공정'이라는 단어만 검토하자면, 현실의 공정 담론은 정치권에서 견인했다고 볼 수 있다. 공정 키워드는 언론 보도에서 2008년에서 2011년 사이, 2017년에서 2021년 사이 가파르게 증가하는 것으로 나타난다. 이 시기 공정 키워드의 연관어 분석을 해보면 각각 '이명박 대통령' '문재인 대통령'이 핵심 연관어로 드러나는데, 각각의 시기는 이명박 정부와 문재인 정부가 집권하던 시기와 일치한다. 이명박은 재임 기간 중이던 2010년 8·15 경축사에서 출발과 과정에서 공평한 기회를 갖는 "공정사회"라는 화두를 던졌다. 또한 문재인은 2017년 5월 대통령 취임사에서 "기회는 균등하며, 과정은 공정하고, 결과는 정의로울 것"이라고 말하였다. 그 후 이준석은 국민의힘 정당 대변인을 뽑는 2021년의 '토론배틀'에서 "기회는 평등하고, 과정은 공정하기 때문에 결과는 정의로울 것이고 불만은 없을 것"이라며 문재인 대통령의 취임사 발언을 패러디하여, 문재인 시대의 실패를 각인시키고 스스로를 '진정한 공정'의 수호자로 위치시키고자 했다.

정치권 너머 공정에 관한 대중 담론은 불공정 담론에 가깝다는 분석이 설득적이다. 사회학자 신광영은 한국 사회에서는 공정, 특히 보편적 공정에 관한 토론이나 담론이 등장했다기보다, 불공정한 사건에 대한 주목과 각자의 이해에 기초해서 공정이라는 키워드가 정치적으로 등장했음을 지적했다.[7] 《한국의 능력주의》의 저자인 박권일은 "불평등은 참아도 불공정은 못 참는" '한국인'의 기저에 도사린 능력주의를 지적하면서 "능력주의는 불평등을 당연시함으로써 불평등을 재생산한다"라고 분석했다.[8] 그러므로 문재인 정권 공정의 '실패'와 이로 인해 사회적 불만이 집단화된 것을 불공정에 대한 아래로부터의 대중 담론이 생겨난 분기점으로 보아야 한다. 이명박 정부 시절부터 삼포세대·금수저·헬조선·N포세대가 신조어로 등장하며 한국 사회의 극심한 불평등과 불공정 문제를 지적하는 자조적 대중 담론이 온라인을 중심으로 널리 퍼진 배경 위에서, 소위 '조국 사태' '인국공 사태' 등 우리 사회의 능력주의 쟁점을 둘러싼 굵직한 사건이 문재인 대통령 재임 시절 폭발적으로 등장했다.

그 유명한 '벼락 거지'와 '영끌(영혼까지 끌어모아) 대출'이라는 신조어 역시 문재인 정부의 대표적 실정이라고 여겨지는 부동산 정책을 지나며 등장했다. 단순히 터무니없이 높은 집값으로 인해 집을 구할 수 없다는 한탄을 넘어, 집을 가진 사람들의 자산가치가 급격하게 상승하는 가운데 집이 없는 이들은 자연스럽게 '상대적' 자산 하락을 겪게 된다는 것이 '벼락 거지론'의 내용이다. 공정 담론을 촉발시킨 대중의 상대적 박탈감, 혹은 정부가 공언한 공정이라는 가치가 제대로 작동하지 않는다는 국민적 불공정 의식은 상대와 비슷한 수준의 노력을 기울였음에도 내가 대등한 몫을 갖지 못한 것 같은 불만족스러운 결과를 마주할 때 나타난다. 이러한 상대적 불공정 감각은 모두 타고남·운·세습의 영역으로부터 촉발되었다. '조국 사태'는 능력의 '세습' 문제, '인국공 사태'는 '우연히' 특정 비정규직 일자리에 대해서만 정규직 전환이 되는 문제, 문재인 정부 부동산 정책은 '운' 좋게 당시 집을 소유하고 있던 사람들의 문제, 남성 '역차별론' 이슈는 '타고난' 성별로 득을 보는 여성의 문제로 인식된다. 그리고 이들과 비교했을 때 '나'는 기회를 갖지 못한 약자, 혹은 제한된 파이를 앞에 두고 상대적으로 작은 파이를 할당'당한' 피해자가 된다.

몸에 대한 인식의 변화

동시대 능력주의 담론·공정 담론이 '타고남'이라는 영역을 둘러싸고 각축한다고 보았을 때 '여자 혹은 남자로 태어남', 즉 '우연으로서의 성별'이라는 해석이 소위 젠더갈등에서 핵심 이슈라고 볼 수 있다. 이러한 흐름은 2021년 10월 온라인에서 '설거지론'이라는 여성혐오적 밈이 등장한 이래로 지금까지 여전히 기세를 떨치고 있다. '설거지론'은 마지막으로 식사를 마친 사람이 설거지하는 법칙을 패러디하면서 순진한 남자가 성적으로 문란한 여성과 결혼해 여성의 과거를 세탁하는 노릇을 한다는 의미를 내포한다. 또한 여성과 식기를 설거지하는 남성을 '퐁퐁남'이라고 부르며 '퐁퐁남 자가진단 테스트'까지 등장하였다. 이때 여성은 '전업주부'로 설정되고 있으며, 일터에서 퇴근한 남성들이 설거지까지 담당하는 일상을 문제시했다.

이는 온라인 안에서 유구하게 지속된 여성혐오 담론이지만, 공정 담론의 부상 이후 이러한 혐오 담론은 '여성혐오가 아니라 불공정'이라는 논리로 포장되고 있다. 이러한 변화는 의미심장하다. 성적 순결함을 기준으로 여성을 위계화하고 '타락한' 여성과 거리를 두던 과거 담론과 달리, '설거지론'에서 혐오의 대상이 되는 여성은 불공정의 일상화 경로를 따라 가정 안에, 자신의 바로 옆에 있다고 가정된다. 또한 이러한 '설거지론'은 기혼 남성에 대한 미혼 남성의 조롱으로 사용되기도 한다. 현실의 젠더갈등은 필연적으로 경험의 시차에 대한 감각을 포함하며 세대 갈등을 예비한다.

안티페미니스트들은 성차별이 없다고 단언하지 않는다. 다만 기성 세대의 성차별은 내 책임이 아니라고 말한다. 이준석이 《공정한 경쟁》에서 펼친 핵심 주장 역시 "기성세대는 자신들이 행했던 가부장적 질서로 여성에게 안겼던 불평등에 대한 보상 청구서를 뒤늦게 2030 세대 남성들에게 들이밀며 희생을 강요"한다는 것이다.[9] 다시 말해 어떤 여성은 불평등을 경험하겠지만 '자신'들은 보상의 주체가 아니며 보상 청구서의 수취인이 잘못 지정되었다는 의미이다. 후술하겠지만 2030 세대 남성들은 자산 축적 기회의 불공정성을 중심으로 기성 세대와 갈등이 있다고 상상된다. 그러므로 한국 사회의 심각한 사회문제로 꼽히는 이념·젠더·세대 갈등은 착종되어 있다고 보아야 할 것이다.

갈등의 주체인 남성은 현재 지닌 몸의 가치를 중심으로 여성과 대결한다. 한마디로 남성들은 여성과 비교해서 '돈이 되지 않는 몸'을 가진 존재라는 계산이다. 데이트 비용을 부담해야 만날 수 있는 여자친구, 설거지나 시키는 부인, 여성할당제의 혜택을 받는 여성은 모두 여자로 타고난 이득·혜택을 받는 존재들이라고 상상된다. 돈도 되지 않는 몸을 가진 남성은 심지어 군대에 끌려가 혹사만 당하지만, 고용 환경은 점점 위축되고 이들은 만년 취준생·산업예비군 신세에 머문다. 여성 몸의 상품화와 관련해서 과거 남성들은 구매자로서 우위에 있을 수 있었으나 고용의 위축은 소비의 위축을 만들어내기도 했다. 남성들은 자신의 노동력을 처분할, 다시 말해 상품화할 기회도 없다고 불평한다. 이처럼 현대의 능력주의 담론은 타고남, 그중에서도 타고난 몸에 대한 불공정 감각을 중심으로 진행되고 있다. 남성의 위기가 청년의 위기로 자동 번역되는 상황에서 여성은 자연스럽게 위기를 경험하지 않는 존재로 격하된다.

동시대 페미니즘 담론 안에서도 '타고남'과 능력주의에 대한 모종의 상관관계적 가정이 있다는 것을 엿볼 수 있다. 여성학자 추지현은 불법촬영 편파수사 규탄시위에서 시위 참가자들이 '생물학적 남성'의 시위 참여를 배제하며 동시에 "여남 경찰 비율 9 대 1 확보"를 구호로 내건 장면에 주목했다. 이러한 주장에는 "생물학적 여성은 성적 피해를 경험할 수밖에 없고, 여성들만이 그 경험을 비로소 이해할 수 있다는 주장이 전제"되어 있다고 설명한다.[10] 여성학자 김보명 역시 최근의 능력주의 담론·페미니즘 불공정론에서 생물학적 성별을 능력의 기준으로 삼는 (신)본질주의가 작동하고 있다는 분석을 내놓았다. 그는 '대림동 여경사건'을 통해 부상한 '여성경찰무용론'에서, "여성 경찰의 (여성으로 인지되는) 몸과 성이 그 자체로 무능함과 무책임함의 표상"으로 인식되면서 "젠더 이분법에 토대를 두는 생물학적 본질주의가 신자유주의 시대의 탈맥락화된 능력주의와 만나는 부분"이 있음을 지적했다.[11] 나아가 그 역시 '생물학적 여성'만 참여 가능하다고 명시되었던 혜화역 시위를 예로 들면서 동시대 페미니즘 안에서도 이러한 본질주의적 능력주의가 작동하고 있음을 드러내며 "양쪽 모두에서 성평등은 사회적·집합적 변화가 아

닌 이미 닫힌 세계에서 일어나는 기회와 자원의 배분 문제로 축소된다"라는 점을 우려하였다.[12]

이에 더해 이 글은, 현실의 젠더갈등을 견인하는 성별화된 능력주의에서 (생물학적) '타고남'이라는 변수가 개입하는 양상은 남성 신체의 본질적 우월성 여부를 포함할 뿐 아니라 몸의 자산화assetization와도 연동하는 특징을 갖고 있음을 드러내고자 한다. 간단히 설명하자면 '여경무용론'과 같이 여성의 무능성을 확증하고 조롱하는 영역에서 남성 신체의 우월성에 대한 가정이 범대중적으로 동원되고 있으나, 현실에서 남성들이 호소하는 불공정하다는 감각은 여성의 몸이 남성의 그것과 달리 미래 수익을 발생시키는 자산으로서 기능한다는 지점에 보다 착목하고 있다. 이때 자산은 일시적으로 판매·유통되는 상품과 달리 미래 수익이나 경제적 지대economic rent를 얻기 위한 지속성을 내재하고 있으며, 교환·노동의 논리가 아니라 투자·투기의 관점이 결합된다. 보통의 남성은 자기계발의 시간을 들여 능력을 쌓아야 노동시장에서 교환 가능한 상태가 되는데 여성은 자신이 소유한 몸을 통해 소위 '알파남'으로 불리는 상시 연애 가능한 우월한 남성들과 연애를 즐기고 있다는 것이 최근 등장한 '설거지론'의 핵심이다. 나아가 연애 경험이 많은 여성은 자연스럽게 연애 관계에서 우위를 점할 수밖에 없고, 이러한 비대칭적 친밀성의 관계가 자신의 사적 삶을 지속적으로 지배할 것이라는 시나리오가 바로 동시대 남성들이 지적하는 불공정 감각의 핵심이다. 이때 여성(의 몸을 가진 이들)은 자본화 가능한 몸을 가진 태생적으로 불공정한 주체, 나아가 자산 소유 여부에 따른 지배계급으로까지 해석된다.*

자산 불공정 감각과 여성이라는 '불로소득자'

동시대 공정 담론과 여기에서 파생된 젠더 효과에 대해 분석한 많은 선행 연구들은 사회적 안전망의 축소와 더불어 개인들의 경쟁, 각자도생이 사회적 신념이 된 신자유주의 체제를 문제의 배경으로 꼽았다. 커뮤니케이션학 연구자 김정희원은 불확실성이 증가하고 편법이 난무하는 사회에서 "공정성을 확보해달라"라는 각자도생의 교리가 정당성을 얻은 것이라고 분석했다.[13] 또한 여성학자 엄혜진 역시 오늘날의 능력주의가 불평등을 적극적으로 지지하는 신자유주의적 기획과 결속되어 형성되었음을 지적하며 현대사회에서 능력주의가 단순히 남성 중심적으로 측정되는 문제뿐 아니라 "이것이 성적 차이를 경제적으로 효율화해 젠더를 배치하는 구조"로 다시금 작동하고 있음

---

* 자산 중심 경제체제가 개편되면서 새로운 적대의 가시화를 통한 새로운 계급 지도가 필요하다는 이론적 시도가 등장하기도 하였다. 호주를 중심으로 활동하는 정치경제학자 그룹은 자산을 기반으로 한 계급 분류표를 통해 투자자, 주택담보대출이 없는 주택 소유주, 주택담보대출이 있는 주택 소유주를 '주택 자산이 있는 부류'로, 임차인·홈리스를 '주택 자산이 없는 부류'로 나누었다(Atkins, Cooper and Konnings, 2019: 18). 본고는 이러한 분류에의 동의 여부를 떠나 더는 작업장 안에서의 생산관계를 통해서만 계급 지배가 드러날 수 없다는 진단에 의미를 부여한다.

을 지적한다.[14] 김보명은 "신자유주의 시대의 혐오는 과거의 제노포비아, 미소지니 등과 달리 주체의 우월의식을 반영하기보다는 반대로 불안을 반영"한다고 분석했다. "불안의 요인은 실제로 차별과 배제의 구조를 만들어내는 지배질서가 아닌 주변의 약자들"을 향하게 되며, 이러한 경향이 일베·워마드 등 성별을 가로지르는 혐오의 정동경제로 나타난다는 것이다.[15] 이러한 일련의 연구는 '트랜스젠더여성의 숙명여대 입학 반대 논란'에서 두드러지듯 최근 대중화된 페미니즘의 담론장 안에서 이루어지는 '안전을 키워드로 한 피해 경쟁'에 대한 우려도 예비한다.

이에 더해 공정이라는 키워드를 중심으로 성차별을 옹호하는 이들의 주체성의 핵심에 자산화 경쟁 체제에서 '돈이 되지 않는 몸을 가진 존재'라는 남성들의 자기 평가적 계산과 그 외연에 형성된 계산 주체calculating subject로서의 투자자 주체investor subject가 관련을 맺는다는 분석을 추가하고자 한다.[16] 물론 이러한 주체를 생산하는 권력으로 신자유주의 체제와 그것의 핵심적 축적 전략으로서의 금융화를 꼽을 수 있다. 신자유주의 체제하에서 노동자의 임금소득 부족분은 가계 대출과 경쟁적 금융투자 활동, 자기투자 활동을 통해 보충되면서 다시금 신자유주의를 재생산한다. 하지만 동시에 타고남을 중심으로 한 젠더갈등 담론을 이끄는 이들은 남성의 몸을 신자유주의적 자기 투자 활동을 통해 교환 가능성의 경쟁력을 향상시키는 장소로 인식하지만, 여성의 몸은 "자본화된 재산capitalized property, 즉 자산"으로 기능한다는 점을 차이로 인식한다.[17] 이때 여성의 몸에 대한 인식은 교환·판매의 영역이 아니라 소유의 영역이라는 차이가 있다. 이 글에서는 이러한 '돈이 되지 않는 몸'을 가진 성별화된 투자자 주체, 혹은 투자자 주체가 가진 성적 주체성의 형식을 자산화 시대 '담보 가치 없는 몸-주체'라고 거칠게나마 정의해보고자 한다. 전술했듯이, 자산은 교환을 만들어내는 상품과 달리 (물론 사고팔 수도 있지만) 지속적 지대 수입을 만들어내기에, 특히 미래 가치에 대한 기대를 포함한다.[18] 그러므로 '담보 가치 없는 몸'은 자신의 몸이 단순히 (노동력) 상품 교환의 장에서만 활용 가능하고, 미래 수익의 흐름에 기댈 수는 없는, 자산으로 기능하지 못하는 것으로 자평한다는 의미를 담고 있다.

투자 기회가 없는 투자자 주체

이준석은 성차별로 이득을 본 '산업화 세대 남성'과 역차별로 손해를 보고 있는 '2030 세대 남성'을 대비하며 성별에 이어 세대 간 불평등이라는 상상적 대결 구도를 만들어내고 있다. 하지만 세대 갈등이라는 상상력은 세대 내 계급과 성별의 차이를 지우는 이데올로기적 기만에 지나지 않음을 이미 많은 연구자들이 지적한 바 있다. 대표적으로 사회학자 신진욱은 세대 간 불평등이라는 막연한 상상이 현실에 대한 정확한 진단에서 비롯된 것은 아니라고 단언한다.[19] 다만 그가 지적하는, 한국 사회의 불평등을 결정하는 핵심 자산이 부동산이라는 것은 의미심장하다. 문재인 정부에서 여러 실책이 있었음에도 정권 말기 그의 지지도는 매우 높은 회복세를 보였는데, 그럼에도 투표를 통해 여당을 심판하겠다는 정동을 만들어낸 배경에는 상대적 박탈감의 최고 수위의 표현으로서의 "벼락 거지"라는 신조어를 만들어낸 부동산 정책의 실패가 강력하게 자리하고 있다. 부동산 가격 상승에 따른 자산 소유 (불)가능성으로부터 불공정한 세대 갈등이 (오인일지라도) 지목되었을 것이고, 오히려 이는 자산화 경쟁 체제에 대한 문제 설정 방식으로 읽어야 할 것이다.

현실의 투자자 주체는 투자자와 투자에 실패한, 혹은 투자의 '공정한' 기회가 없음을 호소하는 이들의 총합으로 보아야 한다. 부동산 가격 폭등의 수혜를 입지 못한 '피해자'로, 때로 금리 인상으로 인한 '피해자'로 젊은 층이 연루되어 있다는 것은 많은 데이터가 증명하는데, 이는 자산화 경쟁 체제에 편입하고자 하는 젊은 투자자들이 증가한 현상으로 읽을 수 있다. 특히 최근 근로소득을 통한 자산소득 확보보다 주식·부동산 투자를 통한 자산소득 증대가 더 나은 재테크 수단이라는 인식 속에서 코로나19 이후 20대 청년층을 포함한 젊은 인구의 금융 투자에 대한 관심과 실천이 급격하게 증대되었다는 여러 분석이 있다. 이러한 투자자 주체는 신용과 부채를 중심으로 한 노동자들에 대한 변화된 통치 양식 속에서 목격된다.

한국 민주주의의 전환, 국가 복지정책의 변화와 금융화에 대한 여타 연구들에서 보여주듯, 민주화 이후 민주주의는 기실 자본과 금융화 민주화를 의미하는 것이었으며 인민은 금융 주체로 거듭나는 방식으로 정치적 주체성을 획득하게 되었다. 그러므로 이 글에서 말하는 성별화된 투자자 주체는 정치권의 공정 담론이 만들어낸 틈새에서 목격되는, 불공정 감각을 갖고 수를 결집하여 표를 던지는 주체, 신자유주의 시대 정치적 주체의 다른 얼굴이기도 하다. 참세상연구소의 송명관은 대중들이 현재의 "일상생활의 금융화"를 영위하게 된 것이 한국 사회의 민주주의적 전환의 과정과 무관하지 않음을 지적했다. 특히 그는 2008년 이후의 시기에 '하우스푸어'로 대표되는 "투자에 실패한 사람을 가리키는 말"이 등장한 것에 주목하는데,[20] 이러한 "투자자에서 푸어족"으로의 금융 주체의 표상 변화의 시기는 정확히 일베가 등장한 시기와 맞물린다. 일베는 하나의 고립된 온라인 커뮤니티에 대한 지칭을 넘어서 보수·극우화된 온라인 커뮤니티의 일상화라는 사회현상으로 확장되었다고 보아야 할 것이다.

이처럼 집권 정부가 공정 사회를 신경증적으로 반복하며 지지를 호소하는 상황에서 불공정한 무임승차자로 여성과 기성 세대가 지목되었다. 기실 금융과두 정치세력에 대한 문제의식으로 이어졌어야 했겠지만, 일베적 공론장과 만나면서 불공정한 상상의 적은 자신들이 보유하지 못한 '자산으로서의 몸'을 가진 여성으로 상정된다. 자신이야말로 서민을 대의한다는 정치공학적 판단에서 등장한 공정 담론은 대중들이 투자 가능한 자본을 계산하고 투자 불가능성이 곧 경제적 실패로 상상되는 금융화의 그늘을 통과하며 자산으로서의 몸을 소유한 여성을 남성과 구별하고 차별화하는 결과로 귀결된 것이다.

신자유주의는 주체를 정의하는 방식에 심대한 변화를 만들었다. 그중에서 '인적자본' 개념은 신자유주의를 정의하는 중요한 특징이다. 인적자본론은 개인 스스로를 노동력 소유자가 아닌 자본가로 이해하도록 만들었으며, 내가 벌어들이는 모든 것이 나를 구성하는 인적자본에 대한 수익으로 해석할 수 있도록 하기에 신자유주의 주체는 필연적으로 투기적이다.[21] 인적자본론은 노동시장에서의 성 불평등을 여성이 지닌 인적 자본량의 부족으로 해석했고 이러한 해석의 근간에는 여성의 가사노동과 임신·출산·육아라는 성역할이 포함된다.[22] 하지만 동시에 일터의 냉기와 사생활의 온기가 뒤섞여버린 후기 자본주의 시대 인적자본론은 개인의 성적 매력·관능미 등의 요소를 포함하지 않을 이유가 없다. 일본에서는 2000년 무렵 '조시료쿠 女子力(여자력)'라는 단어가 등장했으며,[23] 개인의 섹시함, 성적 경험 등이 "사회적 역량감·자기효능감·자긍심으로 전환될 수 있고 이것들은 다시 고용주들이 추구하는 진취적이고 기업가적인 자세에 반영될 수 있다"라는 맥락에서 '신자유주의적 섹스 자본'이라는 개념이 등장하기도 했다.[24]

나아가 노동소득(임금)의 증가분이 자본소득의 증가를 따라가지 못하고 있다는 데이터와 경험치들이 쌓이기 시작하면서 노동의 의미 역시 변화하고 있다. 개인의 몸은 노동력의 장소를 넘어 '금수저' '흙수저'와 같은 자산 소유의 장소로 관찰되고 있다. 한국의 스타트업에서도 이제는 일반적으로 목격되는, 전통적으로 IT 기업에서 소득으로 보장해온 '스톡옵션'에 대해 "인적 자본이 자본소득으로 변형"되는 것이라는 해석도 있다.[25] 제3시대그리스도교연구소의 정용택은 "자산을 형성하는 과정으로서의 자산화를 금융화(및 상품화)와 구별할 때 결정적인 요소가 바로 자산은 '자본화capitalization'을 전제로 한다는 것"임을 지적했다.[26] 결국 미래 소득을 발생시키는 재산으로서의 가치가 있는 여성의 몸과 그렇지 못한 남성의 몸이라는 감각이 최근 불공정 논리의 기저에 있으며, 이는 인적자본론, 그것과 동어반복처럼 사용되는 인적자산론을 전제한다.

그렇다면 항상 남성의 경제활동의 우월성을 증명하는 이론으로 기능했던 인적자본론이 어떻게 여성의 우월성을 증명하는 이론으로 전환되었는지 질문해야 할 것이다. 이를 통해 성차별을 공정의 언표로 만드는 경제적 가상으로서의 자산경제asset economy에 대한 이론화를 시도해볼 수 있을 것이다. 이러한 변화된 축적 체제는 신자유주의 통화 정책이 초래한 다양한 위기를 극복하기 위한 글로벌 정부와 은행의 심폐소생의 결과이자 동시에 투자자 주체의 미래를 실낱같은 희망으로 만드는 산소호흡기로 기능하고 있다.

최근 일상생활의 금융화, 신자유주의 금융화에 대한 연구 주제들이 자산 형태의 특수성에 대한 연구로 옮겨가는 것을 확인할 수 있다.[27] 이들은 모든 종류의 사물이 자산으로 전환되는 과정을 '자산화'로 정의하며 연구를 이어나가고 있다.* 누구보다 토마 피케티Thomas Piketty는 《21세기

자본》을 통해 1970년대 이후 불평등을 이해하는 열쇠로 자산을 꼽으며 전 세계 많은 독자의 이목을 집중시켰다.[28] 자산가치가 상승하고 임금가치가 하락하는 경제적 변화 속에서 경제적 성공은 이제 노력이나 능력에 의해 결정되는 것이 아니고 자본을 얼마나 세습했는지의 문제가 된다. 혹은 이를 영의 언어로 번역하자면 타고난 능력의 격차가 이미 심대하게 벌어져 있어서 개인의 능력은 노력을 통해 변화시킬 수 없는 문제가 된다. 이러한 자산기반 경제에 대한 연구가 증가한 배경에는 현대 금융자본주의 속에서 자산가치의 상승을 만들어내는 대표적인 시스템으로서의 자산기반 증권화ABS, asset-backed securitization 기법이나, 사회적 관계들을 변화시키는 지대와 부채 등을 통해 자산의 문제가 일차적인 가시성들을 확보한 현실이 밀접한 관련을 맺는다.

또 다른 한편에서는 지대추구 자본주의rentier capitalism, "불로소득 자본주의"라는 이름으로 지대 또는 불로소득을 통한 자본축적과 불평등 양식에 대한 분석이 이루어지

---

* 인문사회 비평지《뉴래디컬리뷰》는 2023년 봄호에서 국내의 학술지와 비평지를 통틀어 '자산화'를 전면으로 내건 특집을 기획하기도 하였다. 이 특집은 "자산화, 자산경제, 자산 불평등, 자산기반 복지, 자산소득의 대표적 형태인 지대추구적 자본주의 등 말 그대로 '자산'을 문제화하고 '자산경제'의 확대에 초점을 맞추면서 수렴해나가고 있는 학계의 현재 담론 지형에 관한 '인지적 지도 그리기'를 위해 기획"되었다고 밝히고 있다. (참고: 김주희·정용택, 〈자본은 모든 것의 자산화를 꿈꾸는가?〉,《뉴래디컬리뷰》7권, 2023, 22쪽)

고 있다.[29] 불로소득 추구 기회의 평등화를 요구하는 사회에서 노동의 가치는 폄훼되고 투기가 확산되어 자본주의적 위기에 대한 대응을 봉쇄한다는 우려도 있다.[30] 하지만 본 연구에서 드러내듯 투기 확산의 대중적 정동은 사회적 갈등을 낳기만 하는 것이 아니라 그것을 자양분 삼으며 확산되고 있다. 한국의 대표적인 자산으로서의 부동산 소유 문제가 소득 격차와 세대 간 세습의 변수가 결합된 결과라고 보았을 때 자산 중심의 경제는 '타고남'의 영역을 강화하는 역할을 한다. 이러한 배경에서 불공정하다는 감각과 갈등은 필연적이다.

특히 자산기반 경제 시대 '담보 가치 없는 몸-주체'가 등장한 것은 일베적 공론장이 대중화되고, 냉소적이고 자기비하적인 일베적 세계관이 연장된 효과와 밀접한 연관을 맺는다. 일베 이용자들의 세계관은 가치·가격 비교에 몰두한다. 일베적 세계관이 모습을 드러낼 무렵 제일 먼저 등장한 여성들의 방어적 반응은 데이트 통장의 개설이었다. '가성비 여친'이라는 개념을 통해 알 수 있듯 성매매 산업에서도 '가성비'라는 개념이 등장하였고 이를 통해 성매매를 상식적이고 합리적인 경제활동으로 만드는 동시에 전 여성의 매춘상품화, 전 고객의 '진상화'를 가능하게 했다.[31] 이들은 상품 소비를 통해 만족스럽지 못한 경험을 할 때 자신을 피해자로 인식하기도 한다. 예컨대 같은 시기 성 구매자들의 "내상(내적 상처, 외상의 반대말)"이라는 단어가 등장했다. 가격 대비 만족스럽지 못한 서비스를 받았거나, 여성의 외모가 기대에 미치지 못했을 때 "내상 입었다"라는 표현을 하며 불공정한 거래의 상처받은 피해자로 자신을 재현하는 것이다.

많은 미디어 연구에서 지적하듯 미국에서도 도널드 트럼프가 정치적으로 부상한 배경에 온라인의 젊은 극우주의자가 있었다. 페미니즘과 정치적 올바름의 문화가 현실 사회에서 확산되고 있던 시기, 온라인 극우주의자들 역시 밈으로 위장한 혐오 메시지를 지속적으로 발화하고 있다.[32] 이들은 현실 세계에서 보통 비자발적 독신involuntary celibate을 의미하는 '인셀'이라고 불리는데, 페미니스트 철학자인 케이트 만Kate Manne은 독신에서의 단순한 낙담 상태와 대비되는 '비자발'이라는 단어에 주목하면서 이들이 소위 알파메일이라 불리는 남성들에 비해 낮은 지위에 있다고 믿음으로써 "스스로를 취약한 존재로 인식한다"라고 지적한다.[33] 그는 현실의 남성 특권이 이와 같은 스스로의 고통에 기반하고 있다는 점을 설명하면서 고통이 사회적 정의의 기준이 될 수 없음을 명확히 한다.

디지털 플랫폼이 가시화하는 '불로소득자'로서의 여성

민가영은 최근 남성 피해자화의 현상을 플랫폼 자본주의라는 정치경제학적 배경 속에서 이해한 슈리아라키의 연구[34]를 인용했다.[35] 플랫폼 자본주의는 생산수단이 아니라 인간의 노동 활동으로부터 추출한 데이터를 소유한 새로운 계급·기업이 데이터 알고리즘을 활용하여 소비자·광고주·서비스 제공자·생산자·공급자 등 다양한 이용자를 매개하는 역할로써 이윤창출을 극대화하는 자본주의적 변화를 일컫는 말이다.[36] 슈리아라키는 "유저들의 참여와 주목을 통해 이윤을 창출하는 디지털 경제 플랫폼 산업은 사람들의 분노·원한을 증폭시키며 피해를 탈맥락화하고 가해자와 피해자의 구분을 모호하게 만드는 데 일조하고 있다"라고 설명한다. 정치가 팬덤화되고 한 명의 개인이 온라인 공론장에서 여러 개의 아이디를 만들면서 떠드는tweet 것이 가능해지는 민주주의의 양적·질적 변화가 이루어진 상황에서 성별화된 자산 주체의 분노와 고통을 견인하는 것은 정치인의 능력을 과장하는 효과로 이어진다. 개별적 피해와 탈맥락적 고통을 호소하는 서사의 네트워크는 정치를 탈구시키는 대신 플랫폼을 성장시킨다. 공정이라는, 정의와 밀접하게 연관된 담론장에 마침내 이준석이 등장한 배경일 것이다.

이처럼 플랫폼 자본주의 역시 지대 추출 차원에서의 현대 자본주의 변화를 설명하기 위해 등장한 개념이다. 경제인류학자 이승철은 최근 다양한 투자 플랫폼에서 자산화의 첨병으로 등장한 블록체인 토큰화라는 테크놀로지를 통해 "모두가 미시자산micro-asset의 소유자이자 투자자가 되어 이익을 공유하고 끊임없는 가치 상승을 꾀하는 금융화된 자본주의의 유토피아"를 공유하게된 현실을 분석하였다.[37] 문화연구자인 김예란은 이와 같은 디지털 플랫폼에서의 조각투자에 참여하는 이들을 '조각주체'라고 분석하였다.[38] 플랫폼 기업에 의해 노동은 초단기적 작업 분할을 통해 통제되면서 과거 장기 계약으로 이어지던 인적자본에 대한 투자와 달리 단기적 "미시자산"으로 변화된다.

이러한 미시자산은 플랫폼 내에서만 가치 있는 자산이 됨으로써 노동자는 플랫폼에 종속되게 되며 동시에 온라인 플랫폼을 구성하는 조각이 된다.[39] 이처럼 플랫폼 경제를 통한 노동과 투자 활동에 잠식된 일상은 "조각주체" 혹은 "미시자산" 간의 경쟁을 가속화하는 자산 경쟁의 시대로의 이동을 촉진시킨다. 이때 '불로소득자'는 동시대 가장 선망되면서 동시에 자신을 종속시키는 혐오스러운 존재로 위치될 것이다.

동시에 여성을 지속적으로 수익을 발생시키는 자산으로서의 몸을 가진 존재로 인식하는 상황에서 이들에 대한 폭력은 더욱 손쉽게 진귀한 구경거리로 전락한다. 우리는 불법촬영물이 플랫폼과 결합하여 여성에 대한 참혹한 폭력을 지속시킨 여러 사례를 목격했고 이러한 폭력은 생산부문에서의 착취와는 다른 종류의 폭력을 가시화했다. 2020년 전국을 충격에 빠뜨린 텔레그램 N번방 사건은 이러한 플랫폼화된 투기적 주체의 극단적 형상을 현시하였다. 《한겨레》에서 처음 N번방 사건을 보도할 당시 성착취 영상물과 불법도박 사이트와의 연관(성착취 영상이 불법도박 사이트 가입을 유도하기 위한 경품 구실을 했다는)을 다루었는데, 이 점은 크게 사회적으로 주목받지 못하고 박사 조주빈과 같은 개인 설계자들의 얼굴만 두드러졌다. "성착취 영상은 아직 도박을 제대로 해보지 않은 이들에게 던지는 미끼"라는 것이다.[40] 이 방은 거대한 돈이 흐르는 투기적 자본 시장에 진입하는 관문에 있는 일종의 대기실 같은 곳이다.

불법도박 사이트와 성매매 업소로 사람들을 유인하기 위한 관문에 성착취물이 있다는 증언은 그리 새롭지 않다. 다만 불법도박 사이트와 성매매 업소를 이용하는 이들의 주체화 양식이 동일한 회로에서 이루어지고 있다는 점을 강조하고자 한다. 지난 대선 당시 대선 후보 아들로 추정되는 ID "이기고싶다"의 성매매 후기 게시글이 문제가 되었는데, 이 게시글은 모두 온라인 포커 커뮤니티 사이트에 게시된 글이었다. 주식 급등 후, 코인 대박 후 성매매 업소를 찾았다는 후기 글은 결국 '주식과 코인으로 돈을 벌었다'는 궁극의 과시를 표현한다. "이기고싶다"는 자신의 온라인 도박을 통한 수익을 으스대며 "니들도 위닝해서 여자 사 먹어라"라는 글을 올렸다.

이처럼 자산화 경쟁 체제 속에서 공정 담론은 여성을 태생적 불공정 자산 소유자로 위치시키는 방식으로 두드러진다. 여성학자 김현경은 유명인의 불행을 통해 기쁨을 얻는 샤덴프로이데 정서의 근간에 이들이 "우연히 교환가치를 높여 우리 위에 있게 된 사람들"이라는 평가가 있으며, 특히 "근대에 이르러 존재 자체가 몸 내지는 성sexuality로 환원되었던 여성의 '성공'은 바로 그 몸과 성을 이용한 '불공정한 자원 획득'으로" 여긴다는 점을 분석한 바 있다.[41] 정치학자 캐럴 페이트먼Carole Pateman은 근대 사회 계약론에 가부장적 권리를 계약의 자유로 명시한 성적 계약sexual contract의 측면이 있음을 드러낸 바 있으며, 이러한 가부장적 권리는 "여성의 신체에 대한 성적 접근을 구매할 수 있는" 권리로 매춘 제도를 분석한 바 있다.[42] 하지만 나아가 성화된sexuated 교환가치와 노동 없이 소득을 발생시키는 자산 중심 위계, 자산화 경쟁이 만연한 자산기반 경제에서 남성들은 여성의 신체에 대한 성적 접근을 구매할 수 있는 권리를 가진 존재가 아니라 태생적으로 자산을 덜 소유한 불공정한 피해자로 인식된다.

그러므로 향후 자산경제에 대한 연구는 여성의 몸이 미래 소득을 발생시키는 지대, 담보물로 인식되는 젠더화된 현실을 포함해야 할 것이다. 물론 이것은 여성이 스스로 자신의 몸을 자산화하는 실천 너머, 이러한 인식을 발생시키는 경제적 가상의 문제와 연동한다. 그러므로 자산기반 경제는 현실에서 자산 중심의 자본주의적 변화를 설명하는 말이기도 하지만 동시에 모든 소득과 사물을 자산으로 만들고자 하는 경제적 가상과 이를 통한 투자자-소유자 주체성의 형성 방식을 설명하는 말이기도 하다. 담보가치가 없는 몸을 가진 남성들은 현재 스스로를 자기계발의 노력을 통해 경주하는 시간을 가져야만 하는 이들로 인식하지만 여성들은 자신의 몸을 담보로 실제 대출도 받을 수 있고, 어떤 투자 없이 지속적으로 연애도 가능한 자들로 인식함으로써, 자신을 출발선과 미래의 시간이 공정하지 않은 피해자로 여기는 것이다.

경제 주체를 성적 주체로 이해한다는 것

앞에서와 같이 이 글은 최근 능력주의 담론 혹은 공정 담론을 핵심 근거로 활용하며 등장하는 소위 젠더갈등의 양상을 여성의 몸에 대한 인식 변화와 이를 만들어낸 새로운 축적 체제로부터 도출하고자 하였다. 이러한 여성의 몸에 대한 인식 변화는 투자 기회를 공정하게 얻지 못한 투자자 주체라는 남성들의 자기 인식에서 기인하는데 이 글은 이러한 불공정 감각의 배경에 자산화를 중심으로 형성되는 자본주의의 변화된 주체화 양식이 자리한다고 보았다. 노동시장 환경 변화와 맞물려 교환가치가 없는, 다시 말해 '돈이 되지 않는 몸'을 가진 이들의 불공정 감각은 일베적 공론장과 만나면서 여성들을 자신들이 보유하지 못한 '자산으로서의 몸'을 가진 불로소득자로 인식하고, 자신은 불공정의 피해자로 간주하였다. '자산으로서의 몸'과 '노동해야 하는 몸'이라는 성별화된 정의는 동시대 노동하는 삶에 대한 계산적 주체화 양식의 한 형태일 것이다.

이명박 정부 시절 청와대의 '공정사회' 카드가 등장한 배경이 기사화된 적 있는데 이때 청와대에서는 독일 베를린 자유대 교수 파울 놀페 교수의 진단을 덧붙였다. "이제 재정 등 국가의 역량이 한계를 보이는 상황에서 기업·시민사회·개인 등 사회 구성원 모두가 자신이 속한 공동체에 대한 책임 의식을 키우는 것이 중요하다. 동시에 각자에게 부여된 역할을 충실히 하기 위한 자기 투자 사회로 가야 한다"라는 것이다.[43] 하지만 임금 가치가 하락하는 시대 남성들은 자신의 몸을 자본화 불가능한 것으로 인식한다. 인적자본론의 허상이 현실된 상황에서 이들의 분노는 이미 자본화된 재산으로 몸을 소유한 여성들을 향하고 있다.

이러한 연구는 단순히 여성의 몸을 성적 순결함으로 중심으로 위계화했던 구시대적 인식을 넘어 경쟁적 인적자본론, 나아가 투자자 관점과 결합한 동시대 여성혐오의 특징을 분석한 의미가 있다. 또한 '영끌'로 표상되는 약탈적 대출이 일상화된 사회에서 경제 주체를 성별화된 성적 주체로 이해하는 일이 수반되어야 한다는 문제의식을 만들어낼 수 있다. 트루는 금융 위기나 경제 개혁이 "남성의 사회적 정체성과 권력을 가장의 지위와 연결시키는 성 역할과 기대를 무너지게 할 때" 젠더 기반 폭력이 증가한다고 주장했다.[44] 같은 맥락에서 신자유주의 체제에서의 삶의 경제화를 여성주의 정치경제학적 관점에서 리뷰한 아헨호-칼데론은 지구적 경제화의 역동을 다루는 연구들은 경제 주체의 몸들과 그들의 체현된 정체성을 고려해야 한다고 지적했다.[45] 고독과 분리, 고립이 일상인 상황에서 세계화된 자본주의가 강요하는 분열과 개인주의를 강화하지 않고 어떻게 차이를 긍정할 수 있는지 의아할 수 있겠지만 그는 공통의 공간과 결합과 동등의 포인트를 찾는 것이 나을 것이라고 조언했다. 동시에 엄혜진은 포스트페미니즘 버전에서 여성 임파워링 개념이 구매력으로 귀결되는 사실을 경계했다.[46] 일부 여성이 금융 부문에서 파생된 이익을 공유하는 길을 모색하는 것은 다른 한편 여성 거래적 분배 패러다임을 강화하는 것이다. 금융화의 투자 대상이 되는 피투자자investee라는 주체성에 주목하며 투자자의 권력을 역으로 표적으로 삼는 새로운 액티비즘이 제안되기도 하는 시점에서,[47] 우리는 부채 복지주의, 자산기반

복지체계로의 방향성을 거부하고 급진 민주주의적 기획으로서의 여성 대중운동에 대한 전망을 만들어내는 일에 몰두해야 할 것이다.

이에 '공정' 담론에 여성주의적으로 개입하기 위해서는 다름 아니라 동시대 성차별을 공정의 언표로 만드는 경제적 가상과 연동하는 젠더에 대한 비판적 개입이 필요하다. 동시대 공정 담론은 자산화 과정에 참여하는 주체를 구축하는 헤게모니적 남성성의 한 특징으로 볼 수 있다. 또한 단순히 자산기반 경제를 문화적 측면으로만 이해하는 것을 넘어, 전 지구적으로 사회복지 시스템이 붕괴된 상황에서 개인이 생존 비용을 마련하고자 금융시장에 더욱 깊숙하게 개입하게 되는 금융화 과정에 대한 페미니스트 분석이 수반되어야 한다. 자기계발하는 주체에서 핵심은 인적 자본량을 최대한 증식시켜 '산술화된 자기'를 통한 경쟁을 추구한다는 의미일 것이다. 산술화는 '상대'를 의식하지 않을 수 없는 시스템을 만들어내기에 약자와 배제된 이들에 대한 폭력과 무시를 용이하게 만든다. 나아가 여성에 대한 폭력과 결합하는 여성 몸의 자본화 과정에 관한 관심도 촉구해야 할 것이다.

4장

성평등한
일-돌봄 사회로

도구화된
저출생 대책을 넘어

신경아

✱ 이 글은 〈인구, 위기인가?: 페미니스트 관점에서 본 인구문제〉(신경아,
《여성학논집》 40권 2호, 2023)의 일부를 수정·보완해 사용하였다.

2023년 한국의 합계출산율은 0.72명을 기록했다.* 역사상 가장 낮으며 전 세계에서도 가장 낮은 수치다. 2000년대 초반부터 한국 사회에서는 출산율 저하로 인한 인구감소가 사회문제로 대두되었고 2006년부터는 '저출산·고령사회기본계획'이 시행되었다. 그러나 2024년 현재까지 '저출생 대책'이란 이름으로 300조 원이 넘는 예산이 지출되어왔음에도 그 효과에 대해서는 부정적인 평가가 지배적이다. 사회적으로도 '인구위기'에 대한 우려가 확산되어 텔레비전 공중파 방송에서는 저출생과 인구감소를 다룬 교양물이 넘쳐난다. 유튜브에서도 인구감소로 인한 매출감소, 집값 폭락부터 지방 소멸까지 자극적인 섬네일을 앞세운 예언들이 매일 쏟아져나온다.

그러나 다른 한편, 인구감소를 '문제'로 보는 시각에 대한 질문도 제기되어왔다. 저출산·저출생 현상**이 반드시

---

* 합계출산율이란 여성 1명이 평생 낳을 것이라 기대되는 자녀의 수를 가리킨다.

** 인구 감소에 대응하는 정부 정책은 '저출산 대책'이라는 이름으로 시행되어왔다. 이후 '저출산'이라는 용어가 출산의 책임을 여성에게 전가할 위험이 있다는 문제가 제기되면서 정부에서도 '저출생' 용어로 수정해 사용하고 있다(참고: 배은경, 〈'저출생'의 문제 제기를 통해 본 한국 인구정책의 패러다임 전환 모색: 재생산 주체로서

부정적인 결과만 가져오는 것일까? 환경 파괴와 기후 위기로 지구의 지속가능성이 의심받는 지금, 청년의 고용불안정이 계속되고 인공지능이 인간의 일자리를 대체하는 이 사회에서 인구는 꼭 증가해야 할까?

젠더 관점에서 인구감소를 바라보는 이들의 마음은 좀 더 복잡하다. 결혼이나 출산이 표준적인 생애과정의 요소가 아니라, 개인의 '선택'이 되어가는 시대에 출산율을 높이려는 국가정책은 정당화될 수 있는 것인가? 바닥을 모르고 떨어져가는 출산율을 하루빨리 반등시켜야 한다는 조급증은 자칫 여성의 몸에 대한 통제로 이어지지는 않을까? 우리에게는 이미 1960~1970년대 출산 억제 정책이라는 가혹한 통제의 역사가 있다. 그러므로 경제적 독립과 사회적 인정을 추구하는 청년 여성들이 '비혼' '비출산'을 고민하는 시대에 출산율 회복을 위한 국가의 노력이 '출산장려' 압력으로 전락할 위험에 대해 경계심을 갖지 않을 수 없다. 2016년 행정안전부의 '대한민국 출산지도'는 그 대표적인 사례이다.***

여성의 행위성과 저출산·고령사회정책의 검토〉,《페미니즘연구》 21권 2호, 2021년). 그러나 학술적으로 '저출산'과 '저출생'은 다른 개념이다. '출산율'은 한 여성이 평생 낳을 것으로 추정되는 자녀 수를 가리키는 것인 반면, 출생률은 특정 지역에서 태어나는 영아 수를 가리킨다. 따라서 출생률은 '지역'과 해당 지역에 거주하는 인구의 구성, 연령분포에 따라 달라진다. 이 글에서는 '저출생' '저출산' '(합계)출산율' 용어를 맥락에 따라 모두 사용하고 있다.
*** 2016년 12월 행정안전부는 '대한민국 출산지도'라는 홈페이지를 구축하고 "내가 사는 지역에 어떤 임신·출산·보육 지원 혜택이

그러나 인구는 사회경제적 변동의 기본 요인이라는 점에서 초저출생 현상은 한국 사회의 현재와 미래에 영향을 끼칠 가장 중요한 문제라는 점도 부인할 수 없다. 이 글은 여성의 관점에서 인구와 출산의 문제를 어떻게 바라보고 풀어가야 하는지 따져보고자 한다. 이를 위해 그동안 페미니스트들이 출산에 대해 제시해온 두 방향의 주장들, 부정론과 긍정론을 살펴보고, 20세기 후반 서구 사회에서 진행된 젠더 관계의 변화와 출산율 변동의 역사·이론을 알아본다. 이를 토대로 한국 사회의 여성들이 지닌 출산 관련 경험과 인식을 살펴보고 정부의 저출생 대책이 왜 효과를 거두지 못해왔는지 논의한다. 결론적으로 성 불평등 해소를 위한 노력 없이는 한국의 인구문제도 해결의 실마리를 찾을 수 없으리라는 전망을 제시한다.

제공되고" "243개 지자체의 출생아 수·합계출산율, 가임기 여성 인구수·모(母)의 평균 출산연령, 평균 초혼 연령 등 결혼·임신·출산 관련 통계치의 최근 10년간 변화와 흐름을 통계표와 그래프로 한눈에 쉽게 확인할 수 있게" 하겠다는 메시지와 함께 분홍색으로 채색된 지자체 지도를 게시했다. 지자체별 경쟁을 통한 출산율 향상이 목적이었다는 정부의 해명에 대해, 오히려 여성에 대한 계몽 또는 비난일 수 있다는 지적이 제기되었다. 수많은 시민들의 항의와 질타를 받고 이 지도는 폐기되었지만, 2017년 청년 여성들의 시위가 이어졌고, '저출산'이 '저출생'으로 바뀌는 시작점이 되었다. (참고: 정유경, 〈'대한민국 출산지도'에 비판이 쏟아진 이유〉, 《한겨레》, 2016년 12월 19일, https://www.hani.co.kr/arti/society/society_general/776636.html)

출산과 인구 변동에 대한 페미니스트 시각들

급진주의의 출산 거부

출산은 페미니즘 이론에서 가장 뜨거운 쟁점이 되어온 주제다. 출산에 대한 가장 오래된 문제 제기 중 하나는 마거릿 생어Margaret Sanger의 산아제한 운동이다. 20세기 초 여성들이 반복되는 임신과 출산에서 벗어나기 어려웠던 시기 생어는 피임의 자유를 요구했고 재생산에서 여성의 자기결정권이야말로 여성해방의 열쇠라고 주장했다.[1] 이후 1970년대 제2물결 여성운동을 이끌었던 파이어스톤s. Firestone은 출산을 여성 억압의 원인으로 보고 여성의 몸에서 출산을 분리하는 실천이야말로 여성운동의 목표가 되어야 한다고 주장했다. 가부장적 사회에서 여성은 생물학적 몸의 특성으로 인해 임신과 출산, 양육을 수행해야 하며 이것이 여성의 종속을 초래한다는 해석이다.[2] 따라서 여성이 자유로워지기 위해서는 피임과 낙태(임신중지)를 통해 임신과 출산에서 벗어나야 하며, 인간의 재생산을 위해서는 과학기술을 활용한 인공적인 장치들을 사용해야 한다고 비판했다.

21세기에 들어와 출산 거부에 대한 강력한 주장은 정신분석가이자 사회주의 여성주의자인 줄리엣 미첼J. Mitchell에게서 발견된다. 미첼은 출산력 저하와 페미니즘 사이에 단순한 등식은 없지만, 이들의 관계가 우연적이거나 무의미한 것은 아니며, 여성운동은 출산력 저하와 일정한 관계를 갖는다고 보았다.[3] 그녀는 페미니즘과 출산력 변동의 관계를 보여주는 대표적 사건으로 19세기 말 제2차 산업 혁명기 여성운동과, 20세기 말 인구 대체율 미만으로 출산율이 떨어진 추세를 지적했다.

19세기 말 서구 사회에서 역사상 처음으로 출산율이 저하되었을 때는 여성의 참정권 운동이 활발했던 시기다. 이때 여성운동은 "여성에게 투표권을, 남성에게 정숙을Votes for Women and Chastity for Men"이란 슬로건을 내걸고 여성 투표권과 함께 산아제한 허용을 위해 싸웠다. 그 결과 안전하고 절제된 성관계와 출산으로 여성에게 건강과 자유를 보장해야 한다는 주장이 사회 전반에 확산되었고 이후 20세기 전반까지 출산율은 계속 저하했다.

1970년대 제2물결 페미니즘 운동으로 '젠더' 개념이 확산되었다. 미첼은 이 과정에서 출산과는 다른 차원을 포함한, 사회적·심리적으로 자율적인 비생식적non-reproductive 관계로서 젠더 관계의 중요성이 부상했다고 해석한다. 젠더란 성별을 생물학적으로 결정되는 것이 아니라 사회문화적으로 형성되는 인간의 인식과 관련된 것으로 설명하는 이론*이다.[4] 이에 따르면 성별에 대한 생물학적 결정론을 비판하고, 성별을 변화가능한 사회문화적 구성물이자 인식의 개념틀로서 바라보아야 한다. 그리고 이러한 젠더 개념을 기반으로 여성은 출산과 어머니 노릇에서 벗어나야 한다고 주장했다.

* 게일 루빈(Gayle Rubin)의 논문(1975)에서 생물학적 성과 구분되는 젠더 개념이 처음 정의되었다.

'여성'에 대해 생각하는 것은 '여성과 아이'를 생각하는 것이었다. '젠더'에 대해 생각하는 것은 '남성과 여성'에 대해 생각하는 것이다. (…) 역사적으로 여성은 없었다. '가족'이 그들을 정의했다. 가족, 가사노동, 어머니 노릇은 정치라는 영역의 바깥에 있었으며, 여성을 보이지 않게 만들었다. 여성이라는 존재는 단지 어머니가 될 수 있을 뿐이었고 딸이 될 수 있을 뿐이었다. 여성이 무엇을 하든 그녀는 이런 프레임 안에 갇혀 있었다.[5]

여성이 출산과 가족에서 벗어나 비생식적 관계로서 젠더 개념의 정의 속에서 이해될 때, 여성은 자신의 삶을 살아갈 자유를 얻고 남성과 동등해질 수 있다는 판단이다.

재생산에서 여성의 자기결정권 요구

1990년대 일본·독일·이탈리아의 저출생 현상을 연구한 페미니스트들은 처음에는 출산율 저하를 문제로 보지 않았다. 오히려 여성이 어머니가 아닌 역할을 선택할 수 있는 자유를 얻은 표시로 해석하고 환영했다.[6]

일본의 저출산 현상에 대한 연구를 계속해온 정치학자 쇼파Schoppa는 "일본 사회에서 여성들은 스스로 '어머니되기'에서 걸어 나왔다"라고 해석했다. 남성 생계부양자 가족 모델과 전통적 성역할을 지지하는 하향식 정책을 계속했던 국가에 대해 여성들은 자신의 목소리가 사회적으로 드러나지 못하는 상황에서 자발적으로 출산을 거부하고 있다는 것이다. 쇼퍼는 이 현상에 '조용한 혁명'이라는 이름을 붙였다.[7] 쇼퍼에 따르면, 일본에서 출산율이 1.60명으로 떨어졌을 때 보수주의자들은 문명의 종말이 온 것처럼 떠들어대기 시작했다.[8] 이에 대해 페미니스트들은 출산율 저하를 '문제'로 규정하는 것에 반대했다. 일본의 사회학자 우에노 치즈코는 논문 〈출산율 저하, 누구의 문제인가?The Declining Birthrate: Whose Problem?〉에서 "한 국가의 힘이 인구 규모에 의존한다는 시각은 19세기적 사고"라고 비판했다.[9] 그녀는 출산율 저하는 결혼율 저하에 따른 것이며 이런 변화는 환영할 만한 것이라고 보고, "결혼에 대한 사회적 압력이 완화됨에 따라 사람들이 결혼을 인생의 선택으로 생각하게 되었다는 신호"라고 해석했다. 그녀는 만약 정부가 출산율 저하를 문제로 규정한다면 낙태 금지나 가족계획사업 같은 출산장려정책으로 회귀할 것이라고 우려했다.

독일과 이탈리아에서도 출산율 저하에 대한 페미니스트들의 초기 반응은 환영에 가까운 것이었다. 제2차 세계대전의 전범국가인 이들 국가에서 전쟁 시기 정부가 "국익national interest"으로서 출산율을 높이려고 했던 시도를 보아왔기 때문이다. 달라 코스타M. Dalla Costa는 "노동력을 재생산하는 기계로서의 기능을 거부하고 자신과 타인을 사회적 개인으로서 재생산하려는 여성들의 요구는 여성의 저항과 투쟁의 주요 순간을 의미한다"라고 설명했다.[10]

이들 국가에서 초저출생 현상을 문제로 보지 않으려는 페미니스트들의 시각은 국가의 출산 통제 역사와 깊은 관런이 있다. 제2차 세계대전의 전범국가로서 이 세 국가는 전시 군대의 충원과 노동력 동원을 목적으로 여성의 몸에 대한 강력한 통제 정책을 실시했다. 독일의 나치 정부는 여성은 출산자이자 양육자로서 아이를 낳고 잘 키우는 것이 최우선의 목표라고 홍보했다. 일본 제국주의 정부는 어머니 노릇에 충실하라는 양처현모 이데올로기를 여성 교육 시책으로 삼았다. 이탈리아의 무솔리니 정부는 인구를 늘리는 것이 강대국이 되는 지름길이라고 보고 여성들에게 더 많은 아이를 낳으라고 요구했다. 이처럼 가혹한 역사적 경험을 기억하면서 이들 국가의 페미니스트들은 국가의 출산 통제 정책에 반발했다.

이런 맥락에서 일본과 이탈리아의 여성들은 재생산의 자기결정권을 위해 치열하게 싸웠다. 남성 생계부양자와 여성 출산·양육자로 구성된 가족을 규범으로 삼는 사회에서 출산은 여성들에게 경제적 기회 구조에서 배제되는 것을 의미했다. 일과 양육을 병행하려는 여성들은 장시간 노동체제에서 저임금의 파트타임 일자리를 전전해야 했고, 많은 여성들은 아이를 갖지 않거나 한 아이만 낳는 전략을 선택했다. 그러므로 일본처럼 낮은 출산율은 광범위한 사회적 변화와 국가 정책의 패러다임 전환에 의해서만 회복될 수 있다. 조세와 복지 제도가 남성 생계부양자 모델에 친화적인 국가에서는 여성들은 아이를 돌보기 위해 가정에 머물게 되며, 노동시장에서 안정적으로 일하기 어렵다. 따라서 노동시장과 가족, 국가정책 전반의 변화를 요구하던 여성들은 이에 반응하지 않는 국가와 남성들에게 더 이상 어떤 변화를 요구하지 않은 채 "시스템을 빠져나왔다 exit the system."[11] 그 결과 사회구조는 크게 변하지 않았고 구조적 변화의 결핍은 여성들이 다시 어머니가 되기를 지연하거나 회피하도록 만들었다. 이것은 저출산의 자기강화적 동학a self-reinforcing dynamic이며 이들 사회에서 지속되는 저출생의 배경이 되었다. 임신·출산·양육 등 재생산에서 여성의 자기결정권을 인정하지 않는 사회에서 여성들은 출산을 회피하거나 거부할 수밖에 없다는 것이 이들 국가의 경험에서 얻은 교훈이다.

따라서 페미니스트들은 개별 여성이 아니라, 출산의 주체로서 '여성'이라는 집단에 주목한다. 페미니스트 경제학자 낸시 폴브르는 출산율의 역사적 변천에 관한 전통 이론이 여성의 행위자성agency을 포함하지 못함으로써 "치명적인 누락 오류"를 범했다고 지적했다.[12] 흔히 '출산율'이란 인구통계 용어나 '출산 정책'이라는 정책 용어와 관련 문서들에는 출산 행위의 주체로서 인간, 특히 '여성'에 대한 고려가 빠져 있다. '출산'이나 '출산율' '인구 정책' 같은 말들은 이미 출산 행위의 주체인 여성과 유리되어 물화物化되고 계량화된 객관적인 실체로 역사적 자료나 정부 문서들을 통해 전파된다. 그 결과 출산과 관련된 수많은 담론들 속에서 출산 행위의 결정자로서 여성은 사라져버렸다. 이처럼 여성이 빠진 담론들이 저출산 문제에 대한 해결책을 제시해줄 수 없다는 사실은 분명하다.

그러므로 '여성이 출산 결정의 중심 주체'라는 주장이 중요하다. 이 주장이 담론화되고 정책으로 구현되는 사회에서만 재생산에서 여성이 자율성과 자기결정권을 가질 수 있으며, 그것은 결국 가부장적 체제가 약해지고 있음을 뜻한다.[13] 가부장적 사회체제가 해체되고 여성이 재생산에서 자기결정권을 가질 때 출산과 인구문제를 풀기 위한 진정한 사회적 논의가 시작될 수 있다.

신자유주의 통치성과 개인화

젠더 관점에서 볼 때, 출산은 자본주의 사회경제 체제에서 생산과 재생산의 충돌을 일으키는 행위이며, 가부장적 자본주의 사회에서 그 대가는 고스란히 여성이 짊어져야 한다. 그리고 출산 행위의 감소로 인한 인구 감소는 재생산의 붕괴 내지 축소로 설명될 수 있다. 생산 영역에 노동력을 공급하고 낮은 임금 수준을 유지하기 위해서는 재생산 영역에서 노동력의 세대적·일상적 재생산이 원활히 그리고 낮은 비용으로 이루어져야 한다.* 이런 사회에서 젠더는 공/사 영역분리와 임금노동/무급 돌봄노동이라는 분업체계로 재편되며, 남성이 주도하는 생산 영역의 임금노동이 여성이 전담하는 노동력 재생산 영역의 무급노동에 대해 우위성을 갖는다. 가부장적 자본주의 사회경제 체제에서 성별 불평등이 지속되는 메커니즘이 바로 이것이다. 이러한 젠더 정상성의 위계는 여성에게 출산-양육자의 위

---

* 노동력의 세대적·일상적 재생산이란 사적 영역(가족)에서 일어나는 출산 행위는 다음 세대의 인구를 증가시키며, 가족 내 돌봄노동은 노동자의 일상적인 삶의 지속을 가능하게 한다는 의미이다.

치를 부여하지만, 여성이 자신의 역할에 충실할수록 불평등은 확대된다.[14]

동시에 20세기 후반 전 세계적으로 확장되어온 신자유주의 경제체제는 시장의 지배와 무한 경쟁사회, 복지국가의 퇴조를 초래하면서 가족이라는 전통적 울타리를 해체해왔다. 부르디외·벡 등이 예견한 것처럼, 자본주의, 특히 신자유주의 자본주의 경제는 가족을 비롯한 모든 사회집단을 해체하여 개인으로 환원시키는 결과를 초래한다. 표준적 생애 규범의 해체와 개인화로 해석되는 이러한 변화는 결과적으로 가족 내 성별분업과 이분법적 젠더 규범에 균열을 내며 '남성 생계부양자, 여성 출산·양육자' 규범의 지위를 흔들어왔다.[15]

이러한 젠더 정상성의 위계와 그것의 균열은 여성이 출산-양육자의 위치에 계속 머물기 어렵게 만든다. 개인으로서 자신의 정체성을 추구하게 된 여성들은 점점 더 '출산과 양육을 선택하지 않는 선택'을 하고 있다. 이것은 자발적 선택일 수도 있고, 개인들이 직면한 삶의 불안정성 속에서 경제적 부양과 돌봄 부담을 최소화하려는 비자발적 전략의 결과일 수도 있다. 전자가 자발적 개인화라면, 후자는 강제적 개인화라고 할 수 있다.[16]

사회복지가 퇴조하고 시장의 경제 논리가 정치, 문화, 사회생활 전반에서 지배적인 합리성으로 작동할 때, 인간은 '경제적 인간homo-oeconomicus'으로 규정되며 삶의 모든 차원들이 시장합리성의 관점에서 평가된다. 인간의 사고와 행동은 경제적 효용과 이익의 관점에서만 계산되며, 국가정책 역시 이를 부추기는 제도와 보상을 확대시킨다. 그 결과 신자유주의는 시장 가치에 대한 무절제한 추구와 함께 인간관계의 모든 측면을 포섭해왔다. 권력은 정부와 시민이 아니라 시장과 기업에 있고, 시민들은 투자자나 소비자로서 행동한다. 사회국가는 사라지고 시민은 신자유주의 질서의 주체로서 경쟁, 개인적 위험 감수, 자기 이익의 극대화, 승자독식, 생존주의 윤리를 내면화한다.[17]

이런 사회에서 인간은 쓸모없어지고 쉽게 처분 가능해지는 일회용품의 생명정치the biopolitics of disposability가 확대된다.[18] 디지털 기술을 기반으로 한 금융자본의 지배, 극단의 부와 광범위한 빈곤, 확산되는 고통에 대한 무시, 공공선과 복지국가·사회적 시민권에 반대하는 야만적 자본주의, 절망과 고통에 빠진 인구 집단이 겪는 '박탈의 축적accumulation by dispossession'은 전형적인 현상들이다.[19] 이들의 폭발하는 분노를 억누르기 위한 억압적 법률의 증가와 처벌하는 국가는 전형적인 통치 양식이다.

이처럼 복지국가가 퇴조하고 인간의 생존이 개인의 책임으로 되돌려지는 시대에 삶의 불안정성은 지속적으로 심화된다.[20] 변덕스러운 삶의 조건은 인간을 더욱 취약하게 만들고, 생명을 낳고 키우는 일은 부담을 넘어 위험을 감수하는 생애 사건이 된다. "내 한 몸도 힘든데 어떻게 아이를 낳아 키우란 말인가"라는 탄식이 그래서 나온다. 신자유주의 사회는 '1인분의 삶'을 장려하는 사회다. 그리고 이런 삶을 선택하는 사람들의 맨 앞에 여성들이 있다.

그러나 대다수의 페미니스트들이 출산 자체를 거부하는
것은 아니다.* 노동시장과 가족을 연구하는 많은 페미니
스트들은 출산과 양육의 책임이 여성을 이 두 영역에서 모
두 종속적인 존재로 만들어왔다고 설명한다. 따라서 일
과 돌봄을 성평등하게 만들고 사회적인 지원체계를 구축
할 때 여성은 출산을 선택할 수 있는 자유를 갖게 될 것이
라고 본다.[21] 가부장적 가족관계와 불평등한 성별분업, 일
하는 어머니들에 대한 기업과 사회적 지원의 부족 등이 출
산율 저하를 초래한 요인들이다. 따라서 노동시장과 가족,
사회 전반에서 성별 불평등을 해소함으로써 출산과 인구
문제도 해결 방향을 찾을 수 있다는 주장이다.

여성의 노동력 참여와 사회경제적 평등을 강조하는 페
미니스트들은 지속적인 고용과 경력의 축적을 통해 성별
격차를 해소해가야 하고 이를 위해서는 출산과 양육을 균
형 있게 추구해갈 수 있는 제도와 문화가 확산되어야 한다
고 주장했다. 출산을 포함하여 여성의 몸에 대한 국가와

---

* 또한 출산긍정론도 존재한다. 미국의 급진적 페미니즘의 한
갈래인 문화 페미니스트들은 여성의 출산이 문제가 아니라, 출산과
양육을 여성의 책임으로만 돌리는 사회제도와 문화가 문제라고
보았다. 러딕(S. Ruddick)은 오히려 성평등한 사회적 조건이 갖추어질
때 여성이 어머니가 되는 경험은 모성적 사고(maternal thinking)라는
돌봄과 공감의 윤리적 성향을 획득하는 기회가 된다고 주장했다.
리치(A. Rich)는 제도적 모성과 잠재적 모성을 구분하고 어머니에게
주어지는 규범적 억압에서 벗어나 아이와의 관계에 내포된 잠재적
가능성을 회복할 때 여성이 자유로워질 것이라고 보았다.

가족의 통제에서 벗어나 자율성과 평등을 성취해야 한다는 것이다. 또한 출산의 주체로서 여성은 출산 또는 비출산을 선택하고 결정할 수 있으며 국가와 사회는 이를 지원하기 위해 제도와 문화를 조성해갈 것을 요구했다. 그 대표적인 사례가 스웨덴 등 북유럽 국가에서 나타난다. 이어지는 단락은 이러한 주장과 그것이 가져온 현실의 변화를 역사적·구조적으로 살피고 있다.

성평등과 인구 문제

20세기 중반 서구 발전 국가들에서는 여성의 노동력 참여가 빠르게 증가했다. 제2차 세계대전 이후 급속한 경제성장으로 노동시장에서 여성인력에 대한 수요가 증가했고 교육 수준도 높아지면서 여성들의 취업률도 급속히 증가했다. 따라서 1960년대 영국·독일·프랑스 등 유럽의 발전 국가들에서는 여성의 노동시장 진출이 급속히 확대되었다. 가족에서 전업주부로 자녀 양육에 전념하던 여성들이 노동시장으로 나가게 됨에 따라 '남성 생계부양자, 여성 출산·양육자'의 성별분업 체제에 균열이 생기기 시작했다. 20세기 중반 이후 현재까지 서구 사회에서 전개된 성평등과 인구 변동의 관계를 설명하는 '젠더혁명 프레임 Gender Revolution Frame' 이론은 이를 전반기 젠더혁명이라고 부른다.[22]

1960년대부터 1980년대 말까지 계속된 전반기 젠더혁명의 의도하지 않은 결과는 출산율의 저하였다. 여성의 노동시장 참여가 확대되면서 출산율이 떨어지는 현상이다. 낮은 수준의 보육 사회화, 맞벌이 가족에서도 여전히 여성이 양육을 전담하는 상황이 계속되면서 출산이 줄고 이혼이 늘었다. 임금노동과 돌봄노동의 이중 부담을 감수해야 하는 고통스러운 조건에 직면한 여성들이 내린 결정의 산물이었다.

　그 결과 1990년대에 들어서는 남성의 돌봄 참여가 사회적 이슈가 되고 국가정책의 과제로 떠올랐다. 가족의 생계부양이 여성과 남성의 공동 책임이라면, 자녀 양육도 부모가 함께 수행해야 할 역할이라는 것이다. 이때부터 스웨덴·독일 등 유럽의 국가들은 남성의 양육 참여를 유도하기 위한 캠페인과 정책적 지원을 확대해갔다. 그러나 여성이 노동시장에 들어가는 속도만큼 남성이 가족 돌봄에 참여하는 속도가 빠르게 증가하지는 않았다. 대표적인 예로, 스웨덴에서는 1974년 세계 최초로 육아휴직 제도의 이름을 '부모휴가'로 바꾸고 어머니는 물론 아버지도 사용할 수 있도록 했다. 그러나 남성의 육아휴직 사용이 거의 늘어나지 않자 1995년 '아버지 할당제Daddy Quata'를 도입했다. 남성이 육아휴직을 사용하도록 일정 기간을 의무적으로 할당하며 사용하지 않을 경우 자동적으로 소실되는 제도다. 이때부터 남성의 육아휴직 사용률이 개선되고 스웨덴은 남성의 돌봄 참여가 정착된 모범 국가의 이미지를 얻게 되었다.[*]

　따라서 2000년대 들어 서유럽과 북유럽 국가들에서 출산율이 다시 올라가기 시작했다. 노동자 가족이 일과 돌봄을 병행해갈 수 있도록 정부가 나서서 보육시설과 서비스를 전면적으로 확대하고 남성이 가족에서 아이를 돌보는 시간이 늘어나면서 출산율도 회복되었다. 이것은 결국 이들 국가에서 젠더 규범이 달라졌음을 의미한다. 2인 소득자 가족이 규범이 되고 보편적 돌봄자 가족을 지향하는 방향으로 젠더 관계의 변화가 시작된 것이다. 그리고 그것의 가장 중요한 효과는 성별 불평등의 감소 내지 성평등 수준의 향상이었다. 그 결과 2021년 기준 스웨덴 여성의 경제활동 참가율은 80.8퍼센트, 출산율은 1.66명에 이른다.

최근에는 여성의 취업과 출산율 사이에는 U자형의 관계가 있다는 가설이 등장했다.[23] 전통적인 성별 불평등 가족에서 성별 대칭적인 가족으로 전환하는 초기 단계에 출산율은 가장 낮다. 그러나 성평등 가족 규범으로의 전환이 성숙되면 새로운 균형이 형성되며, 이때 더 높은 출산율을 기대할 수 있다는 것이다. 여성의 노동력 참여가 확대돼도 노동시장의 성 불평등을 개선하고 국가의 돌봄 서비스를 확대하며 일과 돌봄의 균형을 지원하는 정책을 늘려감에 따라 양육 부담이 줄고 출산율이 높아져왔다는 발견이다.[24]

나아가 사회문화 데이터 연구원 미르스킬래Myskylä 등은 한 사회의 성평등 수준과 출산율 사이의 관계에 대한

* 아버지 할당제는 1993년 노르웨이에서 세계 최초로 도입되었다. 스웨덴은 2년 후 도입해 처음에는 30일의 '아빠의 달(pappamånader)'로 시작했으며, 두 차례의 제도 개선을 통해 2024년 현재 90일의 기간을 부여하고 있다.

통계적 분석에서 성평등 지표가 갖는 유의미성을 발견했다. 세계 성별격차지수GGGI, Global Gender Gap Index, GGGI를 척도로 국가 간 출산율 변화를 비교한 결과, 출산율과 경제성장의 관계에서 반등을 위한 조건이 '성평등'이라는 사실을 밝혔다.[25] 1975년부터 2008년 사이 100개 국가들의 출산율 변동을 분석한 후 경제발전 수준이 높은 국가들에서 발전이 출산율에 끼치는 영향은 성평등 수준에 따라 달라진다는 결론을 얻었다. 출산율은 스웨덴, 노르웨이, 프랑스, 캐나다, 미국에서 높으며, 이들 국가는 성평등 수준이 높다. 반대로 일본, 이탈리아, 스페인처럼 상대적으로 여성의 노동력 참여 수준이 낮은 나라에서는 출산율이 낮았다.* 이러한 결과는 경제적으로 발전한 국가에서 출산율이 회복되려면 성평등 수준을 높여야 한다는 사실을 암시한다.

경제학적 분석 이외에 규범과 인식의 변화에 초점을 둔 문화론적 접근도 제시되어왔다. 객관적인 성평등 수준뿐

---

* 유럽 국가 중 이탈리아와 스페인의 출산율은 매우 낮다. 1990년대 말 1.1명까지 떨어진 출산율은 이후 다소 증가했으나 유럽에서 가장 낮은 수준에 속한다. 반대로 이 두 나라에서 여성의 실업률은 매우 높다. 1998년 여성의 실업률은 영국·덴마크 등에서 3~5퍼센트 수준이었지만, 이탈리아와 스페인에서는 15.2퍼센트와 21퍼센트를 기록했다. 그리고 이 두 나라에서 여성의 실업률은 남성의 실업률에 비해 7~12퍼센트포인트 높았다. 이 두 국가에서 정부는 남성의 고용률을 높이기 위한 노동시장 정책을 실시했고 여성들은 임시직과 실업 사이에서 떠돌았다. 그 결과 1990년대 말 출산율은 여성과 남성의 실업률 격차가 가장 큰 국가들에서 가장 낮게 나타났다(Adserà, 2005).

만 아니라, 한 사회가 여성과 남성에게 얼마만큼 평등한가
에 대한 주관적 인식의 중요성이다. 인구학자 피터 맥도널
드P. McDonald는 성 형평성gender equity, 즉 성별에 따라 무엇
이 공정fairness하다고 보는가와 관련된 태도가 출산율에
깊은 관계가 있다고 보았다.[26] 그에 따르면, 서구 선진사
회의 경우 학교나 노동시장은 개인주의적 지향이 강해 성
불평등이 감소하고 있는 데 비해, 가족은 성역할 규범이
여전히 작동하고 있는 집단이다. 이렇게 개인주의 지향과
가족주의 지향이 충돌하는 사회에서 여성들은 공정한 대
우를 받지 못한다고 생각하며 불평등하다고 느끼는 가족
속으로 들어가기를 꺼린다. 저출산은 이런 인식과 태도의
결과물이다.

  또 성별 태도의 격차가 출산율에 강한 영향을 끼친다는
연구도 있다. 알피노 등은 한 사회가 여성과 남성에게 얼
마나 평등한가에 관한 성별 인식 격차가 클수록 출산율은
낮아질 수밖에 없다고 주장했다.[27] 출산에 대한 긍정적 인
식, 즉 출산 의향이 낮아지기 때문이다. 반대로 성별 인식
격차가 줄어들면 출산 의향도 높아지는데, 사회가 여성에
게 공정하다고 생각할수록 출산에 대해서도 긍정적인 태
도가 늘어날 것이라는 해석이다. 실제로 이들의 가설은 서
구 선진 국가의 경험에 관한 통계자료의 분석으로 입증되
었다. 이 역시 U자형으로 나타나는데, 성평등 수준이 낮은
단계에서는 성별 태도 격차가 크고 출산 의향이 낮다. 그
러나 성평등 수준이 높아지고 성별 태도의 격차가 줄어들
면(성평등에 대한 여성들의 인식이 긍정적으로 바뀌면) 출

산 의향도 증가한다.

결국 국가가 가족과 노동시장에서 성평등 수준을 높여 여성들이 평등하다고 느낄수록 성 형평성에 대한 인식이 개선되고 성별 인식 격차가 줄어 출산 의향도 긍정적인 방향으로 변화한다는 것이다. 성평등 수준의 객관적 향상과 체감, 그 결과 형성되는 주관적 태도 변화가 저출생 문제를 해결하는 핵심 열쇠가 될 수 있음을 알 수 있다.

한국 여성들은 왜 출산에 회의적인가

자녀 갖기를 망설이는 이유는 서로 다르다

2021년도 여성가족부의 〈양성평등실태조사〉(마경희 외)에 따르면, 15세부터 49세까지 약 2000명의 응답자(여성 982명, 남성 1141명) 중 자녀를 가질 의향이 있다고 답한 사람은 40.5퍼센트로 나타났다(〈그림 1〉). 전체 여성 응답자 중 34.6퍼센트, 남성 응답자 중 45.4퍼센트가 동의하고 있다. 반대로 자녀를 가질 의향이 없다고 응답한 사람은 전체 26.9퍼센트로, 여성 응답자의 31.2퍼센트, 남성 응답자의 23.4퍼센트가 동의해 역시 성별에 따라 상반된 경향을 보였다. 자녀를 갖거나 갖지 않을 의향에서 성별 차이가 뚜렷하며 남성은 자녀를 갖겠다는 의향이 20퍼센트포인트 이상 높은 데 비해 여성은 갖거나 갖지 않겠다는 비율에 큰 차이가 없다. 여성이 출산에 훨씬 더 회의적인 것을 알 수 있다.

이 중 자녀를 갖지 않겠다는 사람들(19~49세)에게 그 이유를 묻자, 〈그림 2〉에서와 같이 '자녀 양육비·교육비 부담'이라는 경제적인 요인이 여성과 남성 모두에게서 가장 많이 언급되었다. 이어 '자녀에 구속된 삶에 대한 거부감' '하는 일에 지장이 있으리라는 우려' '스스로 좋은 부모가 될 자신 없음'과 같은 심리적 요인들이 많이 꼽혔다. 여기서 우리는 응답별 성별 차이에 주목할 필요가 있다. 성별 차이가 가장 크게 두드러졌던 응답은, '하는 일에 지장이 있을까 봐 자녀를 갖지 않겠다'고 응답한 경우였다. 여성 응답자의 36.3퍼센트, 남성 응답자의 19.5퍼센트가 선택해 성별 간 약 17퍼센트포인트의 차이를 보였다. '독박 육아'를 답한 경우에서도 여성 응답자의 비율이 더 높음을 알 수 있었다(여성의 8.7퍼센트, 남성의 2.3퍼센트가 응답해 약 6퍼센트포인트의 격차가 나타났다). 반대로 남성의 응답률이 여성에 비해 가장 높았던 답변은 '자녀 양육비·교육비 부담'으로, 여성 응답자의 49.7퍼센트, 남성 응답자의 66.3퍼센트가 선택하며 성별 간 16.6퍼센트포인트의 격차를 보였다. 즉 상대적으로 여성은 자녀 양육으로 인한 경력 단절이나 일-양육 병행의 어려움이, 남성은 경제적인 부담이 자녀를 갖는 데에 대한 심리적 장벽으로 크게 작용하는 것을 알 수 있다.

일과 돌봄을 병행해가는 것은 여성의 커리어를 지속해가기 위할 뿐 아니라, 남성의 경제적 부담을 줄이기 위해서도 필요한 과제다. 한국에서도 여성의 출산·양육, 남성의 양육 참여를 위한 여러 가지 법과 제도가 정비되어 있다. 〈근로기준법〉과 〈남녀고용평등과 일·가족 양립지원

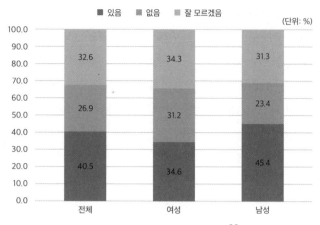

〈그림 1〉 자녀를 가질 의향(15~49세)[28]

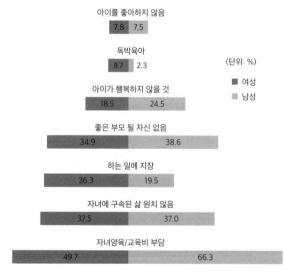

〈그림 2〉 자녀 갖기를 망설이는 이유(1+2순위, 19~49세)[29]

법〉〈양성평등기본법〉등에는 임신과 출산을 겪는 여성과 남성 노동자를 위한 휴가와 휴직, 단축근무 등의 제도들이 있을 뿐 아니라, 누구나 사용할 수 있다고 명시되어 있다. 그러나 현실적으로 이런 제도의 혜택을 모두 누릴 수 있는 노동자들은 제한되어 있다. 대기업과 공기업, 공공부문 종사자와 정규직 노동자들이 주요 수혜자이며, 중소·영세기업, 자영업, 비정규직 노동자들은 제도에 접근하기가 쉽지 않다. 여성은 남성에 비해 중소·영세기업 노동자와 비정규직이 더 많고 그만큼 제도의 사각지대에 놓인 사람들이 더 많다. 2022년 기준 여성노동자의 56.2퍼센트, 남성노동자의 50.5퍼센트가 30인 미만 사업장에서 일하며, 여성노동자의 46퍼센트, 남성노동자의 30.6퍼센트가 비정규직으로 일한다.* 임신·출산·육아를 위한 휴가와 휴직, 그밖의 복지제도의 사용에서 절반 이상의 남녀 노동자들이 접근이 어려운 조건에서 일하며, 이 중 여성의 경우 훨씬 더 어려운 조건에 있음을 알 수 있다.

이러한 현실에서 출산과 양육을 수행하는 여성노동자들은 어떻게 살고 있을까? 출산과 양육을 선택하지 않은 여성노동자들은 왜, 어떤 고민을 하고 있을까?《경향신문》의 2024년 '여성 서사 아카이브' 기획[30]에 실린 아래 이야기는 여성 노동자들이 겪어온 '고군분투의 현장'이 어떤 곳인지, 그리고 그 안에서 그들의 좌절과 생존 전략이 어

---

* 이 비정규직 비율은 정부 통계자료집인 지표누리에 공시된 것으로, 민간 노동연구자들의 통계치보다는 비정규직 비율이 작게 잡혀 있다.

떤 것인지 보여준다.

공공기관 연구원으로 일하고 있는 30대 여성 A는 '아이 있는 티를 안 내기 위해 애쓰고 있다'. 회사 책상에는 아이 사진도 작은 걸로 놓아둔다. 아이를 낳기 전에는 워라밸을 챙겼지만, 출산 이후에는 달라졌다. 공공기관이라 육아기단축근로제를 쓸 수 있지만, '워킹맘'이란 각인이 싫었다. 현재 일과 가정의 비중은 51 대 49, '일이 재미있다'고 고백한 그에게는 엄마 역할보다 커리어가 더 중요하다. 아이를 위해 매달 월급의 절반 정도를 돌봄 시터 고용에 붓고 있다. A는 커리어를 포기하는 대신, '월급을 포기한 자'가 되었다.

한편 대기업 사무직에 종사하는 30대 여성 B는 회사가 일·생활 균형으로 유명한 곳이라 유연근무제를 활용하고 있음에도 '고군분투' 중이다. B는 아이를 어린이집에 보낸 후 출근하고 일주일에 3번 '하원 이모님'을 고용한다. 일주일에 2번 재택근무를 하고 친정엄마의 도움을 받기도 하지만, 그럼에도 불구하고 일과 생활을 모두 다 잘해내기 어렵다. 남성 중심적인 기업 문화 속에서 육아에 적극적으로 참여하기 어려운 남편 대신, B는 출산 이후 '포기하는 법을 배우게 됐다'. 성취욕이 큰 사람이었는데 아이를 키우면서 둘 다 할 수 없다고 바뀌었다.

30대 여성 C는 계약직으로 2년을 채우면 정규직이 될 수 있는 문화예술계 기관에서 일했지만, 임신하면서 '계약 종료'를 '선택'했다. 그는 결혼하자마자 동료들로부터 '임신하지 말라' '따로 아이 봐줄 사람이 있느냐' 하는 이야기를 많이 들었다. 정규직 선배들은 자유롭게 출산휴가·육아휴직을 쓸 수 있었지만 계약직은 요구할 수 없었다. 법적으로는 계약직도 출산휴가를 요구할 수 있지만 하지 못했다. 그렇게 떠밀리듯 '계약 종료'를 택했다.

20대 프리랜서 방송작가 D는 '생각해보니 출산한 동료를 보지 못했다'. 새벽 4시까지 일하고 오전 10시 회의를 준비하기 위해 쪽잠 자는 분위기, 걸어가는 15분이 아까워 숙직실에서 자는 일터 환경에서 과연 출산할 수 있는 여성이 있었을까. D는 방송 일이 너무 재밌는데 결혼하면 현장을 떠날 수밖에 없을 것 같다고 말했다. 결혼과 출산은 그에게 '시지프스 바위'처럼 느껴진다. 올라가면 떨어지고 올라가면 떨어지고…. D에게 이런 물음이 떠오른다. 또 오르려고 노력할 바엔 차라리 '바위'를 없애는 게 낫지 않을까?

이렇듯 일하면서 아이를 키우는 삶은 여성에게 매일 시간이나 돈, 성취감을 포기하게 만드는 삶이다. 월급의 반을 쏟아붓고, 유연근무제가 벌어준 시간은 다 끌어 쓰는 대신 성취감은 포기한다. 법에는 명시되어 있지만 현실에서는 말도 꺼내기 어려운 출산휴가 대신 퇴직을 밀리듯 택하고, 시지프스의 바위 같은 무게가 싫어 결혼과 출산을 거부한다. 정규직과 비정규직 여성노동자들이 출산과 양육이라는 생애 과제 앞에서 직면하는 현실이다.

여성들이 부딪히는 이런 조건은 결국 한국의 초저출생을 지속시켜온 주범이다. 그리고 세계에서 가장 낮은 출산율은 이런 불평등한 조건이 낳은 필연적 산물이다. 아래의 두 그래프는 한국 사회가 당면한 저출생 문제의 원인이자 해법이 성평등에 있다는 사실을 명확히 보여준다. 〈그림 3〉은 2000년부터 2021년까지 20·30대 여성과 남성의 고용률 변화를 나타낸다. 전반적으로 여성의 고용률은 소폭 상승했고 남성의 고용률은 소폭 하락한 가운데, 눈에 띄는 것은 30대 남성과 여성의 고용률 격차다. 20대의 경우 2000년대 초반 성별 격차가 10퍼센트포인트를 넘었지만, 20여 년 동안 유사한 수준에 근접했다. 그러나 30대가 되면 격차는 매우 크게 벌어져 20퍼센트포인트를 넘어선다. 한국 사회에서 지난 20여 년 동안 20대 여성과 남성의 고용률 격차는 좁혀져왔지만, 30대에 들어서면 여전히 큰 폭으로 존재한다. 결혼과 임신, 출산, 육아의 시기에 직면하는 위험의 결과다.

그렇다면 30대 여성들은 어떻게 이 위기를 넘어서고 있을까? 〈그림4〉가 그 답을 암시한다. 30대 여성의 고용률은 2015년 56.9퍼센트부터 급속히 상승하고 코로나 시기 감소했지만 다시 큰 폭으로 상승해 2023년 68퍼센트에 이르고 있다. 코로나 시기 학교와 어린이집이 일시적으로 문을 닫아 30대 여성의 퇴직이 늘었지만 이후 급속히 노동시장으로 복귀해온 것이다. 그 결과 〈그림5〉에서와 같이, 출생아 수는 2015년 43만 8400명(합계출산율 1.24명)에서 지속적으로 하락해 2023년 23만 명(합계출산율 0.72명)으로 감소했다. 국가와 사회가 출산과 육아로 인한 여성의 고용 단절과 불안정을 해소하지 못하는 상황에서 여성들은 저출산이라는 개인적 처방을 선택해온 것이다.

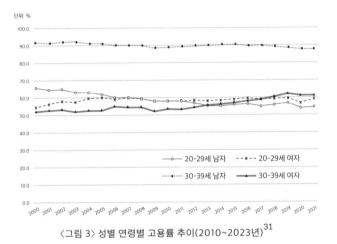

〈그림 3〉 성별 연령별 고용률 추이(2010~2023년)[31]

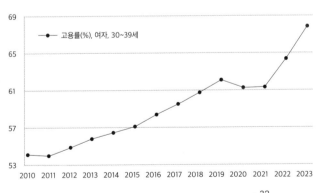

〈그림 4〉 30대 여성의 고용률 추이(2010~2023년)[32]

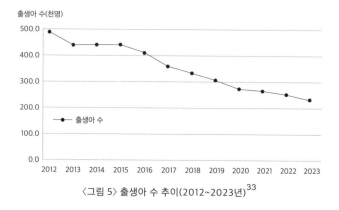

출생아 수(천명)

〈그림 5〉 출생아 수 추이(2012~2023년)[33]

왜, 무엇을 위해 출산율을 높여야 하는가

2000년대 초 '인구 위기'를 선언한 한국 정부는 2005년 저출산고령사회위원회를 조직하고 2006년부터 저출산고령사회기본계획을 실시하고 있다. 2024년 현재 제4차 기본계획(2021~2025)을 수행 중이며, 윤석열 정부는 2024년 6월에 그간 대책들의 종합판이라고 할 수 있는 '저출생 추세 반전을 위한 대책'을 발표했다.

그동안 정부가 바뀌면서 저출생 대책의 방향과 과제도 달라져왔다.[34] 2006년 노무현 정부에서 시작된 출산친화정책은 2009년 이명박 정부 수립 이후 반여성적인 출산장려정책으로 돌아섰다. 수십 년 동안 사문화死文化되어왔던 낙태금지 조항을 되살려내 임신중단을 위한 시술이나 처방을 금지하고 행위자를 처벌한 정책은 대표적인 여성 억압정책이라고 할 수 있다. 박근혜 정부 들어서도 여성의 관점과 성평등 가치는 정책에 제대로 통합되지 못했다. 앞서 본 2016년 대한민국 출산지도 제작을 둘러싼 해프닝은 출산율을 높여야 한다는 조급증 앞에서 여성의 인권이 어떻게 배제될 수 있는지 명확히 보여준다.

문재인 정부에 와서야 제3차 기본계획 수정본에 '성평등'이 정책 목표로 등장했다. 그러나 정책의 최고 수준인 비전에는 포함되지 못했고, 정책 과제의 조직과 실행의 차원에서도 충분한 자원과 노력이 투입되지 않아 별다른 성과를 거두지 못했다. 2022년 출범한 윤석열 정부는 '여성가족부 폐지'라는 윤석열 대통령의 후보 시절 공약이 보여주듯 정책의 결정과 집행에서 여성의 목소리를 배제하고 성평등을 삭제해왔다. 합계출산율이 1.0명을 지나 0.72명까지 떨어지고 개선될 희망이 보이지 않게 되자 윤석열 정부는 '인구 국가비상사태'를 선언하고 '반전 대책'을 내놓았다. 이 대책의 핵심은 저출생대응기획부 등 인구 부처를 신설하고 일·가정 양립, 양육, 주거의 3대 영역에 초점을 두어 집중적으로 지원한다는 것이다.[35]

그러나 시민사회와 언론 등에서의 반응은 그리 호의적이지 않았다. 인구와 출산의 주체인 여성의 목소리를 제거하고 성평등의 지향을 배제한 채 제시된 유연근무 확대나 '남성 육아휴직 50퍼센트'의 주장은 여성들의 냉소와 비판에 직면할 수밖에 없었다. 출산과 양육에서 여성의 주체성과 자기결정권의 인정 없이 국가가 일방적으로 진행하는 저출생 대책은 여성에 대한 통제이자 억압으로 귀결될 수밖에 없다. 성평등 비전 없이 추진되는 출산율 반등 정책은 비전과 가치, 목적을 잃어버린 채 수치적 성과에 집착하는 도구적인 정책에 머물 수밖에 없다.

지난 한 세기 동안 서구와 세계 사회에서 진행된 역사적 경험은 지속가능한 사회를 위한 인구와 자원의 확보를 위해서는 성평등이 필수적인 조건이라는 사실을 명확히 보여준다. '왜, 무엇을 위해 출산율을 높여야 하는가?' '출산을 선택하거나 선택하지 않을 결정권과 자유는 누구에게 있는가?' '국가는 출산의 주체인 여성과 남성의 결정을 존중하고 그것을 지원하기 위해 어떻게 노력해야 하는가?'와 같은 질문은 출산율 회복과 인구의 지속가능성을 확보하기 위해 먼저 이루어져야 할 물음들이다. 그리고 그 답변의 첫 줄은 '성평등 사회의 실현'에서 시작되어야 한다.

미주

1부

1장 디지털 시대, 고어 남성성의 등장

1   2022년 5월 25일, 트위터 스페이스에서 진행된 '다혜리의 작업실-〈사이버지옥: N번방을 무너뜨려라〉감독 및 출연자들과의 대화'에서.

2   사야크 발렌시아, 최이슬기 옮김,《고어 자본주의》, 워크룸, 2021, 213쪽.

3   위의 책, 37쪽.

4   위의 책, 17쪽.

5   위의 책, 18쪽.

6   데이비드 하비, 구동회·박영민 옮김,《포스트모더니티의 조건》, 한울, 1994, 178쪽.

7   조정환,《인지자본주의》, 갈무리, 2011.

8   Jonathan Beller, *Cinematic Mode of Production: Attention Economy and the Society of the Spectacle*, Dartmouth College Press, 2006; 장 보드리야르, 이상률 옮김,《소비의 사회》, 문예출판사, 1992; 기 드보르, 이경숙 옮김, 《스펙타클의 사회》, 현실문화연구, 1996.

9   사야크 발렌시아, 최이슬기 옮김,《고어 자본주의》, 워크룸, 2021, 17쪽.

10 위의 책, 183쪽.

11 CBS 김현정의 뉴스쇼,〈엽기폭행 양진호, 옥중 결혼… 한해 수익 2백억〉, 《노컷뉴스》, 2020년 10월 17일, https://www.nocutnews.co.kr/news/5436185 (최종 검색일: 2022년 3월 3일)

12 이태희,〈온라인 성착취 카르텔은 끝나지 않았다〉,《여성신문》, 2024년 8월 28일, https://www.womennews.co.kr/news/articleView.html?idxno=251326 (최종 검색일: 2024년 9월 12일)

13 사야크 발렌시아, 최이슬기 옮김,《고어 자본주의》, 워크룸, 2021, 98~99쪽.

14 래윈 코넬, 안상욱·현민 옮김,《남성성/들》, 이매진, 2013, 128~130쪽.

15 구진욱,〈조폭도 MZ세대 교체?… 100일간 1630명 검거 중 70% '30대 이하'〉,《뉴스1》, 2022년 8월 28일, https://www.news1.kr/articles/4785163 (최종 검색일: 2022년 8월 30일)

16 〈〔더뉴스〕'MZ세대 조폭' 세대 교체 됐나?… 마약사범 60% '30대 이하'〉,
《YTN》, 2022년 8월 29일, https://www.ytn.co.kr/_ln/0103_202208291
426582012 (최종 검색일: 2022년 8월 30일)

17 제임스 길리건, 이희재 옮김, 《왜 어떤 정치인은 다른 정치인보다
해로운가》, 교양인, 2012.

18 프랑코 '비포' 베라르디, 송섬별 옮김, 《죽음의 스펙터클》, 반비, 2016.
〔저자주: 엘리엇 로저 역시 다중 살인 후 자살했다.〕

19 송정훈, 〈"BJ잼미 모녀 죽음 내몬 유튜버 처벌"… 靑청원 21만명〉,
《노컷뉴스》, 2022년 2월 15일, https://www.nocutnews.co.kr/
news/5707473 (최종 검색일: 2022년 6월 12일)

20 존 M. 렉터, 양미래 옮김, 《인간은 왜 잔인해지는가》, 교유서가, 2021,
24쪽.

21 마사 C. 누스바움, 김상현 옮김, 〈대상화와 인터넷 상의 여성혐오〉,
《불편한 인터넷》, 에이콘출판, 2012, 117~121쪽.

22 수전 팔루디, 황성원 옮김, 《백래시》, 아르테, 2017.

23 이길호, 《우리는 디씨》, 이매진, 2012; 엄기호, 〈신자유주의 이후, 새로운
남성성의 가능성/불가능성〉, 권김현영 외, 《남성성과 젠더》, 자음과모음,
2011.

24 천관율·정한울, 《20대 남자》, 시사IN북, 2019.

25 김수아·최서영, 〈남성 정체성(들)의 재생산과 사이버 공간〉,
《미디어,젠더&문화》 8호, 2007.

26 국승민·김다은·김은지·정한울, 《20대 여자》, 시사IN북, 2022, 217쪽.

27 김수아·이예슬, 〈온라인 커뮤니티와 남성-약자 서사 구축〉, 연구모임
사회비판과대안 엮음, 《능력주의와 페미니즘》, 사월의책, 2021.

28 김보명, 〈젠더 갈등과 반페미니즘의 문법〉, 《비교문화연구》 56호, 2019.

29 엄진, 〈전략적 여성혐오와 그 모순〉, 《미디어,젠더&문화》 31권 2호, 2016;
송민정, 〈일베 남성성의 관계적 구성과 재생산〉, 이화여자대학교 대학원
여성학과 석사학위 논문, 2020.

30 사야크 발렌시아, 최이슬기 옮김, 《고어 자본주의》, 워크룸, 2021,
186~187쪽.

31 위의 책, 190쪽.

32 라보리아 큐보닉스, 아그라파 소사이어티 옮김, 《제노페미니즘》,
미디어버스, 2019, 0x0E쪽.

33 라보리아 큐보닉스, 위의 책, 0x13쪽.

2장 메갈 밥줄 끊기의 역사

1 김수아, 〈'이대남'과 반 페미니즘 담론: "메갈' 손가락 기호' 논란을
   중심으로〉,《여성문학연구》53호, 2021, 443~475쪽.

2 김수아·이예슬, 〈온라인 커뮤니티와 남성-약자 서사 구축〉,《한국여성학》
   33권 3호, 2017, 67~107쪽.

3 디시인사이드 웹커뮤니티사이트 내 웹툰갤러리 갈무리

4 아마렛토, "〔일반〕 일련의 사건에 대하여(feat. 정말 사상의 문제인가?",
   디시인사이드 빵집소녀 갤러리, 2018년 3월 2일, https://gall.dcinside.
   com/bjsn/1833942 (최종 검색일: 2024년 10월 28일)

5 김수아·이예슬, 〈온라인 커뮤니티와 남성-약자 서사 구축〉,《한국여성학》
   33권 3호, 2017.

6 민가영, 〈'피해' 개념의 재배치 시대에 여성주의적 개입을 위한 시론〉,
   《한국여성학》38권 1호, 2022, 213~236쪽.

7 ○○〔익명〕, "〈진지〉메갈 성우때문에 회사에 실질적으로 "피해"를 입어야
   해고 가능", 디시인사이드 클로저스 갤러리, 2016년 7월 19일, https://
   gall.dcinside.com/closers/2164114 (최종 검색일: 2022년 12월 3일)

8 TheDulri, "〔잡담〕 거 얼마나 질렀나 봅시다" 루리웹 소녀전선 게시판,
   2018년 3월 21일, https://bbs.ruliweb.com/game/84404/read/183359

9 ○○(익명), "소울워커 상황요약", 디시인사이드 소울워커 갤러리, 2018년
   3월 26일, https://gall.dcinside.com/soulworker/287718

10 김수아, 〈지식의 편향 구조와 혐오:국내 위키 서비스 '여성혐오' 논란을
   중심으로〉,《미디어,젠더&문화》35권 1호, 2020, 141~183쪽.

11 에바 일루즈, 김정아 옮김,《감정 자본주의》, 돌베개, 2010.

3장 딥페이크 이미지는 어떻게 실제와 연결되는가

1 최소윤·한민경, 〈'사이버 음란물'에서 '기술매개 젠더기반 폭력'까지:
   디지털 성범죄 관련 국내 연구동향 분석", 《한국범죄학》14권 2호, 2020,
   145~168쪽.

2 Henry, N. and A. Powell, "The Dark Side of the Virtual World: Towards
   a Digital Sexual Ethics", in *Preventing Sexual Violence: Interdisciplinary
   Approaches to Overcoming a Rape Culture*, 2014.

3 Lever, K. and J. Eckstein, ""I Never Did Those Things They Said!": Image,
   Coercive Control, and Intrusion From Former Partners' Technology-
   Mediated Abuse", *Iowa Journal of Communication*, 52(1), 2020, pp.49~67.

4 Henry, N. and A, Powell, "Technology-Facilitated Sexual Violence: A
   Literature Review of Empirical Research", *Trauma Violence & Abuse*, 19(2),

2016, pp.195~208.

5   Henry, N. and A, Powell, "Embodied Harms: Gender, Shame, and
     Technology-Facilitated Sexual Violence", *Violence Against Women*, 21(6),
     2015, pp.758~779.

6   Maddocks, S, "From non-consensual pornography to image-based sexual
     abuse: Charting the course of a problem with many names", *Australian
     Feminist Studies*, 33(97), 2018, pp.345~361.

7   김한균, 〈디지털성범죄 차단과 처단: 기술매개 젠더기반 폭력의
     형사정책〉, 《저스티스》 178호, 2020, 384~387쪽.

8   Youngs, G., "Ethics of access: Globalization", *Feminism and Information
     Society Journal of Global Ethics*, 1(1), 2005, pp.69~84.

9   Youngs, G.. "Ethics of access: Globalization", *Feminism and Information
     Society Journal of Global Ethics*, 1(1), 2005, pp.69~84. ; Harris, B. and
     L. Vitis, "Digital intrusions: technology, spatiality and violence against
     women", *Journal of gender-based violence*, 4(3), 2020, pp.325~341.

10   Draucker, C. B. and S. D. Martsolf, "The role of electronic communication
     technology in adolescent dating violence", *Journal of Child and Adolescent
     Psychiatric Nursing*, 23(3), 2010, pp.133~142.

11   Henry, N. and A, Powell, "Embodied Harms: Gender, Shame, and
     Technology-Facilitated Sexual Violence", *Violence Against Women*, 21(6),
     2015, pp.758~779.

12   Grabosky, P. N, "Virtual criminality: Old wine in new bottles?", *Social &
     Legal Studies*, 10(2), 2001, pp.243~249.

13   Yar M., "The Novelty of 'Cybercrime': An Assessment in Light of Routine
     Activity Theory", *European Journal of Criminology*, 2(4), 2005, pp.407~427.

14   Harris, B. and L. Vitis, "Digital intrusions: technology, spatiality and
     violence against women", *Journal of gender-based violence*, 4(3), 2020,
     pp.325~341.

15   Brown, S, "Integration by way of the criminology of hybrids", in
     Criminology: An integrated approach, Plymouth, 2006.

16   O'Malley, R. L. and K. M. Holt, "Cyber sextortion: An exploratory
     analysis of different perpetrators engaging in a similar crime", *Journal of
     interpersonal violence*, 37(1-2), 2022, pp.258~283.

17   장다혜·김수아, 〈온라인 성폭력 범죄의 변화에 따른 처벌 및 규제 방안〉,
     《형사정책연구원 연구총서》, 2018, 64쪽.

4장 온라인 공간을 횡단하는 여성들

1 김수아, 〈사이버 공간에서의 힘돋우기 실천〉, 《한국언론학보》 51권 6호, 2007, 346~380쪽; 이종수·최지혜, 〈사이버 공간에서의 여성 커뮤니티 문화〉, 《미디어, 젠더&문화》 3호, 2005, 98~143쪽.

2 권김현영, 〈군가산점 소동과 싸이버테러〉, 《여성과사회》 11호, 2000, 133~145쪽.

3 윤보라, 《온라인 외모관리 커뮤니티와 20-30대 여성들의 정치주체화》, 서울대학교 여성학협동과정 석사학위논문, 2011.

4 김영선, 〈한국여성학 제도화의 궤적과 과제〉, 《현상과인식》 34권 3호, 2010, 323~399쪽.

5 허민숙, 〈"내가 페미니스트였어?" 그러니까 여성학은 계속되어야 한다〉, 《여성학논집》 30권 1호, 2013, 101~128쪽.

6 김수아, 〈젠더정치의 미디어 프레임, '그 페미니즘'〉, 《황해문화》 101호, 2018, 18~34쪽.

7 조선정, 〈포스트페미니즘과 그 불만〉, 《한국여성학》 30권 4호, 2014, 47~76쪽.

8 김예란, 〈소셜웹 대중문화〉, 《한국언론정보학보》 62호, 2013, 5~29쪽.

9 전혜영, 〈포스트페미니즘 시대, 여성전용 사이버공간의 필요성과 페미니즘의 역할 : 다음카페 <여성시대>를 중심으로〉, 《여성연구논총》 28호, 2013, 121~136쪽.

10 황슬하·강진숙, 〈온라인 여성호명 담론에 대한 질적 연구〉, 《한국방송학보》 28권 4호, 2014, 356~388쪽.

11 권김현영·손희정·박은하·이민경, 《대한민국 넷페미사》, 나무연필, 2017.

12 손희정, 《페미니즘 리부트》, 나무연필, 2017.

13 Williams, S., "Digital defense: black feminists resist violence with hashtag activism", *Feminist Media Studies*, 15(2), 2015, pp.341~344.

14 고지현·양세정, 〈성인지감수성 관련 불매운동 현황 분석: 일간지 보도내용을 중심으로〉, 《여성연구》 109권 2호, 2021, 377~408쪽.

15 Phelan, S., "Seven theses about the so-called culture war(s) (or some fragmentary notes on 'cancel culture')", *Cultural Studies*, 4, 2023, pp.1~26.

16 Council of Europe(2016). *Background note on sexist hate speech*. https://rm. coe.int/168059ad42.

17 Mendes, K., Ringrose, J., & Keller, J. "#MeToo and the promise and pitfalls of challenging rape culture through digital feminist activism". *European Journal of Women's Studies*, 25(2), 2018, pp. 236~246.

18 김해원·박동숙·이재원·정사강·강혜원·백지연, 〈5월 19일, 여성들은 혜화역에 어떻게 모였나?〉,《언론과 사회》 26권 4호, 2018, 85~139쪽

19 김애라, 〈'탈코르셋', 겟레디위드미(#getreadywithme): 디지털경제의 대중화된 페미니즘〉,《한국여성학》 35권 3호, 2019, 43~78쪽.

20 강미선·김성희·정인혜, 〈내 뜻대로 삶 쓰기: 20대 여성의 4B 가치관 형성 과정 연구〉,《여성학논집》 37권 1호, 2020, 153~194쪽.

21 김은주, 〈제 4물결로서 온라인-페미니즘 : 동시대 페미니즘의 정치와 기술〉,《한국여성철학》 31호, 2019, 1~32쪽.

22 이희은, 〈페미니즘 운동과 미디어 윤리: #미투 운동 사례를 중심으로〉, 《언론정보연구》 55권 3호, 2018, 120~157쪽.

23 장은미·최이숙·김세은, 〈"우리는 더디지만 나아가고 있다": '미투 운동(#MeToo)' 이후 성평등 보도를 위한 한국 언론의 실천과 과제〉, 《미디어,젠더&문화》 36권 3호, 2021, 187~236쪽.

24 Kanai, A., "Between the perfect and the problematic: everyday femininities, popular feminism, and the negotiation of intersectionality". Cultural Studies, 34(1), 2019, pp.25~48.

25 Lee, J., & Jeong, E., "The 4B movement: envisioning a feminist future with/in a non-re- productive future in Korea". Journal of Gender Studies, 30(5), 2021, pp.633~644.

26 오혜진, 〈20대 페미니스트 여성들의 '페미니즘'과 그 의미: 페미니스트-되기의 해방과 곤경을 중심으로〉,《젠더와 문화》 15권 1호, 2022, 39~79쪽.

27 Chouliaraki, L., "Victimhood: The Affective Politics of Vulnerability". Eureopean Journal of Cultural Studies, 24(1), 2021, pp.10~27.

28 Banet-Weiser, S., Empowered: Popular Feminism and Popular Misogyny. Durham: Duke University Press, 2018.

29 채석진, 〈미디어 증언, 취약한 몸, 그리고 믿을만함〉,《한국언론학회 정기학술대회 발표문》, 2024.

30 이민주,《반페미니즘 남성 소비자 정치의 탄생》, 이화여자대학교 석사학위논문, 2023.

31 Kanai, A., & McGrane, C., "Feminist filter bubbles: ambivalence, vigilance and labour", Information, Communication & Society, 24(15), 2021, pp.2307~2322.

32 Coffey, J., & Kanai, A., "Feminist fire: embodiment and affect in managing conflict in digital feminist spaces", Feminist Media Studies, 23(2), 2021, pp.638~655.

33 박현아·이나은, 〈탈코르셋을 그만둔 여성들: 동일시의 정치와 물화된 얼굴을 넘어서〉, 《문화와사회》, 31권 1호, 2023, 89~148쪽.

34 박현아·이나은, 위의 글.

2부

1장 '위치지어진' 개발자들과 페미니스트 인공지능

1 Londa Schiebinger, *Has Feminism Changed Science?*, Cambridge, MA: Harvard University Press, 1999.

2 Londa Schiebinger, "Introduction: Feminism Inside the Sciences", *Signs*, 28(3), 2003, pp.859~866. ; Patricia Adair Gowaty, "Sexual Natures: How Feminism Changed Evolutionary Biology", *Signs*, 28(3), 2003, pp.901~921.

3 Judy Wajcman, *Technofeminism*, Cambridge: Polity, 2004.

4 Helen E. Longino, "Can There Be a Feminist Science?", *Hypatia*, 2(3), 1987, pp.62.

5 정연보, 〈상대주의를 넘어서는 '상황적 지식들'의 재구성을 위하여: 파편화된 부분성에서 연대의 부분성으로〉, 《한국여성철학》 19권, 2012, 36쪽.

6 이희은, 〈AI는 왜 여성의 목소리인가?: 음성인식장치 테크놀로지와 젠더화된 목소리〉, 《한국언론정보학보》 90호, 2018, 126~153쪽.

7 한애라, 〈인공지능과 젠더차별〉, 《이화젠더법학》 11권 3호, 2019, 1~39쪽.

8 이시연, 〈"(인공)지능은 성별이 없다고?〉, 《인공지능인문학연구》 1권, 2018, 77~93쪽.

9 정연보, 〈'4차 산업혁명' 담론에 대한 비판적 젠더 분석: 젠더본질론과 기술결정론을 넘어〉, 《페미니즘 연구》 18권 2호, 2018, 3~45쪽.

10 강이수, 〈4차산업혁명과 디지털 성별 격차: 여성노동의 쟁점과 현실〉, 《페미니즘 연구》 18권 1호, 2018, 170쪽.

11 Davide Cirillo,, Silvina Catuara-Solarz, Czuee Morey, Emre Guney, Laia Subirats, Simona Mellino, Annalisa Gigante, Alfonso Valencia, María José Rementeria1, Antonella Santuccione Chadha and Nikolaos Mavridis, "Sex and gender differences and biases in artificial intelligence for biomedicine and healthcare", *NPJ digital medicine*, 3(1), 2021, pp.1~11. ; Marta R. Costa-jussà, "An analysis of gender bias studies in natural language processing", *Nature Machine Intelligence*, 1(11), 2019, pp.495~496. ; Parikh, Ravi B., Stephanie Teeple, and Amol S. Navathe, "Addressing

bias in artificial intelligence in health care", *Journal of American Medical Association*, 322(24), 2019, pp.2377~2378. ; Marcelo OR Prates, Pedro. H. Avelar, and Luis C. Lamb, "Assessing Gender Bias in Machine Translation: a Case Study with Google Translate", *Neural Computing and Applications*, 32(10), 2020, pp.6363~6381. ; Zhao, Jieyu, Wang, Tianlu., Yatskar, Mark, Ordonez, Vincente and Chang, Kai-Wei, "Men also like shopping: Reducing gender bias amplification using corpus-level constraints", 2017. arXiv preprint arXiv:1707.09457.

12 Susan Leavy, "Gender Bias in Artificial Intelligence: The Need for Diversity and Gender Theory in Machine Learning", Association for Computing Machinery, Proceedings of the 1st International Workshop on Gender Equality in Software Engineering(2018.5.28.), 2018.

13 Renata Avila, "Deploying Feminist AI", *Feminist AI*. 2021, https://feministai.pubpub.org/pub/deploying-feminist-ai (최종검색일 2022년 9월 1일).

14 Donna Haraway, "Situated Knowledges: The Science Question in Feminism and the Privilege of Partial Perspective", *Feminist Studies*, 14(3), 1988, pp.584.

15 Catherine D'Ignazio and Lauren F. Klein, *Data Feminism*. Cambridge, MA: MIT Press, 2020, pp.83

16 Nick Seaver, "What Should an Anthropology of Algorithms Do?<, *Cultural Anthropology*, 33(3), 2018, pp.375~385.

17 Catherine D'Ignazio and Lauren F. Klein, *Data Feminism*. Cambridge, MA: MIT Press, 2020.

18 한유진·이지은·고은정·임소연,《글로벌 성평등 의제 및 정책사례 연구》, 서울: 여성가족부, 2021.

19 Matteo Cinelli, Gianmarco De Francisci Morales, Alessandro Galeazzi, Walter Quattrociocchi, and Michele Starnini, "The Echo Chamber Effect on Social Media", PNAS 118(9), 2021, pp.1~8.

20 TaeYoung Kang, Eunrang Kwon, Junbum Lee, Youngeun Nam, Junmo Song, JeongKyu Suh, "Korean Online Hate Speech Dataset for Multilable Classification: How Can Social Science Improve Dataset on Hate Speech?", arXiv e-prints. arXive:2204.03262, 2022.

21 주디스 버틀러, 유민석 옮김,《혐오발언》, 알렙, 2016.

22 Deboleena Roy, *Molecular Feminisms: Biology, Becomings, and Life in the Lab.* Seattle: University of Washington Press, 2018.

23 Renata Avila, "Deploying Feminist AI", *Feminist AI*. 2021, https://feministai.pubpub.org/pub/deploying-feminist-ai (최종검색일 2022년 9월 1일).

24 Catherine D'Ignazio and Lauren F. Klein, *Data Feminism*. Cambridge, MA: MIT Press, 2020. pp.53.

25 박다해, "테크페미 "페미니스트 동료 만나면 성취감도 늘어나죠"", 《한겨레》, 2019년 5월 17일.

26 주혜진, 〈여성과학기술인 지원정책에 '여성'은 있는가: 참여토론과 AHP를 통한 정책 발굴의 의의〉, 《페미니즘 연구》 14권 2호, 2014, 153~303쪽. ; 이은경, 〈한국 여성과학기술인 지원정책의 성과와 한계〉, 《젠더와문화》 5권 2호, 2012, 7~35쪽.

2장 성차별, 있는데 없습니다

1 Anna F. Grundy and John Grundy, *Women and Computers*. Exeter: Intellect Books, 1996. ; Rosemary Wright, "The Occupational Masculinity of Computing", in Cliff Cheng(eds.), *Masculinities in Organizations*, CA: Sage Publications, 1996. ; Androniki Panteli, J. Stack, M. Atkinson, and Howard Ramsay, "The status of women in the UK IT industry: an empirical study", *European Journal of Information Systems*, 8(3), 1999, pp.170~182.)

2 Wayne H. Decker, "Occupation and impressions: Stereotypes of males and females in three professions", *Social Behavior and Personality: An international journal*, 14(1), 1986, pp.69~76. ; Peggy Newton and Eevi Beck. "Computing: An ideal occupation for women?", in Beynon, John and Hughie Mackay(eds.), *Computers into Classrooms: More questions than answers*, London: Falmer, 1993, pp.130~146. ; Anna F. Grundy and John Grundy, *Women and Computers*. Exeter: Intellect Books, 1996. ; Gerda Siann, "We can, we don't want to: factors influencing women's participation in computing", in Adam, Alison and Rachel Lander(eds.), *Women in Computing*, Exeter: Intellect, 1997, pp.113~121.

3 김연철·권현지, 〈제3장. 소프트웨어엔지니어 직종 노동시장의 전개와 프리랜서 경제화 II : 질적 자료 분석을 중심으로〉, 이승렬·권현지·김연철·노성철, 《미래의 직업 프리랜서(2) 소프트웨어 개발자》, 한국노동연구원, 2019, 52~109쪽.

4 노현종, 〈디지털 시대의 호모 루덴스?: 변화된 놀이문화와 능력주의 이데올로기의 선택적 친화력〉, 《비교문화연구》 29권 2호, 2023. ; 박권일, 《한국의 능력주의 = K-Meritocracy : 한국인이 기꺼이 참거나 죽어도 못

참는 것에 대하여》, 이데아, 2021. ; 최문희·한경희, 〈능력주의 시대, '젠더-프리'공학을 향한 여성 엔지니어의 열망과 실천〉, 《과학기술학연구》 23권 3호, 2023, 66~105쪽.

5   Erin A. Cech, "The (Mis)Framing of Social Justice: Why Ideologies of Depoliticization and Meritocracy Hinder Engineers' Ability to Think About Social Injustices", in Lucena, Juan(eds.), *Engineering Education for Social Justice: Critical explorations and opportunities*, Dordrecht: springer dordrecht,, 2013, pp.67~84.

6   김연철·권현지, 〈제3장. 소프트웨어엔지니어 직종 노동시장의 전개와 프리랜서 경제화 II : 질적 자료 분석을 중심으로〉, 이승렬·권현지·김연철·노성철, 《미래의 직업 프리랜서(2) 소프트웨어 개발자》, 한국노동연구원, 2019, 52~109쪽.

7   Gideon Kunda, *Engineering Culture: Control and Commitment in a High-Tech Corporation*, Philadelphia: Temple Univeristy Press, 2014(1992).

8   Androniki Panteli, J. Stack, M. Atkinson, and Howard Ramsay, "The status of women in the UK IT industry: an empirical study", *European Journal of Information Systems*, 8(3), 1999, pp.170~182. ; Alison T. Wynn, "Pathways Toward Change: Ideologies and Gender Equality in a Silicon Valley Technology Company", *Gender & Society*, 34(1), 2020, pp.106~130.

9   Joan Acker, "Hierarchies, Jobs, Bodies: A Theory of Gendered Organizations", *Gender & Society*, 4(2), 1990, pp.139~58.

10   Wendy Faulkner, "'Nuts and bolts and people': Gender-troubled engineering identities: Technical and social dualism in accordance with gender", *Social Studies of Science*, 37(3), 2007, pp.331~356. ; Sharla Alegria, "Escalator or Step Stool? Gendered labor and Token Process in Tech Work", *Gender & Society*, 33(5), 2019, pp.722~745.

11   Lauren Alfrey and France W. Twine, "Gender-fluid geek girls: Negotiating inequality regimes in the tech industry", *Gender & Society*, 31(1), 2017, pp.28~50. ; Megan T. Neely, Patrick Sheehan, and Christine L. Williams, "Social Inequality in High Tech: How Gender, Race, and Ethnicity Structure the World's Most Powerful Industry", *Annual Review of Sociology*, 49, 2023, pp.319~338.

12   Carroll Seron, Susan Silbey, Erin Cech, and Brian Rubineau, "I am Not a Feminist, but...": Hegemony of a meritocratic ideology and the limits of critique among women in engineering", *Work and Occupations*, 45(2), 2018, pp.131~167.

13 Dinara Tokbaeva and Leona Achtenhagen, "Career resilience of female professionals in the male-dominated IT industry in Sweden: Toward a process perspective", *Gender, Work & Organization*, 30(1), 2023, pp.223~262.

14 Ruth Woodfield, "Woman and information systems development: not just a pretty (inter) face?", *Information Technology & People*, 15(2), 2002, pp.119~138.; Karenza Moore, Marie Griffiths, Helen Richardson, and Alison Adam, "Gendered Futures? Women, the ICT Workplace and Stories of the Future", *Gender, Work and Organization*, 15(5), 2008, pp.523~42.

15 Elisabeth K. Kelan, "Emotions in a rational profession: The gendering of skills in ICT work", *Gender, Work & Organization*, 15(1), 2008, pp.49~71. ; Moore et al, op. cit.

16 Judy Wajcman, *Managing Like a Man*, Oxford: Blackwell, 1998. ; Moore et al, op. cit.

17 Ruth Woodfield, "Woman and information systems development: not just a pretty (inter) face?", *Information Technology & People*, 15(2), 2002, pp.119~138.

18 Mary Evans, *The Woman Question*, London: Sage, 1994.

19 Ruth Woodfield, "Woman and information systems development: not just a pretty (inter) face?", *Information Technology & People*, 15(2), 2002, pp.119~138.

20 Ruth Woodfield, "Woman and information systems development: not just a pretty (inter) face?", *Information Technology & People*, 15(2), 2002, pp.119~138.; Maria Lohan and Wendy Faulkner, "Masculinities and technologies", *Men and Masculinities*, 6(4), 2004, pp.319~329.

21 Elton Mayo, "The Western Electric Company Experiment", *Human Factor*, 6(1), 1930, pp.1~2.

22 Shelley J. Correll, "Reducing gender biases in modern workplaces: A small wins approach to organizational change", *Gender & Society*, 31(6), 2017, pp.725~750.; Mickey, 2019; Alison T. Wynn, "Pathways Toward Change: Ideologies and Gender Equality in a Silicon Valley Technology Company", *Gender & Society*, 34(1), 2020, pp.106~130. ; 윤명희, 〈디지털 창의노동: 여성 게임개발자 사례〉, 《문화와 사회》 29권 1호, 2021, 91~148쪽.

23 Riku Reunamäki and Carl F. Fey, "Remote agile: Problems, solutions, and pitfalls to avoid", *Business Horizons*, 66(4), 2023, pp.505~516.

24 Longqi Yang, David Holtz, Sonia Jaffe, Siddharth Suri, Shilpi Sinha,

Jeffrey Weston, Connor Joyce, Neha Shah, Kevin Sherman, Brent Hecht, and Jaime Teevan, "The effects of remote work on collaboration among information workers", *Nature human behaviour*, 6(1), 2022, pp.43~54.

25 Rosabeth M. Kanter, "Some effects of proportions on group life: Skewed sex ratios and responses to token women", *American journal of Sociology*, 82(5), 1977, pp.965~990. ; Joan C. Williams, *Bias Interrupted: Creating inclusion for real and for good*, Boston: Harvard Business Review Press, 2021.

26 Erin A. Cech, "The (Mis)Framing of Social Justice: Why Ideologies of Depoliticization and Meritocracy Hinder Engineers' Ability to Think About Social Injustices", in Lucena, Juan(eds.), *Engineering Education for Social Justice: Critical explorations and opportunities*, Dordrecht: springer dordrecht, 2013, pp.67~84.

27 김연철·권현지, 〈제3장. 소프트웨어엔지니어 직종 노동시장의 전개와 프리랜서 경제화 II : 질적 자료 분석을 중심으로〉, 이승렬·권현지·김연철·노성철, 《미래의 직업 프리랜서(2) 소프트웨어 개발자》, 한국노동연구원, 2019, 52~109쪽.

28 Lauren Alfrey and France W. Twine, "Gender-fluid geek girls: Negotiating inequality regimes in the tech industry", *Gender & Society*, 31(1), 2017, pp.28~50.

29 Wynn, op. cit.

30 Lauren Alfrey and France W. Twine, "Gender-fluid geek girls: Negotiating inequality regimes in the tech industry", *Gender & Society*, 31(1), 2017, pp.28~50.

31 Correll et al. op. cit.

32 Sharla Alegria, "Escalator or Step Stool? Gendered labor and Token Process in Tech Work", *Gender & Society*, 33(5), 2019, pp.722~745.

33 Elisabeth K. Kelan, "Emotions in a rational profession: The gendering of skills in ICT work", *Gender, Work & Organization*, 15(1), 2008, pp.49~71. ; Karenza Moore, Marie Griffiths, Helen Richardson, and Alison Adam, "Gendered Futures? Women, the ICT Workplace and Stories of the Future", *Gender, Work and Organization*, 15(5), 2008, pp.523~42.

34 Sharla Alegria, "Escalator or Step Stool? Gendered labor and Token Process in Tech Work", *Gender & Society*, 33(5), 2019, pp.722~745.

35 Wynn, op. cit.

36 Carroll Seron, Susan Silbey, Erin Cech, and Brian Rubineau, "I am Not a Feminist, but…": Hegemony of a meritocratic ideology and the limits of

critique among women in engineering", *Work and Occupations*, 45(2), 2018, pp.131~167.

37 Wynn, op. cit. ; 윤명희, 〈디지털 창의노동: 여성 게임개발자 사례〉, 《문화와 사회》, 제29권 1호, 2021, 91~148쪽.

38 Kanter, op. cit. ; Williams, op. cit.

39 Kelan, op. cit. ; Moore et al., op. cit.

3장 디지털 시대의 페미니스트-연구자 되기

1 손희정, 〈페미니즘 리부트〉, 《문화과학》 84호, 2015, 14~47쪽.

2 김은실, 〈한국 대학에서의 여성학 교육 개관〉, 《여성학논집》 14-15권, 1998, 293~300쪽.

3 이나영, 〈한국 '여성학'의 위치성: 미완의 제도화와 기회구조의 변화〉, 《한국여성학》 27권 4호, 2011, 37~81쪽.

4 김영선, 〈페미니즘 리부트 이후, 한국여성학의 도전과 새로운 실천〉, 《현상과인식》, 46권 1호, 2022, 77~94쪽

5 손희정, 〈페미니즘 리부트〉, 《문화과학》 84호, 2015, 14~47쪽.

6 배은경, 〈경제 위기와 한국 여성〉, 《페미니즘 연구》 9권 2호, 2009, 39~82쪽 ; 엄혜진, 〈신자유주의 시대 여성 자아 기획의 이중성과 속물의 탄생〉, 《한국여성학》 32권 2호, 2016, 31~69쪽.

7 이유림, 〈20대 커리어 걸의 우울과 포스트페미니즘〉, 《여/성이론》, 34권, 2016, 84~99쪽. ; 정인경, 〈포스트페미니즘 시대 인터넷 여성혐오〉, 《페미니즘 연구》, 16권 1호, 2016, 185~219쪽.

8 오혜민, 《포스트 페미니즘 리부트 시대, 여성 청년 페미니스트의 부상과 인식론적 취약성》, 이화여자대학교 대학원 박사학위논문, 2024.

9 상상·싱두·하영, 《학술지와 에세이 사이, 페미니즘 담론 공간 만들기-페미니스트 연구 웹진 Fwd의 발자취》, 페미니스트 연구웹진 Fwd, 2022. https://fwdfeminist.com/2022/02/09/fwd-1/

10 송유진, 《'탈코르셋'과 이분화된 몸의 서사: 더 많은 몸들에 대한 상상을 위하여》, 페미니스트 연구웹진 Fwd, 2019. https://fwdfeminist.com/2019/05/15/vol-1-7/

11 김수아, 〈지식의 편향 구조와 혐오: 국내 위키 서비스 '여성혐오' 논란을 중심으로〉, 《미디어, 젠더 & 문화》 35권 1호, 2020, 141~183쪽.

12 이남희·김현미·하정옥·이나영·황정미·나임윤경·김양선·허민숙·신경아·엄기호·김예란·송다영·마경희·정현백·김민정 지음, (사)한국여성연구소 엮음, 《젠더와 사회》, 동녘, 2014.

13 거다 러너, 강세영 옮김, 《가부장제의 창조》, 당대, 2004.

14 Joan W. Scott, "A Useful Category of Historical Analysis", *The American Historical Review*, 91(5), 1986, pp.1053~1075

15 사라 아메드, 이경미 옮김, 《페미니스트로 살아가기》, 동녘, 2017.

16 Donna Haraway, "Situated Knowledge: The Science question in Feminism and the Privilege of Partial Perspective", *Simians, Cyborgs, and Women: The Reinvention of Nature*, Routledge, 1991.

4장 지역 여성주의 네트워킹을 되짚다

1 손희정, 〈페미니즘 리부트: 한국 영화를 통해서 보는 포스트페미니즘, 그리고 그 후〉, 《문화과학》 83호, 2015, 14~47쪽. ; 권김현영·손희정·박은하·이민경, 《대한민국 넷페미사》, 나무연필, 2017.

2 정용림·이나영, 〈포스트/강남역: 성차별적 사회에 대한 집합적 저항과 페미니스트 주체 (재)구성의 가능성〉, 《페미니즘연구》 18권 1호, 2018, 181~228쪽. ; 박영민·이나영, 〈새로운 페미니스트의 등장?: 불편한 용기 참여자들의 경험을 중심으로〉, 《시민과 세계》 34호, 2019, 135~191쪽.

3 정용림·이나영, 위의 글, 186쪽.

4 윤지영, 〈현실의 운용원리로서의 여성혐오〉, 《철학연구》 115권, 2016, 200쪽.

5 윤지영, 위의 글, 222~223쪽.

6 김주희, 〈독학자들의 페미니즘과 페미니스트 지식문화의 현재성에 대한 소고〉, 《민족문학사연구》 63호, 2017, 357~375쪽.

7 김보명, 〈급진 페미니즘의 과거와 현재〉, 《문화과학》 104호, 2020, 77쪽.

8 Dean, Jonathan and Kristin Aune, "Feminism Resurgent? Mapping Contemporary Feminist Activisms in Europe", *Social Movement Studies*, 14(4), 2015, pp. 376~378.

9 이혜숙, 〈한국여성학과 지역 여성주의의 모색: 경남지역 여성운동을 중심으로〉, 《페미니즘연구》 14권 2호, 2014, 245쪽.

10 안경주, 〈지역 여성 활동가들의 행위력이 소환한 미생(未生)의 '여성학'과 지역현장여성주의의 동학: 광주지역 차세대 과정을 중심으로〉, 《한국여성학》 31권 4호, 2015, 263쪽.

11 김혜순, 〈성인지성과 지방인지성〉, 《한국사회학회 후기사회학대회 자료집》, 2007년 12월. ; 이혜숙, 2022, 19쪽.

12 Muszel, Magdalena and Grzegorz Piotrowski, "Rocking the small-town boat: Black protest activists in small and provincial Polish cities," *Praktyka Teoretyczna*, 4(10), 2018, pp. 101~128.

13 Ghaziani, Amin, "Review- Another Country: Queer Anti-Urbanism",

American *Journal of Sociology*, 117(5), 2012, pp.1533~1536.

14 Nelson, Laura. K., "Cycles of Conflict, a Century of Continuity: The Impact of Persistent Place-Based Political Logics on Social Movement Strategy," *American Journal of Sociology* 127(1), 2021, pp.2.

15 안진, 〈광주전남지역 여성운동의 성격변화에 관한 연구: 진보적 여성운동단체들을 중심으로〉, 《여성학논집》 23권 1호, 2007, 92쪽.

16 노현정, 〈지역여성운동의 구조와 성격: 사)전북여성단체연합을 중심으로〉, 한국여성학회, 2006년도 추계학술대회 《한국여성학의 다변화와 지식소통의 과제》, 2006년 11월 3일.

17 김혜경, 〈지역여성운동의 역사 속에 나타난 젠더와 로컬리티: 전주지역 공부공동체 〈여성다시읽기〉의 매체비평 문화운동과 '영페미니즘〉, 《한국여성학》 39권 4호, 2022, 159쪽.

18 Muszel, Magdalena and Grzegorz Piotrowski, "Rocking the small-town boat: Black protest activists in small and provincial polish cities," *Praktyka Teoretyczna*, 4(10), 2018, pp. 101~128.

19 ibid, pp.120.

20 허성우, 〈지역여성운동에서 연대와 소통의 문제〉, 경기여성단체연합 외 공동주최, 99주년 3.8세계여성의 날 기념강연, 2007. ; 박기남, 〈차이의 페미니즘의 실천적 모색: 강원지역 여성운동을 중심으로〉, 《젠더연구》 16호, 2011, 128쪽.)

21 이봄, 〈페미니즘 하고 싶은데 어디서 누구와 해야 하지?〉, 《전북여성》 29호, 2017, 35쪽.

22 전북민주화운동사편찬위원회(편), 《전북민주화운동사》, 선인, 2012, 478쪽.

23 지역활동가 G의 발언 중에서.

24 김혜경·남궁명희·이순미, 〈지역에서의 여성학 교육의 현재와 역사적 특성: 전북지역 및 전북대학교를 중심으로〉, 《한국여성학》 25권 3호, 2009, 164쪽.

25 《전북일보》, 2001년 4월 16일.

26 페미회로, "017: 전북대라는 페미니즘 황무지를 갈다, 인터뷰(1부)", 2019년 10월 12일, https://femicircuit.wordpress.com/2019/10/12/ feminist-in-stem-인터뷰-프로젝트-017-전북대라는-페미니즘-황무지/ (최종 검색일: 2021년 3월 30일)

27 권화담, 〈A대 #MeToo 운동의 실태와 대응방안〉, 전북여성단체연합, 《2019 전북여성단체연합 성평등 포럼》, 2019.

28 전북대학교 페미x퀴어 동아리 다원, 〈대학생 온라인 커뮤니티

'에브리타임'의 여성 혐오 담론 분석: 전북대학교 '에브리타임' 익명
커뮤니티를 중심으로〉, 전주시사회혁신센터 성평등전주(편), 《2019
성평등 생활연구 결과 공유회 자료집》, 2019.

29 한종태, 〈2000년대 중반 이후의 대학 내 여성주의 운동:
활동가들의 '위기' 경험을 중심으로〉, 성공회대학교 실천여성학전공
석사학위청구논문, 2014, 116쪽.

30 이하은·남궁승연·박세영·천지원, 〈전주시 페미니즘 소모임의 현황과
지속가능성에 대한 연구〉, 전주시사회혁신센터 성평등전주(편), 《2020
성평등 생활연구 결과 공유회 자료집》, 2020, 301~302쪽, 358쪽.

31 위의 글.

32 조용화, 〈지방도시에서 퀴어로 살아가기: 공간경험과 퀴어수행〉,
전북대학교 사회학과 석사학위청구논문, 2022, 19쪽.

3부

1장   능력주의는 어떻게 구조적 성차별과 공모하는가

1   김미영, 〈능력주의에 대한 공동체주의의 해체: 능력·공과·필요의
복합평등론〉, 《경제와 사회》 84호, 2009, 256~277쪽.

2   엄혜진, 〈남자답게/여자답게, 그리고 '나답게'를 넘어서: 성별 고정관념의
이론적 궤적과 대중 담론 분석〉, 《한국여성학》 40권 3호, 2024.

3   Elizabeth Kiss, "The Public and The Private". in A. M. Jaggar & I. M.
Young, A Companion to Feminist Philosophy. Blackwell Publishing Ltd,
2000.

4   정인경, 〈시민권의 페미니즘적 개조를 위한 시론: 뤼스 이리가레(Luce
Irigaray)의 논의를 중심으로〉, 《한국여성학》 28권 1호, 2012, 1~34쪽.

5   권성민·정명선, 〈실력주의의 이해와 비판적 고찰〉, 《인문학논총》 30호,
2012, 439~468쪽.

6   Alison Jaggar, "Sexual Difference and Sexual Equality", in *Living with
Contradictions: Controversies in Feminist Social Ethics*, A. M. Jaggar(ed),
Boulder, Sanfransicso, Oxford: Westview Press, 1994.

7   MacNell, Lillian, Discoll, Adaim, and Andrea Hunt, "What's in a Name:
Exposing Gender Bias in Student Ratings of Teaching", Innovative Higher
Education, 2015. pp.291~303.

8   Besley, T. J., Folke, O., Persson, T. and Rickne, J., "Gender quotas and
the crisis of the mediocre man: Theory and evidence from Sweden", *IFN
Working Paper*, 985, 2013.

9   김복태·김영미, 〈정부의 양성평등 책임성 강화: 적극적 조치 확대를 중심으로〉, 《이화젠더법학》 9권 1호, 2017, 95~133쪽.

10 박권일, 〈한국의 능력주의 인식과 특징〉, 《시민과세계》 38호, 2021, 1~39쪽.

11 강준만, 〈왜 부모를 잘 둔 것도 능력이 되었나?: '능력주의 커뮤니케이션'의 심리적 기제〉, 《사회과학연구》 55권 2호, 2016, 319~355쪽.

12 김윤태, 〈불평등과 이데올로기: 능력, 경쟁, 화간의 담론에 대한 비판〉, 《한국학연구》 67호, 2018, 33~72쪽.

13 김홍중, 〈육화된 신자유주의의 윤리적 해체〉, 《사회와이론》 14호, 2009, 173~212쪽.

14 김미영, 〈능력주의에 대한 공동체주의의 해체: 능력·공과·필요의 복합평등론〉, 《경제와 사회》 84호, 2009, 256~277쪽.

15 서동진, 〈백수, 탈근대 자본주의의 무능력자들〉, 《당대비평》 23호, 2008, 100~112쪽.

16 Angela McRobbie, *The Aftermath of Feminism: Gender, Culture and Social Change*, Sage Publications, 2009.

17 엄혜진, 〈여성의 자기계발, 소명의 고안과 여성성의 잔여화〉, 《페미니즘 연구》 16권 2호, 2016, 215~265쪽.

18 Stina Powell, "Gender Equality and Meritocracy: Contradictory discourses in the Academy", *Dotoral Thesis Swedish University of Agricultural Sciences*, 2016.

19 김양희, 〈여성주의 계발담론으로서 영(Young)의 '사회적 연결 모델'의 가능성〉, 《한국여성철학》 27호, 2017, 1~29쪽.

20 이유림, 〈뛰어난 여성들은 자신의 파이를 구할 수 있을까〉, 홍세화 외, 《능력주의와 불평등》, 교육공동체벗, 2020.

21 윤보라, 〈일베와 여성혐오〉, 《진보평론》 57호, 2013, 33~56쪽.

22 낸시 프레이저, 김원식 옮김, 《지구화 시대의 정의》, 그린비, 2010.

23 배은경, 〈젠더 관점과 여성정책 패러다임: 해방 이후 한국 여성정책의 역사에 대한 이론적 검토〉, 《한국여성학》 32권 1호, 1~45쪽.

2장   젠더 이후의 젠더 정치학

1   Ann Braithwaite. "Politics of/and Backlash", Journal of International Women's Studies, 5(5), 2004. pp.18~33 ; Donatella Della Porta. "Conceptualizing Backlash Movement", British Journal of Politics and International Relations, 22(4), 2020. pp.585~597.

2   신경아, 《백래시 정치》, 동녘, 2023년, 23~24쪽.

3   Susan Goodier, *No Votes for Women: The New York State Anti-Suffrage Movement*, University of Illinois Press, 2013, pp.4.

4   Lynne E. Ford. "Antifeminism", in Lynne E. Ford (ed.), *Encyclopedia of Women and American Politics, Facts on File*, 2008. pp.35~37.

5   Bonnie J. Dow. "Feminism, Miss America and Media Mythology", *Rhetoric and Public Affairs*, 6(1), 2003. pp.127~149.

6   Eric C. Miller. "Phyllis Schlafly's "Positive" Freedom", *Rhetoric and Public Affairs*, 18(2), 2015. pp.277~300.

7   Jane Mansbridge, *Why We Lost the ERA*, University of Chicago Press, 1986, pp.5

8   Dale O'Leary. "Gender: The Deconstruction of Women: Analysis of the Gender Perspective in Preparation for the Fourth World Conference on Women Beijing, China, September, 1995." 1995, Retrieved from the Digital Collections at Georgia State University Library https://digitalcollections.library.gsu.edu/digital/collection/arwg/id/19598/ (최종 검색일: 2023년 9월 10일)

9   Rosalind Gill, "Postfeminist Media culture", *European Journal of Cultural Studies*, 10(2), 2007. pp.147~166. ; Angela McRobbie, *The Aftermath of Feminism*, Sage, 2009.

10   Susan Faludi, *Backlash: the Undeclared War against American Women*, Crown Publishing Group, 1991.

11   Catherine Rottenberg. "The Rise of Neoliberal Feminism", *Cultural Studies*, 28(3), 2014. pp.418~437.

12   Roman Kuhar and David Paternotte, "Anti-Gender Movement in Europe." Howard Chiang (ed)., Global Encyclopedia of Lesbian, Gay, Bisexual, Transgender, and Queer (LGBTQ) History. USA: Gale, 2019.

13   김엘리, 〈혐오정동과 분단된 마음 정치학〉, 《한국여성학》 37권 1호, 2021, 191~221쪽 ; 권김현영, 〈군가산점제 소동과 싸이버테러〉, 《페미니즘연구》 11호, 2000, 139~145쪽.

14   김보명, 〈한국 사회 보수우파 안티페미니즘의 담론과 실천〉, 《한국여성학》 40권 1호, 2024, 183~211쪽.

15   이진옥, 〈개헌의 젠더 트러블〉, 《문화과학》 94호, 2018, 147~175쪽.

16   이정훈, 《교회해체와 젠더이데올로기》, 킹덤북스, 2018.

17   김보명, 〈한국 사회 보수개신교 반동성애 실천의 담론적 확장과 변주〉, 《종교와사회》 12권 1호, 2024, 141~187쪽.

18   김예란, 〈아이돌 공화국〉, 《젠더와 사회》, 동녘, 2014, 391~410쪽.

19 김주희, 〈능력주의와 젠더갈등〉, 《여성학연구》 33권 1호, 2023, 35~74쪽.

20 김경희, 〈여성정책 관점의 재구성을 위한 시론적 연구〉, 《한국여성학》 21권 2호, 2005, 255~287쪽 ; 배은경, 〈젠더 관점과 여성정책 패러다임〉, 《한국여성학》 32권 1호, 2016, 1~45쪽.

21 최영희, 〈여성과건강(IV) - 제 4차 북경세계여성대회〉, 《대한간호》 34권 4호, 1995, 6~9쪽.

22 김경희, 〈여성정책 관점의 재구성을 위한 시론적 연구〉, 《한국여성학》 21권 2호, 2005, 279~280쪽; 배은경, 〈젠더 관점과 여성정책 패러다임〉, 《한국여성학》 32권 1호, 2016, 5~6쪽.

23 유정미, 〈반격의 "양성평등"에서 "(양)성평등"의 재정립으로〉, 《한국여성학》 35권 2호, 2019, 1~35쪽.

24 김경희, 〈여성정책 관점의 재구성을 위한 시론적 연구〉, 《한국여성학》 21권 2호, 2005, 278쪽; 배은경, 〈젠더 관점과 여성정책 패러다임〉, 《한국여성학》 32권 1호, 2016, 5쪽; 유정미, 〈반격의 "양성평등"에서 "(양)성평등"의 재정립으로〉, 《한국여성학》 35권 2호, 2019, 18쪽.

3장 돈 되지 않는 몸을 가진 남성-피해자들

1 김학준, 《보통 일베들의 시대》, 오월의 봄, 2022, 45쪽.

2 홍지아, 〈젠더갈등은 어떻게 우리 사회의 주요 담론이 되었는가?: 보수언론의 젠더갈등 기사 분석을 중심으로〉, 《미디어, 젠더 & 문화》 37권 2호, 2022, 102쪽.

3 이준석, 강희진 엮음, 《공정한 경쟁》, 나무옆의자, 2019, 23쪽.

4 이상헌, 〈이준석 "여성할당제 없애는 게 여성에게 더 유리하다"〉, 《국민일보》, 2021년 5월 19일.

5 마이클 영, 유강은 옮김, 《능력주의》, 이매진, 2020, 13쪽.

6 마이클 샌델, 함규진 옮김, 《공정하다는 착각》, 와이즈베리, 2020, 353쪽.

7 박명림·신광영·윤평중·이진우, 〈공정의 문제와 능력주의〉, 《철학과 현실》 128권, 2021, 23~81쪽.

8 박권일, 《한국의 능력주의-한국인이 기꺼이 참거나 죽어도 못 참는 것에 대하여》, 이데아, 2021, 8쪽.

9 이준석, 강희진 엮음, 《공정한 경쟁》, 나무옆의자, 2019, 10쪽.

10 추지현, 〈"생물학적 여성"을 통한 젠더 변혁의 불/가능성〉, 《능력주의와 페미니즘》, 사월의책, 2021, 190쪽.

11 김보명, 〈젠더 갈등과 반페미니즘의 문법〉, 《비교문화연구》 56권, 2019, 10쪽.

12 위의 글, 3쪽.

13 김정희원,《공정 이후의 세계》, 창비, 2022.

14 엄혜진,〈성차별은 어떻게 '공정'이 되는가?: 페미니즘의 능력주의 비판 기획〉,《경제와사회》132호, 2021, 62쪽.

15 김보명,〈'진보' 정치학 이후와 사회적 재생산의 문제에 대한 소고〉,《경제와사회》132호, 2021, 143쪽.

16 Pat O'malley, "Uncertain subjects: risks, liberalism and contract." *Economy and society*, 29(4), 2000. pp. 460-484.; Paul Langley, "The Making of Investor Subjects in Anglo-American Pensions." *Society and Space*, 24(6), 2006. pp.919~934.

17 Birch, Kean, and Fabian Muniesa, eds. *Assetization: turning things into assets in technoscientific capitalism*, Cambridge: MIT Press, 2020. pp.9 ; 정용택,〈자산화를 어떻게 인지할 것인가?: 가치형태의 문제를 중심으로〉,《뉴래디컬리뷰》7권, 2023, 40쪽.

18 Birch, Kean, and Fabian Muniesa, eds. *Assetization: turning things into assets in technoscientific capitalism*, Cambridge: MIT Press, 2020. pp.2.

19 신진욱,《그런 세대는 없다: 불평등 시대의 세대와 정치 이야기》, 개마고원, 2022, 197쪽.

20 송명관,〈'87년 체제'와 노동에 기초한 민주주의〉,《진보평론》72권, 2017, 4~15쪽.

21 Feher, Michel, "Self-appreciation; or, the aspirations of human capital", *Public Culture*, 21(1), 2009. pp.21~41.

22 강이수·신경아·박기남,《여성과 일》, 동녘, 2015, 182~183쪽.

23 지은숙,〈여자력과 일본의 페미니즘: 생존 전략인가? 강요된 젠더 규범인가?〉,《오늘을 넘는 아시아 여성》, 서울대학교출판문화원, 2023.

24 다나 카플란·에바 일루즈, 박형신 옮김,《섹스 자본이란 무엇인가》, 한울, 2023, 53쪽.

25 리사 앳킨스·멀린다 쿠퍼·마르티즌 코닝스, 김현정 옮김,《이 모든 것은 자산에서 시작되었다》, 사이, 2021, 121쪽.

26 정용택,〈자산화를 어떻게 인지할 것인가?: 가치형태의 문제를 중심으로〉,《뉴래디컬리뷰》7권, 2023, 43쪽.

27 Langley, Paul, "Assets and assetization in financialized capitalism", *Review of International Political Economy*, 28(2), 2020. pp.382~393. ; Birch, Kean, and Fabian Muniesa, eds. *Assetization: turning things into assets in technoscientific capitalism*, Cambridge: MIT Press, 2020. ; Christophers, Brett, *Rentier capitalism: Who owns the economy, and who pays for it?*, London, England: Verso Books, 2020. ; 리사 앳킨스·멀린다

쿠퍼·마르티즌 코닝스, 김현정 옮김,《이 모든 것은 자산에서 시작되었다》, 사이, 2021, 121쪽.

28 토마 피케티, 장경덕 옮김,《21세기 자본》, 글항아리, 2014.

29 가이 스탠딩, 김병순 옮김,《불로소득 자본주의》, 여문책, 2019. ; 지주형, 〈불로소득 자본주의와 현대 자본주의의 위기〉,《경제와사회》133권, 2022, 39~107쪽.; 이병천, 〈불로소득자본주의, 어떻게 볼 것인가: 피케티에서 크리스토퍼스로〉,《시민과세계》40권, 2022, 231~255쪽. ; 김용창,〈부동산 불로소득 자본주의 체제와 탈취에 바탕을 둔 축적의 특성〉,《마르크스주의 연구》18권 3호, 2021, 41~83쪽.

30 서영표,〈부동산 불평등과 양극화 사회: 불로소득 추구 '기회'의 평등화〉, 《마르크스주의 연구》18권 3호, 2021, 10~40쪽.

31 김주희,〈"이런 생활이 있는 줄도 몰랐어요": 중년여성 성매매 유입의 정치경제〉,《한국여성학》제34권 1호, 2018, 33~66쪽.

32 앤절라 네이글, 김내훈 옮김,《인싸를 죽여라》, 오월의봄, 2022.

33 케이트 만, 하인혜 옮김,《남성 특권》, 오월의 봄, 2021. 45~51쪽.

34 Chouliaraki, Lilie, "Victimhood: The affective politics of vulnerability", *European Journal of Cultural Studies*, 24(1), 2021. pp.10~27.

35 민가영,〈'피해'개념의 재배치 시대에 여성주의적 개입을 위한 시론〉, 《한국여성학》38권 1호, 2022, 219쪽.

36 Langley, Paul, and Andrew Leyshon, "Platform capitalism: the intermediation and capitalization of digital economic circulation", *Finance and Society*, 3(1), 2017. pp.11~31.; 닉 서르닉, 심성보 옮김,《플랫폼 자본주의》, 킹콩북, 2020.

37 이승철,〈모든 것의 자산화: 토큰화, 미시자산, 그리고 새로운 자산 논리〉, 《뉴래디컬리뷰》7권, 2023, 101~130쪽.

38 김예란,〈'조각주체'라는 이름의 플랫폼 호모 이코노미쿠스: 조각투자, 리셀 또는 조각난 정동〉,《커뮤니케이션 이론》18권 3호, 2022, 54~97쪽.

39 McKenzie, Monique de Jong, "Micro-assets and portfolio management in the new platform economy", *Distinktion*: *Journal of Social Theory*, 23(1), 2022. pp.94~113.

40 김민제·김완,〈텔레그램 n번방 뒤에 '불법 도박방' 있었다〉,《한겨레》, 2020년 5월 15일.

41 김현경,〈아이돌을 둘러싼 젠더화된 샤덴프로이데(Schadenfreude)의 문화정치학: <아이유 사태>를 중심으로〉,《한국언론정보학보》80권, 2016, 115~142쪽.

42 캐럴 페이트먼, 이충훈·유영근 옮김,《남과 여, 은폐된 성적 계약》, 이후,

2001, 264쪽.

43 소종섭, 〈청와대, '공정 사회' 카드 왜 나왔나〉,《시사저널》, 2010년 10월 4일.

44 True, Jacqui, "The political economy of post-conflict violence against women", Juanita Elias and Adrienne Roberts(eds), *Handbook on the International Political Economy of Gender*, Cheltenham: Edward Elgar Publishing. 2018. pp.549.

45 Agenjo-Calderón, Astrid, "The economization of life in 21st-century neoliberal capitalism: A systematic review from a feminist political economy perspective", *Structural Change and Economic Dynamics*, 58, 2021. pp.185~192.

46 엄혜진, 〈성차별은 어떻게 '공정'이 되는가?: 페미니즘의 능력주의 비판 기획〉,《경제와사회》132호, 2021, 70쪽.

47 미셸 페어, 조민서 옮김,《피투자자의 시간》, 리시올, 2023.

4장 성평등한 일-돌봄 사회로

1 마거릿 생어, 김용준 옮김,《마거릿 생어의 여성과 새로운 인류》, 동아시아, 2023.

2 슐라미스 파이어스톤, 김민예숙·유숙열 옮김,《성의 변증법》, 꾸리에, 2016.

3 Mitchell, Juliet C. W., "Procreative Mothers (Sexual Difference) and Child-free Sisters (Gender): Feminism and Fertility," *European Journal of Women's Studies*, 11(4), 2004, pp.415~416.

4 신경아, 〈신자유주의시대 남성 생계부양자의식의 균열과 젠더관계의 변화〉,《한국여성학》30권 4호, 2014, 153~187쪽.

5 Mitchell, Juliet C. W., "Procreative Mothers (Sexual Difference) and Child-free Sisters (Gender): Feminism and Fertility," *European Journal of Women's Studies*, 11(4), 2004, pp.422.

6 Schoppa, Leonard, "Feminism as the New Natalism: Twenty-First-Century Prescription for Addressing Low Fertility, *Whither the Child?: Causes and Consequences of Low Fertility*. Eric P. Kaufmann, 2013, W. Bradford Wilcox eds., Routledge.

7 Schoppa, Leonard, "Does Lower Fertility Threaten Feminism," *Current History*, 105, 2006, pp.112~119.

8 Schoppa, Leonard, "Feminism as the New Natalism: Twenty-First-Century Prescription for Addressing Low Fertility, *Whither the Child?*:

Causes and Consequences of Low Fertility. Eric P. Kaufmann, 2013, W. Bradford Wilcox eds., Routledge.

9   Chizuko, Ueno, "The declining birthrate: Whose problem?", *Review of Population and Social Policy*, 7, 1998, pp.103~128.

10   Dalla Costa, Mariarosa, "Capitalism and reproduction", *Capitalism Nature Socialism*, 7(4), 1996, pp.111~121.

11   Schoppa, Leonard, "Does Lower Fertility Threaten Feminism," *Current History*, 105, 2006, pp.112~119.

12   Folbre, Nancy, "Of Patriarchy Born: The Political Economy of Fertility Decisions", *Feminist Studies*, 9(2), 1983, pp. 267.

13   McDonald, Peter and Helen Moyle, "Women as Agents in Fertility Decision-making: Australia, 1870-1910," *Population and Development Review* , 44(2), 2018, pp.205.

14   조은주, 《가족과 통치》, 창비, 2018.

15   신경아, 〈신자유주의시대 남성 생계부양자의식의 균열과 젠더관계의 변화〉, 《한국여성학》 30권 4호, 2014, 153~187쪽.

16   신경아, 〈서구사회 개인화에 대한 여성주의적 고찰〉, 《페미니즘연구》 12권 1호, 2012, 1~33쪽. ; 신경아, 〈가족과 개인, 개인화〉, 김혜경 외 《가족과 친밀성의 사회학》, 나남, 2014.

17   리차드 세넷, 조용 옮김, 《신자유주의와 인간성의 파괴》, 문예출판사, 2002.

18   Giroux, Henry A., "Beyond the biopolitics of disposability: rethinking neoliberalism in the New Gilded Age," *Social Identities: Journal of the Study of Race, Nation and Culture*, 14(5), 2008, pp.587~620.

19   Harvey, David, *Spaces of neoliberalization: towards a theory of uneven geographical development*, Franz Steiner Verlag, 2005.

20   (Butler, 2006).

21   신경아·이순미, 〈가족과 개인화〉, 김혜경 외 《가족과 친밀성의 사회학(개정판)》, 나남, 2023.

22   Zhou, Muzhi and Man-Yee Kan, "A new family equilibrium? Changing dynamics between the gender division of labor and fertility in Great Britain, 1991-2017", *Demographic Research*, 40(50), 2019, pp.1455~1500.

23   Esping-Andersen, Gøsta and Francesco C. Billari, "Re-theorizing Family Demographics", *Population and Development Review*, 41(1), 2015, pp.1~31.

24   Esping-Andersen, Gøsta, *Incomplete revolution: Adapting welfare states to women's new roles*, Polity, 2009.

25 Myrskylä, Mikko Hans-Peter Kohler, Francesco C. Billari, MPIDR
    WORKING PAPER WP 2011-017, 2011, High development and fertility:
    fertility at older reproductive ages and gender equality explain the positive
    link.

26 McDonald, Peter, "Gender Equity in Theories of Fertility Transition",
    Population and Development Review, 26(3), 2000, pp.427~439. ; McDonald,
    Peter, "Sustaining Fertility through Public Policy: The Range of Options",
    Population, 57(3), 2002, pp.417~446. ; McDonald, Peter, "Societal
    foundations for explaining low fertility: Gender equity", *Demographic
    Research*, 28(34), 2013, pp.981~994.

27 Arpino, Bruno, Gøsta Esping-Andersen and Léa Pessin, "How Do Changes
    in Gender Role Attitudes Towards Female Employment Influence Fertility?
    A Macro-Level Analysis", *European Sociological Review*, 31(3), 2015,
    pp.370~382.

28 마경희·황정임·이은아·문희영·한국여성정책연구원, 《양성평등
    실태조사 분석 연구》, 여성가족부 여성정책과, 2021, 109쪽.

29 위의 글, 115쪽.

30 플랫팀, "(우선, 나로 살기로 했다) 포기했다, 커리어에서 돈이나 시간
    혹은 성취감을", 《경향신문》, 2024년 3월 9일. https://www.khan.co.kr/
    national/gender/article/202403080600001 (최종 검색일: 2024년 10월
    28일)

31 통계청, 〈경제활동인구조사〉, 2022.

32 위의 글.

33 통계청, 〈2023년 출생통계(확장)〉, 2023.

34 신경아, 〈저출산 대책의 쟁점과 딜레마: 여성 없는 여성정책〉,
    《페미니즘연구》 10권 1호, 2010, 89~122쪽.

35 저출산고령사회위원회, 〈저출생 추세 반전을 위한 대책〉, 2024년 6월
    19일.

참고문헌

1부

3장 딥페이크 이미지는 어떻게 실제와 연결되는가

김정혜·김애라·박보람·홍남희·정수연, 〈기술매개 성폭력 대응을 위한 법제
정비 방안〉, 《한국여성정책연구원 연구보고서》, 2022.

Henry, N. and A. Powell, "Sexual violence in the digital age: The scope and
limits of criminal law", *Social & legal studies*, 25(4), 2016, pp.397~418.

Henry, N. and A. Powell, "Technology-facilitated sexual violence: A literature
review of empirical research", *Trauma, violence & abuse*, 19(2), 2017,
pp.195~208.

2부

4장 지역 여성주의 네트워킹을 되짚다

김혜경, 〈'가족 이후'의 대안적 친밀성〉, 《한국사회학》 51집 1호, 2017.

김혜경, 〈지역여성운동의 역사 속에 나타난 젠더와 로컬리티: 전주지역
공부공동체 '여성다시읽기'의 매체비평 문화운동과 '영페미니즘'〉,
《한국여성학》 39권 4호, 2023, 143~179쪽.

3부

1장 능력주의는 어떻게 구조적 성차별과 공모하는가

낸시 프레이저, 김원식 옮김, 《지구화 시대의 정의》, 그린비, 2008.

마이클 샌델, 함규진 옮김, 《공정하다는 착각》, 와이즈베리, 2020.

마이클 영, 유강은 옮김, 《능력주의》, 이매진, 2020.

아이리스 영, 김도균·조국 옮김, 《차이의 정치와 정의》, 모티브북, 2017.

캐롤 페이트먼, 이충훈·유영근 옮김, 《남고 k여, 은폐된 성적 계약》, 이후, 2001.

2장 젠더 이후의 젠더 정치학

Joan W. Scott. "Gender: A Useful Category of Analysis", *The American
Historical Review*, 91(5), pp.1053~1075.

디지털 시대의
페미니즘

딥페이크 성범죄부터 온라인 담론 투쟁까지,
더 나은 미래를 위한 새로운 언어들

© 허윤, 손희정, 이민주, 김애라, 김수아, 이지은, 임소연, 권현지,
  황세원, 노가빈, 고민지, 장인하, 김미현, 김혜경, 엄혜진,
  김보명, 김주희, 신경아, 2024

초판 1쇄 인쇄 2024년 11월 1일
초판 1쇄 발행 2022년 11월 14일

지은이 허윤, 손희정, 이민주, 김애라, 김수아, 이지은, 임소연, 권현지, 황세원,
         노가빈, 고민지, 장인하, 김미현, 김혜경, 엄혜진, 김보명, 김주희, 신경아
기획 한국여성학회
펴낸이 이상훈
편집1팀 이연재 김진주
마케팅 김한성 조재성 박신영 김효진 김애린 오민정

펴낸곳 (주)한겨레엔 www.hanibook.co.kr
등록 2006년 1월 4일 제313-2006-00003호
주소 서울시 마포구 창전로 70 (신수동) 화수목빌딩 5층
전화 02-6383-1602~3 | **팩스** 02-6383-1610
대표메일 book@hanien.co.kr

ISBN 979-11-7213-153-1 03300